J O S U É

VOLUMEN 1

ESPÍRITU SANTO, NECESITO CONOCERTE MÁS

Vive de una manera que lo refleje a Él

Unilit   Sepa

Publicado por
Editorial Unilit
Miami, FL 33172

Primera edición 2011

© 2011 por Josué Yrion
Todos los derechos reservados.

Edición: Rojas & Rojas, Editores, Inc.
Diseño de la portada: www.designstogo.net
Diseño interior: Grupo Nivel Uno, Inc.

Producto 495762
ISBN 0-7899-1950-8
ISBN 978-0-7899-1950-2
Impreso en Colombia
Printed in Colombia

Categoría: Estudios bíblicos/Estudio bíblico/Temático
Category: Biblical Studies/Bible Study/Topical

Contenido

INTRODUCCIÓN

L a «paracletología» es el estudio del Espíritu Santo, o bíblicamente hablando, la doctrina del Espíritu Santo, también conocida como «neumatología». En Juan 15:26 se dice: «Pero cuando venga el Consolador, a quien yo os enviaré del Padre, el Espíritu de verdad, el cual procede del Padre, él dará testimonio acerca de mí».

Esta palabra, «**Consolador**», en griego es «**parakletos**» y se compone de «**para**» que significa «junto a», y «**kaleo**», «llamar». De ahí viene el concepto «llamado a estar a nuestro lado». La palabra indica un intercesor, confortador, ayudador, abogado y consejero. En la literatura no bíblica, «**parakletos**» designa a un abogado que acude a la corte en representación del otro. Significa básicamente alguien llamado a estar al lado de otro con el propósito de ayudarlo. En la antigua Grecia, en los procesos legales, era costumbre en los tribunales que ambas partes acudían delante del juez asistidas por uno o más amigos de prestigio. Esto en el griego se llama «**parakletos**»; en latín «**advocatus**» y en español es «**paracletos**».

Para nosotros, el Espíritu Santo guía a los creyentes a una mayor comprensión de las verdades del evangelio. Además de ayuda y guía, también concede fortaleza y poder para soportar la hostilidad de los sistemas humanos contrarios a la Palabra de Dios. De esto trata este libro *Espíritu Santo, necesito conocerte más*, del estudio, de la doctrina y del conocimiento acerca del Espíritu Santo.

Al margen de cualquier interpretación teológica, o sobre la iglesia, afiliación o concilio al que pertenezcamos, Cristo dijo que necesitaríamos del revestimiento, respaldo, poder, ayuda, autoridad y representación del Espíritu Santo en nuestras vidas cristianas. Él señaló en Hechos 1:8 a todos los creyentes de todas las épocas desde el momento que la Iglesia fue formada: «Pero recibiréis poder, cuando haya venido sobre vosotros el Espíritu Santo, y me seréis testigos en Jerusalén, en toda Judea, en Samaria, y hasta lo último de la tierra».

Aquí está el requisito de cada creyente e iglesia para testificar, hablar, enseñar y predicar sobre Él: ¡Tener el poder del Espíritu Santo! A pesar de las controversias por diferentes opiniones teológicas personales y eclesiásticas entre una denominación u otra, la Palabra de Dios fue escrita para todas las iglesias e individuos cristianos, aunque sus aplicaciones, formas, expresiones y entendimientos sean diferentes.

No podemos omitir, negar ni deshacer la admonición profunda del apóstol Pablo en Efesios 5:18: «...antes bien sed llenos del Espíritu».

Necesitamos, como creyentes en el Señor Jesucristo, entender nuestra dependencia del Espíritu, para poder vivir una vida espiritual victoriosa y feliz; tener una familia sólida y bendecida y un ministerio abundante y próspero con poder, unción y con esta «llenura» maravillosa que nos concede gozo y paz por medio del Espíritu Santo.

La razón por la que hoy hay tantos cristianos derrotados, débiles y fracasados, es que ellos perdieron esta comunión con el Espíritu Santo. De la misma forma, la causa de tantos ministros cuyos ministerios están sin motivación, poder, unción y alegría al predicar sus mensajes, y que sus iglesias estén apáticas, tristes, secas, sin vida y sin el gozo de ganar almas para Cristo, donde sus membresías no crecen, es que ellos perdieron por algún motivo el respaldo y la intimidad del Espíritu en sus vidas. ¡Esta es la triste realidad del cristianismo de hoy!

Tenemos —como cristianos fieles que somos— la obligación de anhelar, buscar, estudiar, comprender y, por sobre todo, desear la dulce presencia del Espíritu en nosotros. De lo contrario, seremos derrotados por el enemigo de nuestras almas.

De esto es lo que trata este libro: «**Espíritu Santo, necesito conocerte más**», donde usted descubrirá las múltiples bendiciones y beneficios espirituales de conocerlo, andar con Él, ser su amigo, oír su voz, obedecerle, ser usado, respaldado y ungido por Él en todas las áreas de su vida, sea en el ámbito espiritual, secular, familiar, personal o ministerial.

Estoy cierto que la lectura de este libro le llevará a un nivel espiritual mucho más alto y destacable, donde experimentará el consuelo y compañerismo que se desprende de un conocimiento más profundo del Espíritu, y que le hará vivir con gozo todos los días de su vida al saber que el poderoso Espíritu Santo habita en usted, dándole sabiduría, dirección y victoria en Cristo Jesús.

PRESENTACIÓN

Cuando escribí el primer libro, *El poder de la Palabra de Dios*, mi deseo fue llevar a la Iglesia a un entendimiento teológico más profundo sobre la necesidad de volver a las Escrituras. En el segundo, *Heme aquí, Señor, envíame a mí*, mi *pasión* fue hablar al pueblo de Dios y a sus ministros sobre reconocer la importancia de las misiones mundiales en sus vidas y hacer de la evangelización una prioridad. En el tercer libro, *La crisis en la familia de hoy*, mi *intención* fue establecer las bases bíblicas para un matrimonio estable, sólido y santo, teniendo a Cristo como fuente de todas las bendiciones, sean materiales o espirituales, para que el hogar sea capaz de resistir los embates furiosos del enemigo y permanecer hasta el fin. En el cuarto, *La fe que mueve la mano de Dios*, mi *propósito* fue escribir a los cristianos y ministros diciéndoles que la fe madura es capaz de llevarles a niveles espirituales poderosos y a recibir grandes milagros de parte de Dios, si tan solo creemos lo que ya sabemos y predicamos. En el quinto libro, *El secreto de la oración eficaz*, mi *énfasis* fue dejar en claro la importancia de mantener o regresar a la comunión íntima con el Señor al obtener el resultado y la respuesta que esperamos de Dios por medio del secreto de una oración específica y de poder hecha a través del Espíritu Santo. En el sexto libro, *La vida espiritual victoriosa*, mi *corazón* anheló compartir que es posible vivir una vida espiritual plena, abundante y próspera, cuando empleamos las bases de la Palabra de Dios para obtenerla. Y en este séptimo libro: *Espíritu Santo, necesito conocerte más*, mi *vida y mi ser* desean escribir sobre la tercera persona de la Santísima Trinidad de la cual, creyentes y ministros, necesitamos el respaldo, la ayuda, el poder, la unción y la autoridad del Espíritu Santo en todas las áreas de nuestra vida personal, privada y pública.

En los capítulos de este libro, usted leerá, estudiará y conocerá sobre la persona del Espíritu Santo en temas como: ¿Quién es el Espíritu Santo?, Su actuación en la creación, Su dispensación, Su divinidad, Su personalidad, Sus nombres, Sus símbolos, el mover del Espíritu Santo en el

Antiguo y Nuevo Testamento, Su parte en la vida y ministerio de Cristo, Su convicción en la conversión del pecador, la influencia e inspiración y Su obra en la Iglesia.

Él es llamado Consolador, presente en la oración, en el ayuno, en la Palabra, la promesa y la presencia y el bautismo del Espíritu Santo. ¿Por qué es necesario de ser bautizado en el Espíritu Santo? ¿Cuál es la evidencia del bautismo del Espíritu Santo? Su sello, poder, unción, llenura y plenitud, el fruto del Espíritu y los dones del Padre, del Hijo y del Espíritu Santo son los principales temas tratados.

Estoy seguro que este libro le llevará a un entendimiento claro, sencillo y al mismo tiempo espiritualmente profundo sobre el tema con que abordaremos su accionar desde la creación hasta los dones de Espíritu. Todo cristiano tiene cierto conocimiento sobre Él por las enseñanzas y predicaciones que ha oído, pero necesitamos saber más. Por esto el título de esta obra: *Espíritu Santo, necesito conocerte más*.

Con humildad reconozco que es «imposible conocer todo, tanto espiritual como intelectualmente sobre Él», y nadie jamás, pudo, puede o podrá decir que «conoce» totalmente las cosas profundas del Espíritu. Esto solo lo sabremos cuando ya estemos en la eternidad con Él, el Padre y el Hijo, porque ciertamente tendremos una eternidad para conocer a la Trinidad. Pero permita que por el momento, el mismo Espíritu le guíe, enseñe y le dé sabiduría para que Él sea parte de esta lectura, preparándole para ser muy bendecido por las páginas de este libro que le llevará a una comunión e intimidad personal con Él como quizás nunca antes la haya experimentado. Este es mi deseo y oración.

Que el Señor le bendiga juntamente con su familia, iglesia y ministerio,

Rev. Josué Yrion
Enero del 2011
Los Ángeles, California,
Estados Unidos de América

DEDICATORIA

C on el corazón lleno de alegría, gozo y felicidad, deseo (deseamos, pues lo haré en plural al incluir a Damaris) dedicar este nuevo libro a nuestros queridos hijos Kathryn y Joshua Yrion, Jr. No hay palabras en nuestro vocabulario, y éstas no alcanzarían, para poder expresar lo que ellos representan para nosotros como padres. Desde recién nacidos les enseñamos la Palabra de Dios, y cuando aún no afirmaban sus cabecitas, nosotros ya le estábamos guiando por el camino de la Verdad. Tenemos videos de recuerdo para que lo muestren a sus hijos el día de mañana. Esta enseñanza desde la cuna les ha preparado para lo que son ahora y serán mañana. Kathryn y Junior son la luz de nuestros ojos, la felicidad del hogar, la conversación diaria y el placer más grande que Dios nos pudo conceder después de la salvación misma en Cristo Jesús. No hay nada, absolutamente NADA que podamos reclamar de ellos desde cuando nacieron. Ni una sola cosa. (Usted podrá pensar y decir que esto es imposible, pues les diré que no, es posible...) Fueron niños ejemplares en el hogar, amantes de la escuela dominical y estudiantes con los grados y las calificaciones más altas en sus escuelas cristianas que se pueden esperar. Su niñez y adolescencia fueron llenas de experiencias al viajar con nosotros a todos los continentes, además de disfrutarlos en vacaciones de una manera especial. Aunque ya son grandes, Kathryn, (mi princesita), 19 años, cursa el tercer año de psicología en la Universidad Cristiana Biola, siguen muy unidos a nosotros. Ella todavía está en la casa paterna y no quiere irse de allí hasta el día en que se case. Es una muchacha reverente, temerosa de Dios, santa y pura, educada, amable, dulce, inteligente, ama al Señor con todo su corazón y tiene grandes planes para el futuro. ¡Qué puedo decir de la «hija de papá», (daddy's girl)!, que jamás olvidaré cuando nació con sus manitos y sus ojitos tan chiquitos que pensé que nunca iría crecer...Su primera palabrita fue (Daddy, Daddy)... (lágrimas). Ahora ya es toda una señorita y está a la espera de su príncipe azul, que sé que llegará y que el día de mañana traerá a mis queridos nietecitos para llevarlos al Toy´s R Us (tienda de juguetes) y jugar con ellos al caballito como solía hacer con mis hijos cuando chiquitos. Y hay muchas más cosas que podría decir de mi querida hijita preciosa del corazón este «viejo» que la ama con la vida. ¿Y que decir de Junior? (Su primera palabrita fue mama, mama, pues Damaris aprovechó que yo estaba de viaje y me ganó...Risas). Inquieto, descubridor desde chiquito de todo lo que le llamaba la atención. Es muy, pero muy inteligente desde sus primeros años del preescolar. Desde el segundo grado primario hasta hoy ya no tiene más lugar en su cuarto para poner trofeos, medallas y diplomas de sus «conquistas académicas» a través de los años. Es un investigador nato, todo lo pregunta, todo lo quiere saber, no hay NADA, absolutamente NADA que se proponga hacer y no lo haga. Conocedor de las Escrituras desde niño, predicó su primer mensaje cuando tenía apenas 5 años en la escuela dominical. Es argumentativo, disciplinado; para él no existe un segundo lugar, solo el primero. Fue un alumno ejemplar así como Kathryn en sus años de adolescencia; se graduó igual que Katy de la misma escuela, The Whittier Christian School con los honores mas altos de la secundaria, con un GPA de 4.6 (uno de los más altos de toda la nación) y dio el discurso de graduación como el alumno más aventajado de la escuela junto a su amiga de clase Megan Dickson en la Iglesia Catedral de Cristal, en Garden Grove, California, ante una audiencia de más de 5 mil personas.

Fue un discurso emocionante. (Damaris y yo no parábamos de llorar). Vibrante, conmovedor, con unción y humildad, que dio la honra y gloria al Señor por haberle dado sabiduría e inteligencia y por haber alcanzado las metas propuestas. Cientos de universidades le enviaron cartas para que él las considerara, entre ellas las universidades más famosas y conocidas como Yale, Princeton y Harvard. Ahora que se graduó de la escuela secundaria con Altísimo Honor, pues hay tres niveles: Honor, Alto Honor y Altísimo Honor, está estudiando en la Universidad UCLA., aquí en Los Ángeles, una de las universidades más conocidas y prestigiosas de Estados Unidos. Escogió estudiar leyes (es muy hablador, ¿a quien salió?...) y será un gran abogado y defensor de los derechos de los cristianos y de la iglesia de Cristo, así como fueron los apologéticos del primer siglo que defendieron el cristianismo en las cortes del Imperio Romano. Desde chiquito fue siempre el defensor de Katy, pues cuando Damaris o yo íbamos a corregirla, Junito venía con su dedito al aire y decía: «Mira, mira papi y mami, la Biblia dice que hay que perdonar, y hay que perdonar a Katita». Muy inteligente, ¿no? En el futuro, él tomará mi lugar en el ministerio. Esto será después que se prepare académica y espiritualmente para hacer frente a lo que vendrá en esta nación en contra del evangelio. Kathryn y Junior me han ayudado en el ministerio de una manera muy especial. Junior ha creado programas en la computadora que me han ahorrado horas y horas de trabajo en la oficina. Él es el responsable de mantener al día la lista ministerial de nuestros sembradores y de sus finanzas, el informe de fin de mes y otras responsabilidades.

A ellos, a estos hijos preciosos y amados del alma, les dedicamos este séptimo libro, sabiendo que son el orgullo de Damaris y el mío, que no pudiéramos haber tenido mejores hijos que éstos ¡ni mandándoles hacer! ¡Imposible! Ellos son lo más importante de nosotros humanamente hablando y juntos servimos al Señor en el ministerio. Ahora estamos a la espera de grandes cosas en el futuro, sus matrimonios y la llegada (esperamos que pronto…) de nuestros queridos nietecitos… Que Dios guíe, proteja y les conceda todas las peticiones y deseos de los corazones de nuestros queridos hijos, sabiendo que tanto yo como Damaris estaremos siempre a su lado, disfrutando de sus conquistas y victorias en Cristo. Como dicen las placas en la parte posterior de los carros que vemos en el camino, diré que para nosotros: «FELICIDAD ES CONOCER AL SEÑOR Y SER PADRES DE KATHRYN Y JOSHUA JUNIOR». A ustedes, hijos del alma, dedicamos este libro con todo el corazón, cariño y ternura. Les amamos.

PRÓLOGO

No se habla mucho hoy del Espíritu Santo, pero es muy cierto que necesitamos conocerle. A la Iglesia le urge saber más de Él, conocer Su ministerio, conocer el papel importante que desempeña en el Cuerpo de Cristo y en la vida de cada creyente. «Espíritu Santo, necesito conocerte más», este es el título de este nuevo libro de mi querido esposo, pero creo que más que un título es un clamor, el clamor que debiera ser el anhelo de cada creyente. Debería ser la prioridad en cada oración y ocupar el primer lugar en la agenda de programas en la Iglesia moderna.

Si damos una mirada a la Iglesia primitiva, encontraremos que desde sus comienzos ellos entendieron la importancia de conocer al Espíritu Santo y lo buscaron, lo abrazaron y dependían de Él como su guía. Cuando se movían para conocer la voluntad de Dios, no daban un paso antes de oír la voz del Espíritu.

¡Cuán hermoso es tener una relación así con Él! Es extraordinario poder oír Su dulce voz, conocerle y participar de esta íntima comunión. No hay nada en este mundo que pueda compararse a la satisfacción que sentimos al estar en Su Presencia y dejarnos envolver por Su ternura, deshacernos frente a Su dulzura, derramar nuestro corazón con llanto al sentirnos inundados de Su amor.

La Biblia declara que el Espíritu Santo es la tercera Persona de la Trinidad. Tome nota que es una persona a quien se puede orar, buscar y amar, y que también se puede contristar, ofender y blasfemar. Recuerde que Él es Dios mismo, junto con el Padre y el Hijo, con todo Su poder, esplendor y gloria morando en usted. Tal conocimiento es magnífico, esplendoroso y maravilloso, al saber que este gran Dios al cual servimos vive dentro de nosotros, que somos el templo del Dios viviente, como dice en 1 Corintios 6:19. Aun así, muchos creyentes no lo conocen, pues conocer al Espíritu Santo es mucho más que hablar en lenguas, mucho más que dar u oír una profecía, y mucho más profundo que solamente obtener Sus dones.

Jesús dijo en Hechos 1:8 que recibiríamos poder cuando viniera sobre nosotros el Espíritu Santo. Conocerle es tener el discernimiento para saber que el poder que hay en nosotros es el mismo poder que resucitó a Cristo de entre los muertos, de acuerdo a Romanos 8:11. Este poder que está en nosotros es el poder del Creador del universo, el mismo que con su Palabra creó todas las cosas, como expresa Salmo 33:9: «Porque él dijo, y fue hecho; Él mando y existió». Este es el poder del Gran Yo Soy, que con Su mano poderosa sacó el pueblo de Israel de Egipto.

Conocer al Espíritu Santo es tener la seguridad que por ese poder somos más que vencedores en cualquier circunstancia que tengamos que atravesar, sea en medio de luchas, pruebas y tribulaciones. ¡Aleluya!

Es mi oración y deseo que al leer este libro, usted adquiera una nueva manera de vislumbrar quién es el Espíritu Santo, pueda conocerle en Su magnificencia, poder y gloria y lo pueda abrazar derramando su alma delante de Él. Así podrá llegar a desarrollar una hermosa relación que lo llevará a un mayor crecimiento de intimidad con Su Persona hasta alcanzar un nivel espiritual mucho elevado, profundo y maduro en su caminar diario con Cristo.

Que Dios transforme su vida a través de las páginas de este libro.

Con cariño,
Damaris Yrion

¿Quién es el Espíritu Santo?

En Juan 7:39 está escrito: «Esto dijo del **Espíritu** que habían de recibir los que creyesen en él; pues aún no había venido el Espíritu Santo, porque Jesús no había sido aún glorificado». La palabra **Espíritu** aquí en el griego es «**pneuma**», que al igual que «**Theos**», es sustancialmente un nombre propio como aquí en Juan 7:39. El tema de la enseñanza sobre el Espíritu tiene que ver mucho con Su personalidad y atributos, pues el Espíritu Santo, como en Juan 14:26, es mencionado en distinción al Padre y al Hijo. Mire igualmente Juan 15.26 y Lucas 3:22. En Gálatas 3:3, en la frase «habiendo comenzado por el Espíritu», es difícil decir si la mención es al Espíritu Santo o al espíritu vivificado del creyente; y no se puede determinar si se refiere a lo último por la ausencia del artículo, sino por el contraste con «la carne».

Por otra parte, el contraste puede ser entre el Espíritu Santo que pone en el creyente Su sello sobre la perfecta obra de Cristo y la carne que trata de mejorarse mediante obras propias. No hay ninguna preposición delante de ninguno de los dos nombres, y si la mención se refiere al espíritu vivificado, no se puede separar de la operación del Espíritu Santo. En Gálatas 4:29 la frase «según el Espíritu» significa «por poder sobrenatural», en contraste a «según la carne», esto es, «por poder natural», y la referencia tiene que ser al Espíritu Santo. Lo mismo sucede en Gálatas 5:17. El título pleno con el artículo delante tanto de «**pneuma**» como de «**jagios**», (el uso literal del artículo) es «el Espíritu el Santo», y esto destaca el carácter de la Persona del Espíritu, como en Mateo 12:32; Marcos 3:29; 12:36; 13:11; Lucas 2:26; 10:21; Juan 14:26; Hechos 1:16; 5:3; 7:51; 10:44,47; 13:2; 15:28; 19:6; 20:23,28; 21:11; 28:25; Efesios 4:30; Hebreos 3:7; 9:8; y 10:15.

La personalidad del Espíritu queda destacada a expensas del estricto procedimiento gramatical en Juan 14:26; 15:26; 16:8,13,14, donde el pronombre enfático **«ekeinos»** Él, se aplica al Espíritu en género masculino, en tanto que el nombre **«pneuma»** en griego es neutro, y que la palabra correspondiente en arameo, la lengua en la que probablemente el Señor habló, es femenina **«rucha»** y en el hebreo es **«ruach»**.

Los nombres y títulos del Espíritu

Para que podamos conocer quien es el Espíritu Santo, debemos comenzar conociendo los nombres y títulos que a Él se le otorgan en las Escrituras, en especial en el NT como veremos detalladamente más adelante en el capítulo seis.

Se conoce a Él como: «Espíritu», Mateo 22:43; «Espíritu eterno», Hebreos 9:14; "el Espíritu", Mateo 28:19; "el Espíritu, el Santo", Mateo 12:32; «el Espíritu de promesa», Efesios 1:13; «Espíritu de Dios», Romanos 8:9; «Espíritu del Dios viviente», 2 Corintios 3:3; «el Espíritu de Dios», 1 Corintios 2:11; «el Espíritu de gloria y de Dios», 1 Pedro 4:14; «el Espíritu de aquel que resucitó a Jesús de los muertos; esto es, Dios», Romanos 8:11; «el Espíritu de vuestro Padre», Mateo 10:20; «Espíritu de su Hijo», Gálatas, 4:6; «Espíritu del Señor», Hechos 8:39; «el Espíritu del Señor», Hechos 5:9; «Señor, el Espíritu», 2 Corintios 3:18; «el Espíritu de Jesús», Hechos 16:7; «Espíritu de Cristo», Romanos 8:9; «el Espíritu de Jesucristo», Filipenses 1:19; «Espíritu de adopción», Romanos 8:15; «el Espíritu de verdad», Juan 14:17; «el Espíritu de vida», Romanos 8:2; y «el Espíritu de gracia», Hebreos 10:29.

Por lo tanto, la palabra griega de Espíritu **«pneuma»** denota en primer lugar el viento (relacionado con **«peno»**, que es respirar, soplar); también aliento; luego, de forma especial, el espíritu, que, a semejanza del viento, es invisible, inmaterial y poderoso. Los usos que se hacen de este término en el NT se pueden analizar en forma aproximada de la manera siguiente: «el viento», Juan 3:8, Hebreos 1:7; «el aliento», 2 Tesalonicenses 2:8, que también es «espíritu», que da al margen la traducción alternativa de «soplo»; «aliento de su boca» o «soplo», Apocalipsis

11:11; «aliento y soplo», Apocalipsis 13:15, Job 12:10; es la parte inmaterial e invisible del hombre, Lucas 8:55, Hechos 7:59; el hombre fuera del cuerpo, 2 Corintios 5:3,4, Lucas 24:37,39; es el elemento sensible del hombre, aquello por lo que percibe, reflexiona, siente, desea, Mateo 5:3, 26:41; Marcos 2:8; es el propósito, objetivo, 2 Corintios 12:18, Filipenses 1:27, Efesios 4:23; es el equivalente del pronombre personal, usado para énfasis y efecto; en la 1ra persona, 1 Corintios 16:18, Génesis 6:3; usado en la 2 persona, 2 Timoteo 4:22, Filemón 25, Salmo 139:7; usado en la 3 persona, 2 Corintios 7:13, Isaías 40:13; es el carácter de una persona, Lucas 1:17, Romanos 1:4, Números 14:24; son las cualidades y actividades morales de una persona, sean buenas o malas. Malas, como de esclavitud, de un esclavo, Romanos 8:15, Isaías 61:3; aturdimiento, Romanos 11:8; Isaías 29:10; temor, 2 Timoteo 1:7, Josué 5:1; las buenas, como de adopción, esto es, de libertad como de hijo, Romanos 8:15, Salmo 51:12; de mansedumbre, 1 Corintios 4:21, Proverbios 16:19; fe, 2 Corintios 4:13; afable y apacible 1 Pedro 3:4, Proverbios 14:29; también llamado del «hombre interior», expresión que solo se usa del creyente, Romanos 7:22, 2 Corintios 4:16, Efesios 3:16; conocido como «la nueva vida», Romanos 8:4-6,10,16, Hebreos 12:9. También se conoce el Espíritu como «ángeles», Hebreos 1:14, Hechos 12:15 y el Espíritu que reparte el don divino para el servicio cristiano, 1 Corintios 14:12,32.

La doctrina del Espíritu Santo

La Biblia habla la verdad concerniente a sus doctrinas, entre ellas la doctrina de las Escrituras, la doctrina de Dios, la doctrina de Jesucristo, la doctrina del hombre, la doctrina del pecado, la doctrina de la salvación, la doctrina de la Iglesia, la doctrina de los ángeles, la doctrina de Satanás y la doctrina de las cosas del fin, o de los últimos tiempos llamada de Escatología. Pero nuestro énfasis en este libro será sobre la doctrina del Espíritu Santo, también llamada de neumatología o paracletología.

Las Escrituras nos advierten en contra de la doctrina de los «"hombres» en Col.2:22 «en conformidad a mandamientos y doctrinas de hombres...»; en contra de la doctrina de los «fariseos y saduceos», Mateo 16:12 «Entonces entendieron que no les había dicho que se guardasen de la levadura del pan, sino de la doctrina de los fariseos y de los saduceos»; en contra de la doctrina de los «demonios», 1 Timoteo 4:1 «Pero el Espíritu dice claramente que en los postreros tiempos algunos apostatarán de la fe, escuchando a espíritus engañadores y a doctrinas de demonios»; contra la doctrina y mandamientos de «hombres», Marcos 7:7 «Pues en vano me honran, enseñando como doctrinas mandamientos de hombres» y en contra de todo «viento» de doctrina, Efesios 4:14 «Para que ya no seamos niños fluctuantes, llevados por doquiera de todo viento de doctrina, por estratagema de hombres que para engañar emplean con astucia las artimañas del error».

La Biblia, mientras condena todo tipo de «falsa doctrina», también nos exhorta a estudiar, conocer, y aplicar en nuestras vidas la «verdadera doctrina de las Escrituras», pues 2 Timoteo 3:16 dice: «Toda Escritura es inspirada por Dios, y útil para enseñar, para redargüir, para corregir, para instruir en justicia»; es «buena doctrina» 1 Timoteo 4:6; es «sana doctrina» 1 Timoteo 1:10; es «la doctrina conforme a la piedad» 1 Timoteo 6:3; es del Padre, «para que en todo adornen la doctrina de Dios» Tito 2:10. «La gente se admiraba de la doctrina de "Cristo" Mateo 7:28; pues Él enseñaba su "doctrina con autoridad"» Marcos 1:27; decía que «su doctrina no era de Él, sino del Padre», Juan 7:16; y la iglesia «perseveraba en la doctrina de los apóstoles» Hechos 2:42; que debemos obedecer «aquella forma de doctrina» Romanos 6:17; debemos mantener «retener la doctrina que habéis aprendido» 2 Tesalonicenses 2:15; que deberíamos ordenar a todos que «no enseñen diferente doctrina» 1 Timoteo 1:3; y oponerse a aquellos que «se opongan a la sana doctrina» 1 Timoteo 1:10; que tendríamos que «seguir la fe y la buena doctrina» 1 Timoteo 4:6; que deberíamos «tener cuidado de nosotros mismos y de la doctrina» 1 Timoteo 4:16; que de la misma manera que el joven Timoteo aprendió de Pablo deberíamos nosotros «seguir su doctrina, conducta y fe» 2 Timoteo 3:10; que deberíamos hablar «de acuerdo a la sana doctrina» Tito 2:1; que no «deberíamos ser llevados por diversas doctrinas» Hebreos 13:9; y finalmente que todos nosotros deberíamos tener en mente que «aquel que no persevera en la doctrina de Cristo no tiene a Dios; el que persevera en la doctrina de Cristo, ése tiene al Padre y al Hijo». Por lo tanto, somos amonestados a rechazar «la mala y falsa doctrina», pero al mismo tiempo somos alentados a «seguir, mantener, enseñar, retener, hablar y perseverar en la sana y verdadera doctrina" de la Palabra de Dios».

En este libro, estudiaremos y aplicaremos en nuestras vidas, la verdadera «doctrina del Espíritu Santo», del cual todos nosotros como cristianos necesitamos conocer de una manera más profunda y personal.

En relación al asunto que trataremos, muchos ministros, concilios, denominaciones y organizaciones cristianas han nombrado el siglo veinte como «el siglo de Espíritu Santo», debido el énfasis en el Pentecostés y los dones y ministerios del Espíritu. Esto ha traído una mejor comprensión y conocimiento en todas las áreas del ministerio cristiano, y en especial el evangelismo mundial ha ganado fuerza al entender que necesitamos del poder del Espíritu para llegar a cabo la gran tarea que el Señor nos encomendó. Este énfasis sobre el Espíritu ha sido muy bueno y positivo. Por lo tanto, necesitamos conocer más sobre la tercera persona de la Trinidad. El vasto, amplio y profundo tema sobre el Espíritu Santo lo resumimos no solo en este capítulo, sino también en todos los demás de este libro. Sería imposible abarcar bíblicamente todo, pues esto es «muy difícil» de hacer en un solo tomo debido al tiempo, espacio y volumen de lo que se requiere escribir.

¿QUIÉN ES EL ESPÍRITU SANTO?

Las Escrituras nos dicen claramente quién es LA PERSONA del Espíritu Santo, Su mover, Su propósito, Sus formas y expresiones diferentes de actuación. Hablaremos más sobre LA PERSONA del Espíritu Santo en el capítulo 5, donde abordaremos más específicamente sobre Su Personalidad. Entonces, ¿quién es el Espíritu Santo?

1. EL ESPÍRITU SANTO ES LLAMADO DIOS

Hechos 5:3,4 dice: «Y dijo Pedro: Ananías, ¿por qué llenó Satanás tu corazón para que mintieses al Espíritu Santo, y sustrajeses del precio de la heredad? Reteniéndola, ¿no se te quedaba a ti? Y vendida, ¿no estaba en tu poder? ¿Por qué pusiste esto en tu corazón? No has mentido a los hombres, sino a Dios».

La palabra dice claramente que Ananías no había mentido a alguien más, sino a Dios, por lo tanto el Espíritu, es DIOS. No solamente Él es una persona, sino que es una persona única, porque también Él es Dios. Las pruebas de Su personalidad no son necesariamente las de Su Deidad, pero las pruebas de Su Deidad son siempre pruebas de Su personalidad. Si Dios es una persona, (como lo es) y si el Espíritu es también Dios, (como lo es) entonces también el Espíritu es una persona, así como Dios lo es.

A. Él es igual a Dios

Isaías 48:16c «...y ahora me envió Jehová el Señor, y su Espíritu».

1 Corintios 2:10 «Pero Dios nos las reveló a nosotros por el Espíritu, porque el Espíritu todo lo escudriña, aun lo profundo de Dios».

B. Él es el Espíritu de Jehová

Jueces 15:14 «...pero el Espíritu de Jehová vino sobre él...».

C. Él ha inspirado las Escrituras

2 Pedro 1:21 «Porque nunca la profecía fue traída por voluntad humana, sino que los santos hombres de Dios hablaron siendo inspirados por el Espíritu Santo».

D. Él es Señor

2 Corintios 3:18 «Por tanto, nosotros todos, mirando a cara descubierta como en un espejo la gloria del Señor, somos transformados de gloria en gloria en la misma imagen, como por el Espíritu del Señor».

E. Él revela los propósitos de Dios

Lucas 2:26 «Y le había sido revelado por el Espíritu Santo que no vería la muerte antes que viese al Ungido de Señor».

F. El Señor es el Espíritu

2 Corintios 3:17 «Porque el Señor es el Espíritu...».

G. Es el Espíritu de Dios

Génesis 1:2 «...y el Espíritu de Dios se movía sobre la faz de las aguas».

H. Él fue enviado desde el cielo

1 Pedro 1:12 «...administraban las cosas que ahora os son anunciadas por los que os han predicado el evangelio por el Espíritu Santo enviado del cielo...».

Podemos ver por estas Escrituras que el Espíritu Santo es el Señor, es Dios, es igual a Dios y es el Espíritu de Dios. La prueba de Su Deidad es contundente, pero hablaremos más sobre Su divinidad y personalidad en los capítulos 4 y 5.

2. EL ESPÍRITU SANTO ES LA TERCERA PERSONA DE LA TRINIDAD

La Palabra *trinidad* no aparece en la Biblia, no obstante es una palabra teológica que expresa la clara enseñanza de las Sagradas Escrituras, especialmente del Nuevo Testamento. El primer teólogo de la Iglesia que usó la expresión fue Teófilo, que habló de Dios como *trías*. El gran padre de la iglesia latina, Tertuliano, desarrolló el concepto de *trinitas*, un Dios en tres personas. A pesar de que los padres de la Iglesia en el segundo y tercer siglo hablaron de las tres personas de la divinidad y reconocían la existencia del Espíritu, la expresión más completa de la doctrina bíblica la dieron los concilios de Nicea (325 d.C.) y Constantinopla (381 d.C.).

Deuteronomio 6:4 nos habla: «Oye, Israel: Jehová nuestro Dios, Jehová uno es». La palabra «uno» aquí en el hebreo es «echad», que quiere decir una unidad colectiva o corporativa, lo opuesto a una unidad solitaria. Por ejemplo: Un racimo de uvas en comparación a una uva. Por lo tanto es un Dios en tres personas, así como el agua es un elemento, pero en tres estados, sólido, liquido y gaseoso. «Uno», una unidad; «echad» viene de la raíz «achad», juntar, unificar, unir los pensamientos. «Echad» significa lo mismo que «uno» en español tanto en el sentido estrecho (uno y solo uno como en Eclesiastés 9:18 «un pecador destruye mucho bien») como en el más amplio de los sentidos (uno compuesto de muchos, como en Génesis 2:24 donde una mujer y un hombre se convierten «en una sola carne»). Deuteronomio 6:4-6 es el texto más importante del Antiguo Testamento. Jesús lo llamó el más grande mandamiento en la Biblia y aún hoy se mantiene como la principal confesión de fe entre los judíos. La verdad fundamental para la redención del mundo es que hay un solo Dios que crea y redime. Pero en el Nuevo Testamento muestra que Dios es Padre, Hijo y Espíritu Santo. Compárese la unidad de Dios con la unidad del ser humano hecho a Su imagen, pues el ser humano, así como Dios, es trino, pues el hombre se compone de alma, cuerpo y espíritu (1 Tesalonicenses 5:23). El ser humano NO es tres «seres», sino «UN SOLO SER», con elementos físicos, espirituales y emocionales. La Trinidad es lo mismo, UN Dios en tres personas, Padre, Hijo y Espíritu Santo. Ellos son UNO mismo en operaciones diferentes como personas. Un Dios en tres personas; NO una persona en tres manifestaciones.

En el Antiguo Testamento la creencia de Dios en el mundo del Mediterráneo era exclusiva de la nación de Israel. La fe de Israel se da en la famosa Shema: «Oye, Israel, Jehová nuestro Dios, Jehová uno es», Deuteronomio 6:4. Reiteradamente la enseñanza de la Ley y las declaraciones de los profetas de Dios confirman esta verdad absoluta. En el Nuevo testamento la Iglesia continuó la enseñanza de las Escrituras hebreas, al igual que la enseñanza del Señor Jesucristo, de que hay un solo Dios, 1 Corintios 8:6; Efesios 4:6; 1 Timoteo 2:5. Hizo esto en contraste con el politeísmo desenfrenado que penetraba todo el mundo grecoromano con su multitud de dioses, incluido el culto al emperador como dios en la segunda parte del primer siglo. Cuando los apóstoles y más tarde la Iglesia comenzaron a articular este monoteísmo en contra de la religión pagana, fue necesario explicar cómo podía ser coherente esta creencia en un solo Dios con aquella de que el Padre, el Hijo y el Espíritu Santo cada uno es Dios y, sin embargo, todavía son Uno pero en tres personas. Ejemplos:

A. El Padre y el Hijo son uno, pues el mismo Cristo dijo en Juan 10:30 estas palabras: «Yo y el Padre uno somos». (Ver 1 Juan 5:20).

B. El Padre y el Espíritu son uno: Efesios 2:18 dice: «Porque por medio de Él (Cristo) unos y los otros tenemos entrada por un mismo Espíritu al Padre».

C. El Padre, el Hijo y el Espíritu Santo también son uno: Efesios 4:4-6 nos afirma: «Un cuerpo, y un Espíritu, como fuisteis también llamados en una misma esperanza de vuestra vocación; un Señor (Jesús), una fe, un bautismo, un Dios y Padre de todos, el cual es sobre todos, y por todos, y en todos».

Como el Padre Él es Dios y como el Hijo Él es Dios de igual forma.

La palabra más común para Dios en hebreo es «Elohim». Este sustantivo está en plural, mientras en diversos lugares el término para Dios está en singular como «El» o «Eloah». A pesar de la palabra en plural para Dios, la verdadera fe judía era fuertemente monoteísta. Cuando se usa «Elohim» acerca del Dios de Israel, se usa con verbos en singular para indicar que el Dios de Israel es un ser único. El plural permite la expresión de pluralidad para Dios como se revela después en el Nuevo Testamento, pero la gramática hebrea puede también usar solo el plural de plenitud.

3. EL ESPÍRITU SANTO ACTÚA JUNTAMENTE CON EL PADRE Y EL HIJO

El Dr. James Houston, profesor y maestro de teología espiritual, dijo estas palabras en una reunión en el Regent College de Vancouver, en Canadá: «Si la Iglesia quiere darse cuenta de su potencial verdadero, necesita regresar a la doctrina de la Trinidad, porque solamente Dios (el Padre), Jesucristo (el Hijo) y el Espíritu Santo pueden solucionar hoy los problemas de la humanidad y de las profundas necesidades de nuestras almas como cristianos».

Veamos, pues, solamente algunos ejemplos de la Trinidad en acción:

A. En la creación del hombre

Génesis 1:26 «Entonces dijo Dios: Hagamos al hombre a nuestra imagen, conforme a nuestra semejanza...».

La palabra, «hagamos» está en el plural, indicando la participación del Padre, del Hijo y del Espíritu Santo.

B. En la torre de Babel

Génesis 11:7 «Ahora pues, descendamos y confundamos allí su lengua, para que ninguno entienda el habla de su compañero».

Aquí también la Palabra «descendamos» está en el plural afirmando la manifestación de los Tres.

C. En el bautismo de Jesús

Mateo 3:16,17 «Y Jesús, después que fue bautizado, subió luego del agua; y he aquí los cielos fueron abiertos, y vio al Espíritu de Dios que descendía como paloma, y venía sobre él. Y hubo una voz de los cielos, que decía: Este es mi Hijo amado, en quien tengo complacencia». Aquí vemos a las Tres personas de la Trinidad: Cristo bautizándose, el Espíritu Santo que viene sobre él en forma de paloma, y la voz del Padre desde los cielos, los Tres actuando juntos.

D. Jesús al pedir al Consolador

Cristo en Juan 14:16 «Y yo rogaré al Padre, y os dará otro Consolador, para que esté con vosotros para siempre».

Aquí el Señor es específico al decir que Él oraría al Padre, como Hijo y pediría el Espíritu Santo, llamado el Consolador. De nuevo aquí vemos a los Tres actuando juntos.

E. En la forma y ordenanza bautismal de Cristo

Mateo 28:19 «Por tanto id, y haced discípulos de todas las naciones, bautizándolos en el nombre del Padre, y del Hijo y del Espíritu Santo». Ciertas enseñanzas erróneas de algunos movimientos como los «solo Jesús», enseñan que los cristianos deben ser bautizados en el nombre de Jesús solamente. Usando la Escritura de Hechos 2:38 y equivocadamente, ellos hicieron una doctrina fuera de contexto. HABLANDO ESPECÍFICAMENTE A LOS JUDÍOS dice la Palabra: «Pedro les dijo: Arrepentíos y bautícese cada uno de vosotros en el nombre de Jesucristo...». Lo que estos movimientos de enseñanzas extrañas no entienden es la interpretación de este versículo a la luz de la realidad de aquella época. Pedro estaba hablando a los judíos solamente y hay que entenderlo de esta manera: «*Ser bautizado en el nombre de Jesús y Su autoridad, para un judío de aquella época y de aquel momento, significaba para ellos (los judíos) dejar, abandonar y renunciar el judaísmo y sus prácticas y cortar toda la relación con su nación hebrea incluyendo sus familias resultando en un completo abandono de todos sus privilegios y derechos hereditarios y políticos en Israel; y por consecuencia, el que tal hacía, sería expulso de la sinagoga perpetuamente*». Todo lo que los judíos recién convertidos conocían era a Cristo en el nuevo nacimiento, pues ya tenían el conocimiento del Padre por medio de la ley, y ahora estaban listos para recibir el don del Espíritu Santo. Por esta razón Pedro les habló de este modo, pero no es excusa ni regla terminante para abolir la forma y ordenanza bautismal de Cristo según Mateo 28:19.

F. En el discurso de Pedro en el día del Pentecostés

Hechos 2:32,33 «A este Jesús resucitó Dios, de lo cual todos nosotros somos testigos. Así que exaltado por la diestra de Dios, y habiendo recibido del Padre la promesa del Espíritu Santo, ha derramado esto que vosotros veis y oís».

Otra vez aquí vemos la unidad de la Trinidad trabajando para un mismo propósito.

G. Pablo hablando de los dones espirituales

En 1 Corintios 12:4-7 Pablo nos habla: «Ahora bien, hay diversidad de dones, pero el Espíritu es el mismo. Y hay diversidad de ministerios, pero el Señor es el mismo. Y hay diversidades de operaciones, pero Dios que hace todas las cosas en todos, es el mismo. Pero a cada uno le es dada la manifestación del Espíritu para provecho».

Aquí dice el apóstol que el Espíritu, el Señor Jesucristo y Dios son los que traen la diversidad, operaciones y la manifestación de los dones. Y una vez más aquí vemos los Tres actuando juntos.

H. En la bendición apostólica de Pablo
2 Corintios 13:14 «La gracia del Señor Jesucristo, al amor de Dios, y la comunión del Espíritu Santo sean todos vosotros. Amén».
Nuevamente aquí vemos el saludo de Pablo en el nombre de la Trinidad.

I. El apóstol Pedro hablando a los expatriados elegidos
1 Pedro 1:2 «Elegidos según la presciencia de Dios Padre en santificación del Espíritu, para obedecer y ser rociados con la sangre de Jesucristo».
En este saludo apostólico están los Tres juntos.

J. El apóstol Juan testifica y confirma el hecho de la Trinidad
1 Juan 5:7 «Porque tres son los que dan testimonio en el cielo: el Padre, el Verbo (Hijo) y el Espíritu Santo; y estos tres son uno».
Y por último, aquí esta la Escritura más contundente sobre el hecho de la Trinidad, pues negar la enseñanza de la Trinidad es negar la esencia de las Escrituras mismas y dar lugar a todo tipo de interpretación perversa, absurda y sin fundamento bíblico.

Por lo tanto podríamos decir según los versículos citados arriba: Dios Padre es el OPERADOR, el Señor Jesús es el ADMINISTRADOR, y el Espíritu Santo es el DEMOSTRADOR.

Igualmente podremos decir que Dios Padre es la FUENTE, el Señor Jesús es el DADOR de la FUENTE, y el Espíritu Santo es el PODER de la FUENTE. También podemos decir que Dios es el PODER EJECUTIVO, pues Él ejecutó la obra de la creación, el Hijo es el PODER JUDICIARIO, pues la Biblia dice que el juicio fue entregado a Cristo, y el Espíritu Santo es el PODER LEGISLATIVO, pues Él escribió en nuestros corazones las leyes divinas e inspiradas de la Palabra de Dios.

Hay dos preguntas que prueban que realmente los Tres integrantes de la Trinidad son diferentes personas y que actúan de diferentes maneras:

Primera: ¿Por qué en Isaías 63:10 el Padre es tan protector del Espíritu Santo que se convierte en enemigo de los rebeldes? Dice la Palabra: «Mas ellos fueron rebeldes, e hicieron enojar su santo espíritu; por lo cual se les volvió enemigo, y él mismo peleó contra ellos».

Segunda: ¿Por qué es que Cristo dijo en Mateo 12:31 que Su sangre limpiaría todo pecado, pero la blasfemia contra el Espíritu Santo jamás sería perdonada? Dice la Palabra: «Por tanto os digo: Todo pecado y blasfemia será perdonado a los hombres; mas la blasfemia contra el Espíritu Santo no les será perdonada».

Estas dos preguntas nos prueban que tanto el Padre, el Hijo y el Espíritu Santo son Tres personas diferentes, actuando de distintas formas, maneras y propósitos según la necesidad del momento en el corazón del individuo, pero en una unidad de pensamiento conjunto para un mismo propósito: la salvación y la restauración del hombre.

DIOS LLENA LOS CIELOS Y LA TIERRA Y TODO EL UNIVERSO

Chatanuff, el guardia personal de Luís XV, observaba con mucho interés a un niño de unos ocho años que contestaba las preguntas de un obispo con mucha sabiduría y elegancia. Siendo Chatanuff ateo, y queriendo confundir al niño, dijo a éste después de su conversación con el obispo: «Mira, muchacho, te daré una naranja para que me digas dónde está Dios». A lo que el chico contestó: «Sr. Chatanuff, y yo le daré dos naranjas para que usted me diga, ¿y dónde no está Dios?».

¡Aleluya! Así es, Dios está en toda la tierra y en todo el universo a través de Su Espíritu. La Trinidad llena todas las dimensiones y niveles conocidos y no conocidos por el hombre, sea en la esfera material o espiritual. El conocimiento, poder, autoridad y profundidad de La Trinidad es inalcanzable e inimaginable, «esta más allá de nuestro entendimiento», como expresa el libro de Job 36:26 cuando dijo: «He aquí Dios es grande, y nosotros no le conocemos, ni se puede seguir la huella de sus años». Por esto necesitamos conocer más del Espíritu Santo, de Su manifestación, obra y operación junto a la Trinidad.

El Espíritu Santo
en la creación

En Génesis 1:1 está escrito: «En el principio **creó** Dios los cielos y la tierra». La palabra «**creó**» aquí en hebreo es «**bara**» que significa formar, hacer, producir y crear. Originalmente este verbo encerraba la idea de «tallar» o «suprimir». Ese concepto aún se expresa mediante la forma verbal que encontramos en Josué 17:18, que significa «derribar árboles en preparación de la tierra para la labranza». Esto sugiere que «crear» es similar a «esculpir». Por lo tanto, «**bara**» es la palabra apropiada para describir tanto el proceso de crear algo de la nada como el de moldear lo existente para crear algo nuevo, tal cual hizo Dios al crear al hombre (Génesis 1:27) del polvo de la tierra. Dios es siempre el sujeto del verbo «**bara**» en su forma común. Crear es, por lo tanto, un atributo divino.

Aquí encontramos al soberano de todo el universo, cuyo reinado y gobierno se describen desde el principio.

1. *Su reino*, el nivel de la acción de Su soberanía es trascendente. Es decir, no solo incluye a todo el universo físico, sino que lo excede mucho más allá. Existió antes de toda la creación, lo transciende y en virtud de haberlo creado, todo lo que existe está en Él.

2. *Su reinado* o el poder mediante el cual gobierna lo ejerce mediante Su voluntad, Su palabra y Sus obras. Por Su voluntad creadora Dios diseña y decide; mediante Su palabra da existencia a la creación, y por Sus obras, Su ESPÍRITU demuestra su ilimitado poder.

3. *Su gobierno* o autoridad para gobernar radica en Su preexistencia y Su santidad. Él es antes de la creación de todo, «en el principio». Como Creador, el gobierno de lo creado debe estar en Sus manos. Su benevolente intención de crear cosas «buenas» revela Su naturaleza santa, es decir, completa y perfecta, lo cual confirma Su derecho moral a regir la creación.

EL PODER CREADOR DEL ESPÍRITU

El Espíritu Santo ha estado en acción junto con el Padre y el Hijo desde la eternidad pasada y estará por siempre en la eternidad futura. En la creación de todas las cosas, cuando Dios dijo «sea la luz», allí estaba el poder del Espíritu creándolo todo. Es por medio del Espíritu Santo que es manifestado el poder creador del Dios Todopoderoso. Fue a través del poder de la Palabra de Dios que Él puso orden y el Espíritu trajo todo a la existencia. Hay que tener en mente que las Tres Personas de la Trinidad estuvieron envueltas en la creación. Algunos dirán que Dios el Padre trabajó en la creación, Dios el Hijo en la redención y el Dios Espíritu Santo en la salvación, pero esto tiene solo una parte de verdad porque las Tres Personas estuvieron involucradas en la creación, en la redención y en la salvación del hombre, cada Una actuando y haciendo su debido trabajo en lo que le correspondía hacer.

En toda manifestación de cada obra de Dios, la Trinidad estuvo envuelta y activa siendo el Padre el Autor, el Hijo el Ejecutor y el Espíritu el Consumador, o sea, el que complementó, llevó a cabo todo lo que Dios tuvo en mente.

Por lo tanto en relación a la obra creadora de Dios y del Espíritu, la palabra hebrea «bara» es «crear, hacer». Este verbo tiene un significado teológico muy profundo, puesto que su único sujeto es Dios. Solo Él puede «crear» en el sentido que está implícito en «bara». El verbo hebreo expresa creación de la nada «ex nihilo», una idea que se percibe con claridad en los pasajes relacionados con la creación en escala cósmica: «En el principio creó Dios los cielos y la tierra», Génesis 1:1, Génesis 2:3, Isaías 40:26, 42:5. Todos los demás verbos que significan «creación» permiten una gama de significados mucho más amplia; tienen sujetos divinos y humanos y se usan en contextos que no tienen que ver con la creación de la vida. «Bara» se usa a menudo paralelamente con los siguientes verbos: «asah», es «hacer», Isaías 41:20, 43:7, 45:7,12; Amós 4:13; «yatsar» es «formar», Isaías 43:1,7; 45:7; Amós 4:13; y «kún» es «establecer».

Isaías 45:18 contiene todos estos vocablos: «Porque así ha dicho Jehová, el que ha creado **"bara"** los cielos, Él es Dios; el que formó **"yatsar"** la tierra y la hizo **"asah"**, Él la estableció **"kún"**; no la creó **"bara"** para que estuviera vacía, sino que la formó **"yatsar"** para que fuera habitada: "Yo soy el Señor, y no hay otro...». Tal vez no se haya mantenido en este pasaje el significado técnico de «**bara**», «crear de la nada». Quizás el uso aquí sea una connotación popularizada en forma de sinónimo poético.

Los complementos directos de este verbo son «los cielos y la tierra», Génesis 1:1, Isaías 40:26, 42:5, 45:18, 65:17; «el hombre», Génesis 1:27, 5:2, 6:7, Deuteronomio 4:32, Salmo 89:47, Isaías 43:7, 45:12; «Israel», Isaías 43:1, Malaquías 2:10; «cosa nueva», Jeremías 31:22; «nube y humo», Isaías 4:5; «norte y sur», Salmo 89:12; «salvación y justicia», Isaías 45:8; «hablar», Isaías 57:19; «tinieblas», Isaías 45:7; «viento», (Amós 4:13; y un «corazón nuevo», Salmo 51:10).

Un estudio cuidadoso de los pasajes donde figura «**bara**» muestra que en las pocas veces que el término se usa en forma no poética (en especial en el Génesis), el escritor usa un lenguaje científicamente preciso para demostrar que Dios creó el objeto o concepto de materia que antes no había existido. Llama poderosamente la atención el uso de «**bara**» en los capítulos de Isaías 40–65. De las 49 veces que aparece el vocablo en el Antiguo Testamento, 20 se hallan en estos capítulos.

Cuando Isaías escribe proféticamente a los judíos en el cautiverio, habla palabras de consuelo basadas en los beneficios y bendiciones del pasado para el pueblo de Dios. Isaías desea recalcar que, puesto que Yahveh es el Creador, Él puede liberar a Su pueblo del cautiverio. El Dios de Israel ha creado todas las cosas: «Yo hice **"asah"** la tierra y creé **"bara"** al hombre sobre ella. Son mis propias manos las que han desplegado los cielos, y soy yo quien ha dado órdenes a todo su ejército», Isaías 45:12. Los dioses de Babilonia son nulidades impotentes, 44:12–20; 46:1–7, y por tanto, Israel puede esperar que Dios va a triunfar realizando una nueva creación, 43:16–21; 65:17–25).

Aunque «**bara**» es un tecnicismo correcto y preciso que sugiere una creación cósmica y material «**ex-nihilo**» es el término que también es un vehículo teológico rico en comunicación del poder soberano de Dios, quien origina y regula todas las cosas para Su gloria. «**Qanah**» es «conseguir, adquirir, ganar». Son los significados básicos que predominan en el Antiguo Testamento, pero ciertos pasajes poéticos hace tiempo vienen sugiriendo que el significado del verbo es «crear».

En Génesis 14:19, Melquisedec, al bendecir a Abram, dice: «Bendito sea Abram del Dios Altísimo, creador, (poseedor) de los cielos y de la tierra». Génesis 14:22 repite este epíteto divino. Deuteronomio 32:6 confirma el significado de «crear» cuando **«qanah»** se usa como paralelo de **«asah»**, «hacer». «¿Acaso no es Él tu Padre, tu Creador "qanah" quien te hizo "asah" y te estableció "kún"»? Salmos 78:54, 139:13 y Proverbios 8:22-23 también sugieren la idea de creación. Las lenguas cognadas en general mantienen el mismo significado de «conseguir, adquirir» que en hebreo. Es más, **«qny»** es el término ugarítico principal para expresar creación. La estrecha relación de hebreo con la lengua ugarítica y el significado contextual de **«qanah»** como «crear» en los pasajes veterotestamentarios citados arriba, argumentan el uso de **«qanah»** como sinónimo de «crear», que comparte con **«barah»**, **«asah» y «yatsar»**.

Por lo tanto **«asah»**, es «crear, hacer, fabricar». Este verbo, que aparece más de 2600 veces en el Antiguo Testamento, se usa como sinónimo de «crear» alrededor de 60 veces. No hay nada inherente en el vocablo que indique a qué tipo de creación se refiere. Solo cuando está acompañado de **«bara»** podemos estar seguros de que significa creación. Es lamentable, pero el término no lo apoyan lenguas cognadas contemporáneas al Antiguo Testamento, y su etimología no es muy clara. Puesto que **«asah"** describe las actividades humanas (y divinas) más comunes, no se presta para significados teológicos, excepto cuando acompaña a **«bara»** o a otros términos cuyos significados técnicos están bien establecidos.

Los casos más instructivos de **«asah»** aparecen en los primeros capítulos de Génesis. En Génesis 1:1 se usa el vocablo «bara» para presentar el relato de la creación, y Génesis 1:7 señala los detalles de su ejecución: «E hizo Dios un firmamento», "expansión". Si la «bóveda» se hizo o no de material existente, no puede determinarse porque solo se usa **«asah»**. Sin embargo, está claro que el verbo expresa creación por su uso en este contexto y está acompañado por el tecnicismo **«bara»**. Lo mismo se puede decir de otros versículos en Génesis: 1:16 (las lumbreras en el cielo); 1:25, 3:1 (los animales); 1:31, 2:2 (toda su obra); y 6:6 (el hombre). Sin embargo, en Génesis 1:26,27, **«asah»** tiene que significar creación «ex-nihilo», ya que se usa como sinónimo de **«bara»**. El texto reza así: «Hagamos "asah" al hombre a nuestra imagen, conforme a nuestra semejanza...

Creó «**bara**» pues, Dios al hombre a su imagen». De manera similar Génesis 2:4 declara: «Estos son los orígenes de los cielos y de la tierra cuando fueron creados "**bara**", el día que Jehová Dios hizo "**asah**" la tierra y los cielos», (Génesis 2:4. Génesis 5:1) coloca los dos términos en un mismo plano: «El día que Dios creó "**bara**" al hombre, a semejanza de Dios lo hizo "**asah**"». En conclusión, no hay base para afinar demasiado el significado de «**asah**» diciendo que quiere decir creación desde algo, a diferencia de creación de la nada.

La palabra griega «**ktisis**», primariamente es el acto de crear, o el acto creativo en proceso. Tiene este significado en Romanos 1:20 y Gálatas 6:15. Al igual que la palabra castellana «creación», significa también el producto del acto creador, la criatura o cosa creada, como en Marcos 6:15, Romanos 1:25, 8:19, Colosenses 1:15, Hebreos 9:11, Marcos 16:15 y Colosenses 1:23. También la palabra «**ktistes**» en las Escrituras denota al Creador, 1 Pedro 4:19, Romanos 1:20. Igualmente el verbo «**ktizo**» se traduce como «Creador» en Romanos 1:25, del artículo con el participio aoristo del verbo.

«**Ktizo**» también significa en las Escrituras crear siempre a partir del acto divino, ya sea (**a**) en la creación natural, Marcos 13:19, Romanos 1:25, donde el título «el Creador» se traduce del artículo con el participio aoristo del verbo, 1 Corintios 11:9, Efesios 3:9, Colosenses 1:16, 1 Timoteo 4:3, Apocalipsis 4:11, 10:6; o (**b**) en la creación espiritual, Efesios 4:24, Colosenses 3:10.

De igual forma la palabra «**ktisis**» se traduce como «crear» en Romanos 8:39, «cosa creada». Y por último la palabra «**Ktisma**» se traduce «lo creado» en Apocalipsis 5:13.

El papel del Espíritu en la Creación

Y siendo así de esta forma como lo hemos visto en las Escrituras, tanto en hebreo como en griego, toda autoridad y el poder creador fluyen de la Trinidad, del Padre, del Hijo y del Espíritu Santo. Por lo tanto el Espíritu Santo:

1. ESTUVO ENVUELTO EN EL PLANEAMIENTO Y EN LA CREACIÓN DEL UNIVERSO

Isaías 40:12-14 «¿Quién midió las aguas con el hueco de su mano y los cielos, con su palmo, con tres dedos juntó el polvo de la tierra, y pesó los montes con balanza y con pesas los collados? ¿Quién enseño al Espíritu de Jehová, o le aconsejó para ser avisado? ¿Quién le enseño el camino del juicio, o le enseño ciencia, o le mostró la senda de la prudencia?».

2. FUE EL AGENTE QUE CREÓ EL UNIVERSO, EL MUNDO Y LA NATURALEZA JUNTAMENTE CON EL HIJO

Hebreos 1:2 «En estos postreros días nos ha hablado por el Hijo, a quien constituyó heredero de todo, y por quien asimismo hizo el universo».

Juan 1:1,2 nos habla: «En el principio era el Verbo, y el Verbo era con Dios, y el Verbo era Dios. Este era en el principio con Dios. Todas las cosas por él fueron hechas, y sin él, nada de lo que ha sido hecho, fue hecho».

La Escritura es clara en nombrar a Cristo como el Verbo Creador de todo, junto con el Padre. Dios el Padre, el Dios Hijo y el Dios Espíritu Santo crearon todas las cosas existentes, visibles e invisibles.

3. EN LA CREACIÓN DEL UNIVERSO Y DEL MUNDO, EL ESPÍRITU ESTABA...

A. Moviéndose

Génesis 1:2 «...y el Espíritu de Dios se movía sobre la faz de las aguas».

B. Creando

Salmo 33:6 «Por la palabra de Jehová fueron hechos los cielos, y todo el ejército de ellos por el aliento de su boca».

C. Ordenando y decorándolo todo

Job 26:13 «Su espíritu adornó los cielos». (Ver los versículos 5 al 12).

4. ÉL CREÓ EL SOL, LA LUNA, LAS ESTRELLAS, LAS CONSTELACIONES Y TODO EL SISTEMA SOLAR

Salmo 8:3 «Cuando veo tus cielos, obra de tus dedos, la luna y las estrellas que tú formaste». (Ver Salmo 89:11 y 136:5-9).

5. ÉL CREÓ LA TIERRA, LA NATURALEZA Y TODO LO QUE EN ELLA HAY

Isaías 42:5 «Así dice Jehová Dios, Creador de los cielos, y el que los despliega; el que extiende la tierra...». (Ver Isaías 44:24).

6. ÉL CREÓ TODAS LAS ESPECIES DE LOS ANIMALES DEL AIRE, TIERRA Y DEL AGUA

Salmo 104:30 «Envías tu Espíritu, son creados, y renuevas la faz de la tierra». (Ver de los versículos 11 al 29).

7. EL CREÓ AL HOMBRE

Job 33:4 «El espíritu de Dios me hizo, y el soplo del Omnipotente me dio vida». (Ver Génesis 2:7; Job 27:3, 32:8; Malaquías 2:10; Efesios 2:10).

Génesis 1:26,27 nos dice: «Entonces dijo Dios: Hagamos al hombre a nuestra imagen, conforme a nuestra semejanza [...] Y creó Dios al hombre a su imagen, a imagen de Dios lo creó, varón y hembra los creó». (Ver Génesis 5:2). Estos versículos contienen una frase que es la piedra angular del entendimiento bíblico de la humanidad: ¡La imagen de Dios! La imagen de Dios se presenta principal y primordialmente en relación con un singular concepto social o comunitario de Dios. «Entonces dijo Dios» (singular): «Hagamos (plural) al hombre a nuestra (plural) imagen».

El uso aquí de tanto el singular como el plural denota el hecho de la Trinidad trabajando en conjunto, «hagamos». Es un Dios en una comunidad de personas. Dios procede entonces a crear al hombre a Su imagen.

En ese trascendental momento, la Escritura señala un aspecto particular de la naturaleza humana; es decir, aquello que corresponde al aspecto social o comunitario de la naturaleza divina. Dios crea al ser humano como hombre y mujer; no como un individuo solitario, sino como dos personas. Sin embargo los dos son en realidad uno, de la misma forma que la Trinidad es un Dios en Tres personas. La comunidad que refleja la imagen de Dios es especial, es la comunidad de una mujer y un hombre. Por lo tanto cuando Dios eligió crear a la humanidad a Su imagen, creó el matrimonio, una familia, de igual manera que Dios trabaja juntamente con los demás miembros de la Trinidad, como una familia. La comunidad y unidad de la familia constituye un reflejo de la unidad y de la comunidad de la Trinidad, porque Dios ideó así, desde el principio de la creación del hombre, crear una familia, pues su identidad, vida y poder provienen de Dios Padre, del Dios Hijo y del Dios Espíritu Santo. Por lo tanto «HAGAMOS» (1) demuestra pluralidad donde hubo la intervención de la Trinidad en la creación del hombre, y (2) demuestra una unidad conjunta de pensamiento y propósito de la Trinidad, no solo en la creación del hombre, sino de todas las cosas.

En definitiva, en Génesis 1:26 y 27, la Palabra dice que Dios actuó juntamente con los demás miembros de la Trinidad. A nuestra imagen y semejanza se refiere a tales cualidades como la razón, la personalidad y el intelecto, y las capacidades de relacionar, escuchar, ver, gustar, palpar, hablar y oler. Todas éstas son aptitudes que Dios decidió otorgar a los seres humanos. Por lo tanto el valor del hombre para Dios es intrínseco e importantísimo. Por esta causa el ser humano es distinto del resto de la creación. El divino concilio Trinitario determinó que la humanidad habría de poseer la imagen y la semejanza divina. Los humanos son seres espirituales, no solo en cuerpo, sino también poseen un alma y un espíritu. Son seres morales, cuya inteligencia, percepción y determinación propia exceden las de cualquier otro ser creado. Estas propiedades de la humanidad y su prominencia en el orden de la creación, implican el valor intrínseco, no solo de la familia humana sino también el valor individual de cada ser.

Pero la capacidad y la habilidad suponen una responsabilidad y una obligación. Nunca deberíamos conformarnos con vivir a un nivel más bajo del que Dios ha provisto para nuestra existencia. Debemos procurar ser lo mejor que podamos y alcanzar los más altos niveles en todo lo que hacemos tanto para Dios, como para nuestra familia y ministerio. Hacer menos que esto nos constituiría en siervos infieles de la vida que Él nos ha dado.

En Génesis 2:7 dice: «Entonces Jehová Dios formó al hombre del polvo de la tierra, y sopló en su nariz aliento de vida, y fue el hombre un ser viviente».

Seis de los términos hebreos utilizados en los primeros capítulos de Génesis para describir el proceso de la creación son muy similares, así que los traductores emplean en cada ocasión palabras diferentes para que el lector sepa que está ante un término hebreo distinto. Todos ellos se aplican a la actividad creadora del Padre, del Hijo y del Espíritu Santo: En Génesis 1:1 «bara» es «crear»; 1:7 «asah» es «hacer»; 1:17 «nathan» es «poner»; 2:7 «yatsar» es «formar»; 2:22 «banah» es «edificar o hacer»; y 4:1, 14:19 «ganah» es «crear, poseer o adquirir». Por lo tanto el Espíritu Santo estuvo activo en la creación del hombre conforme lo hemos visto.

8. ÉL CREÓ JUNTAMENTE CON EL PADRE Y EL HIJO TODAS LAS COSAS VISIBLES E INVISIBLES

Nehemías 9:6 «Tú solo eres Jehová; tú hiciste los cielos, y los cielos de los cielos, con todo su ejército, la tierra y todo lo que está en ella, los mares y todo lo que hay en ellos; y tú vivificas todas estas cosas, y los ejércitos de los cielos te adoran».

(Ver Jeremías 27:5, Hechos 17:24, Salmo 148:5, Apocalipsis 4:11, 5:13, 10:6, Isaías 41:20, 45:12, 65:17, Colosenses 1:16).

DIOS, EL SUPREMO CREADOR

Cierta vez un médico creyente escocés escarbó la tierra para plantar ají en su jardín, pero sembró en los surcos las semillas en formación y escribió con ellas las letras del nombre de su pequeño hijo. Después las cubrió con tierra dejando plano el suelo. Diez días más tarde su hijo corrió hacia a su padre muy emocionado al decirle que su nombre estaba apareciendo en el jardín y lo llamó para que fuera a ver.

El padre entonces le preguntó: ¿Fue por casualidad que tu nombre apareció en el jardín? «¡No! contesto el hijo, alguien debe haber plantado el ají y preparado de esta forma». Mira por ti mismo, hijo, considera tus manos, dedos, piernas, pies, ¿crees que apareciste por casualidad? «¡No! nuevamente dijo el niño, alguien debe haberme hecho». ¿Y quién es este alguien? «¡Dios!», contestó el muchacho sin dudar. «Así es hijo mío, fue Dios, el Creador tuyo y mío, el Creador de los cielos y de la tierra y de todo el universo y de todo lo que en el hay».

¡Que linda enseñanza de este médico a su pequeño hijo! ¡Qué privilegio que podamos comprender siquiera por un momento el poder creador del Señor, Sus designios, propósitos y deseos para con nosotros que le amamos y queremos conocerle todos los días un poco más! Es como el amigo que preguntó a un famoso botánico que estaba examinando una flor: «¿Qué ves?». La respuesta fue inmediata: «¡Veo a Dios!». Por lo tanto debemos reconocer la grandeza del Creador cada día al admirar una pequeña flor, al levantar nuestros ojos y ver el cielo lleno de estrellas, al sentir la brisa suave tocando nuestro rostro, al ver el sol nacer a cada día y al desaparecer en el horizonte al venir la noche…

Alguien dijo que el astrónomo incrédulo era necio y estaba loco al no admitir, considerar y aceptar que todo esto fue creado por el poder del Dios Padre, del Dios Hijo y del Dios Espíritu Santo. Por esto, amados lectores, debemos decir: «Espíritu Santo, quiero conocer más de ti».

LA DISPENSACIÓN DEL ESPÍRITU SANTO

E n Colosenses 4:5 está escrito: «…redimiendo el **tiempo**». La palabra **«tiempo»** aquí en el griego es **«kairos»**, que es tiempo oportuno, tiempo fijo, tiempo señalado, tiempo debido, tiempo definido, tiempo ocasional, y tiempo apropiado para la acción. **«Kairos»** describe la clase o calidad de tiempo, mientras la palabra griega **«cronos»** denota extensión o cantidad de tiempo. De este término conocemos «tiempo cronometrado» al medir el tiempo de un hecho determinado.

La palabra griega **«oikonomia»**, significa primeramente el gobierno de una familia, o de los asuntos de una familia (**«oikos»**, casa; **«nomos»**, ley). Luego, el gobierno o administración de la propiedad de otros se llama mayordomía (Lucas 16:2,3,4). Fuera de ahí, se usa solo en las Epístolas de Pablo, quien lo aplica: **(a)** a la responsabilidad que le ha sido encomendada de predicar el evangelio (1 Corintios 9:17): «comisión»; «dispensación»; **(b)** a la administración que le fue entregada, para que anunciara «cumplidamente la palabra de Dios», siendo este anuncio la revelación de la plenitud del ciclo dispuesto e impartido de verdades consumadas en la iglesia como el cuerpo de Cristo (Colosenses 1:25); «administración»; «dispensación»; igualmente en Efesios 3:2, de la administración que le fue dada de la gracia de Dios: «dispensación» con respecto al mismo «misterio»; **(c)** en Efesios 1:10 y 3:9 se usa para la disposición o administración de Dios, por la cual en «el cumplimiento de los tiempos», Dios reunirá todas las cosas de los cielos y de la tierra en Cristo.

En Efesios 3:9 algunas traducciones bíblicas tienen **«koinonia»** que es «comunión», en lugar de **«oikonomia»** que es «dispensación». Una dispensación no es un período ni una época (uso común, pero erróneo de la palabra), sino un modo de tratar, una disposición o administración de los asuntos. La palabra **«oikonomos»** es un mayordomo; y **«oikonomeo»**, ser mayordomo del tiempo o administrar. No obstante, es cierto que en diversas épocas pasadas, con distintos tipos de gobierno, éstas han quedado marcadas por cómo Dios administra Su trato con los hombres. A eso llamamos «dispensación» o periodo de tiempo establecido por Dios para tratar con los hombres en la historia.

LAS SIETE DISPENSACIONES BÍBLICAS

Es necesario para cualquier creyente un conocimiento claro de las siete dispensaciones bíblicas desde el Génesis hasta el Apocalipsis. Tal conocimiento ayuda al cristiano a entender el plan de Dios en las Escrituras. Muchas doctrinas heréticas que aún circulan en nuestros días, nacieron del resultado directo de la ignorancia sobre verdades sobre la dispensación. Diríamos que la dispensación es una forma específica del actuar de Dios junto al hombre por un determinado periodo de tiempo que se caracteriza por la uniformidad de la revelación divina mediante la luz de las Escrituras. Scofield dijo: «Una dispensación es un periodo de tiempo en que el hombre es probado respecto de su obediencia a cierta revelación de la voluntad de Dios».

Olson también dijo: «Una dispensación es un periodo moral o probatorio». De acuerdo a ellos yo diría que «una dispensación es el plan de la conducta de Dios para con los hombres».

Como ya vimos, encontramos esta palabra en Efesios 1:10 y 3:9. La palabra **«dispensación»**, en el griego es **«oikonomia»**, de la que procede la palabra «economía», que originalmente significa un sistema de «administración».

Cuando se aplica a las actividades de Dios, es un estudio de cómo Dios supervisa o administra Su reino universal. Podemos incluir Efesios 3:2 y Colosenses 1:25 al hablar de «administración», que se refiere a lo mismo que dispensación.

R. M. Riggs, refiriéndose a la importancia del estudio de las dispensaciones, también afirma: «Todas las edades bíblicas en su sucesión lógica, son la columna vertebral de las Escrituras, de donde fluye las enseñanzas fundamentales y donde encontramos el alimento espiritual. El orden adecuado de la verdad divina a través de los tiempos, del cual el estudio de las dispensaciones nos proporciona por medio de los periodos bíblicos, nos evitará extraviarnos y nos librará de muchas confusiones en cuanto a la interpretación bíblica».

Entonces debemos estudiar, comprender y saber el desarrollo de las siete dispensaciones bíblicas e interpretarlas de acuerdo al tema de estudio, de manera figurativa, simbólica o literal. Aquí solamente daremos una idea en forma muy reducida, una visión panorámica de las siete dispensaciones, pues el estudio abarca mucha información de toda la Escritura y queremos dar énfasis en la dispensación del Padre, del Hijo y del Espíritu Santo. El lector podrá leer con más tiempo y conocer más a fondo los versículos abajo citados de cada una de las siete dispensaciones cuando él lo desee. Por lo tanto:

1. **Dispensación de la INOCENCIA**
   A. El principio: Génesis 1:27, 2:7
   B. La prueba de Dios: Sobre la inocencia, Génesis 1:28-31 y 2:25
   C. Duración: Tiempo desconocido.
   D. El fracaso humano: La inocencia perdida, Génesis 3:7
   E. La tendencia: Apartarse de Dios, Génesis 3:2-10
   F. El evento postrero: Génesis 3:17-24

2. **Dispensación de la CONCIENCIA**
   A. El principio: Génesis 3:23,24 y 4:1-16
   B. La prueba de Dios: Sobre la conciencia, Génesis 3:7,22 y 4:7
   C. Duración: 1 656 años.
   D. El fracaso humano: Una conciencia ineficaz, Génesis 4:16 hasta 6:12
   E. La tendencia: Apartarse de Dios, Génesis 6:5-13
   F. El evento postrero: Génesis 7:17-24

3. **Dispensación del GOBIERNO HUMANO, O POSTDILUVIANA**
   A. El principio: Génesis 8:20 y 9:6
   B. La prueba de Dios: Sobre el gobierno humano, Génesis 9:1-7
   C. Duración: 427 años.
   D. El fracaso humano: El gobierno humano es fracasado, Génesis 11:1-8

E.   La tendencia: Apartarse de Dios, Génesis 11:1-4

F.   El evento postrero: Génesis 11:5-9

4. **Dispensación de la PROMESA O PATRIARCAL**

A.   Principio: Génesis 12:1-3, Éxodo 2:23-25 y 12:51

B.   La prueba de Dios: Sobre el pacto de Abraham, Génesis 13:14-16, 15:5, 17:4-10

C.   Duración: 430 años.

D.   El fracaso humano: La desobediencia de Abraham, Génesis 16:1-16 (Ismael).

E.   La tendencia: Apartarse de Dios, Génesis 25:29-34 (Esaú vende su progenitura).

F.   El evento postrero: La esclavitud egipcia, Éxodo 2:23-25

5. **Dispensación de la LEY**

A.   El principio: De Génesis 13:1 hasta Mateo 2:23, Lucas 16:16 y Juan 1:17

B.   La prueba de Dios: Sobre la ley, Éxodo 20:1-17

C.   Duración: 1 716 años. (De Moisés a Cristo).

D.   El fracaso humano: La ley fue imposible de justificar al hombre, Hechos 15:10, Romanos 3:20, 6:14 y 7:6

E.   La tendencia: Apartarse de Dios, Éxodo 32:1-35

F.   El evento postrero: Juan 19:30, Mateo 27:50,51, Romanos 10:4

6. **Dispensación de la GRACIA**

A.   El principio: Hechos 2:1-47, Tito 2:11-14

B.   La prueba de Dios: Sobre la Iglesia, Efesios 1:22,23, 1 Corintios 12:13-30, Juan 1:17

C.   Duración: No es revelada, pues ya llevamos más de 2,011 años...

D.   El fracaso humano: La gracia todavía es desechada, 2 Timoteo 3:1-13

E.   La tendencia: Burlarse del evangelio, 2 Pedro 3:1-7,9

F.   El evento postrero: El Rapto o arrebatamiento de la Iglesia, 1 Tesalonicenses 4:13-17

Para que el lector no se confunda en caso de que desee conocer todo el plan de Dios en las Escrituras, desde el Génesis hasta el Apocalipsis, añadimos algo más de información sobre lo que sucederá después del Rapto de la Iglesia. Quizás algunos quieren saber lo que pasará después en orden cronológico.

Nuestra interpretación evangélica pentecostal es que la Iglesia es arrebatada antes de la Gran Tribulación, pero hay muchas posturas de interpretaciones teológicas distintas, tales como la pretribulacionista premilenarista; la posición postribulacionista premilenarista; la posición mesotribulacionista premilenarista; la posición del Rapto parcial premilenarista; la posición del Rapto antes del día de la ira; la posición evangélica postmilenarista; la posición amilenarista de San Agustín y la posición segunda amilenarista. En otras palabras, hay diferencias de opiniones escatológicas en cuanto a esto.

En síntesis, está la posición del arrebatamiento de la Iglesia antes de la Gran Tribulación, (del cual creemos nosotros); la posición del arrebatamiento durante la Gran Tribulación; la posición del arrebatamiento después de la Gran Tribulación y la posición del arrebatamiento parcial, unos serán arrebatados antes y otros durante la Gran Tribulación... Todas estas interpretaciones nosotros las respetamos, pero creemos particularmente que la Iglesia es arrebatada antes... y que después...vendrá (la Gran Tribulación, Mateo 24:21,22, Jeremías 30:7); (el Anticristo, 2 Tesalonicenses 2:8); (la segunda etapa de la venida de Cristo, Apocalipsis 19:11-16, Zacarías 14:4); (la guerra del Armagedón, Apocalipsis 19:17-19, Ezequiel capítulos 38 y 39); (El Anticristo «la bestia» y el «falso profeta» son destruidos y Satanás atado, Apocalipsis 19:20 y 20:1-3); (el juicio de las naciones, Mateo 25:31-46). Por lo tanto la dispensación de la gracia o eclesiástica es desde el Pentecostés, Hechos capítulo 2, hasta la segunda etapa de la venida de Cristo, (a juzgar a las naciones, Joel 3:1,2) antes del milenio donde Cristo reinará por mil años. Esta será la última dispensación:

7. Dispensación MESIÁNICA, MILENARIA O DEL GOBIERNO DIVINO

A. Principio: Apocalipsis 20:1-7, Isaías 11:1-26 y 35:1-10

B. La prueba de Dios: Sobre los rebeldes en el milenio, Isaías 29:20 y 65:20

C. Duración: 1 000 años, Daniel 2:44, Zacarías 14:9 y Apocalipsis 20:1-7

D. El fracaso humano: Termina en rebelión, Apocalipsis 20:7-9

E. La tendencia: Destruir a los santos y a Dios, Apocalipsis 20:9

F. El evento postrero: (El diablo es destruido, Apocalipsis 20:10); (el juicio del trono blanco, Apocalipsis 20:11-15); (la nueva Jerusalén 21:1-27); (eternidad, nuevo cielo y tierra nueva, 22:1-21, 2 Pedro 3:13, Isaías 65:17 66:22).

DISPENSACIONES DE LA TRINIDAD

En la Palabra de Dios, en todas estas siete dispensaciones bíblicas, encontramos las tres dispensaciones de la Trinidad, trabajando juntas. La dispensación del Padre, la dispensación del Hijo y la dispensación del Espíritu Santo. Cada Uno actuó en un período determinado durante el tiempo bíblico, aunque los Tres siempre actuaron juntos desde el principio de la creación y actúan hoy y actuarán así en el futuro.

Para entender mejor el desarrollo histórico de la doctrina de la Trinidad, sabemos que la palabra TRINIDAD no aparece en la Biblia. Sin embargo, es una palabra teológica que expresa la clara enseñanza de las Sagradas Escrituras, especialmente del Nuevo Testamento.

El primer teólogo de la Iglesia que usó la expresión fue Teófilo que habló de Dios como «**trías**». El gran padre de la iglesia latina, Tertuliano, desarrolló el concepto de «**trinitas**», o sea, un Dios en tres personas. A pesar de que los padres de la Iglesia en el segundo y tercer siglo hablaron de las tres personas de la divinidad, aunque reconocían la existencia de un solo Dios, los concilios de Nicea (325 d.C.) y Constantinopla (381 d.C.) dieron la expresión más completa sobre la doctrina bíblica.

La Biblia enseña explícitamente que hay un Dios único según la enseñanza del Antiguo Testamento. La creencia en un solo Dios en el antiguo mundo del Mediterráneo era exclusiva de la nación de Israel. La fe de Israel se da en la famosa **Shemae**: «Oye, Israel, Jehová nuestro Dios, Jehová uno es», Deuteronomio 6:4. Reiteradamente la enseñanza de la Ley y las declaraciones de los profetas de Dios confirman esta verdad absoluta.

En el Nuevo Testamento la Iglesia continuó enseñando las Escrituras hebreas, al igual que lo sostienen las palabras de Jesucristo de que hay un solo Dios, 1 Corintios 8:6, Efesios 4:6, 1 Timoteo 2:5. Esto fue enfatizado para contrastar el politeísmo desenfrenado que penetraba todo el mundo grecoromano con su multitud de dioses, incluido el culto al emperador como dios en la segunda parte del primer siglo. Cuando los apóstoles, y más tarde la Iglesia, comenzaron a articular este monoteísmo en contra de la religión pagana, fue necesario explicar cómo podía ser coherente esta creencia en un solo Dios con la creencia de que el Padre, el Hijo y el Espíritu Santo cada uno es Dios y, sin embargo, todavía son un solo Dios. Las Escrituras enseñan que tres personas son un Dios único. La palabra más común para Dios en hebreo es «**Elohim**». Este sustantivo está en plural, mientras en diversos lugares el término para Dios está en singular como «**El o Eloah**». A pesar de la palabra en plural para Dios, la verdadera fe judía era fuertemente monoteísta. Cuando se usa «**Elohim**» acerca del Dios de Israel, se usa con verbos en singular, para indicar que el Dios de Israel es un ser único.

El plural permite la expresión de pluralidad para Dios como se revela después en el Nuevo Testamento, pero la gramática hebrea puede también simplemente usar el plural de plenitud.

Para entender mejor, veamos pues el uso de pronombres personales en plural. En tres ocasiones el Antiguo Testamento usa pronombres personales en PLURAL al hablar de Dios. La primera se refiere a la creación de la humanidad: «Hagamos al hombre a nuestra imagen», Génesis 1:26. La segunda pertenece a Dios cuando decide confundir las lenguas humanas en la torre de Babel: «Descendamos», Génesis 11:6-9. La tercera referencia es en el llamado a una misión: «¿Quién irá por nosotros?», Isaías 6:1-8. Varias veces en las Escrituras hebreas se hace referencia al «Ángel de Jehová». Del contexto resulta evidente que estas referencias no hablan simplemente de un mensajero creado por Dios, sino de Dios mismo. En ciertos contextos el Ángel de Jehová se identifica como Dios mismo, Génesis 16:7-13, 18:1-22, pero en otros se distingue de Dios, Génesis 19:1-28, especialmente el versículo 24, Zacarías 1:12,13, Malaquías 3:1. Es muy probable que tales apariciones sean de Cristo preencarnado, quien es la revelación del Padre, Juan 1:18, Hebreos 1:1-3. Las apariciones del Ángel de Jehová terminan después de la encarnación, porque ahora la revelación de Dios está presente como un hombre en la persona de Jesucristo, compare Éxodo 14:19 con Éxodo 23:20 y 1 Corintios 10:4.

En el nuevo pacto, vemos la Enseñanza explícita del Nuevo Testamento en la enseñanza de Jesucristo sobre Su relación con el Padre y con el Espíritu Santo. Jesús es el Hijo del Padre. Jesús se llama a sí mismo el Hijo de Dios, y también llama a Dios Su Padre de un modo que da a entender una asociación profundamente única. Además, Jesús dice tener una relación con el Padre como la de una asociación que se remonta a toda la eternidad. En otras ocasiones Jesús hace declaraciones y obras que hacen que otros reconozcan su afirmación de igualdad con Dios. La acusación específica de blasfemia contra Cristo fue su reconocimiento de ser el Hijo de Dios, Lucas 22:70. Estos textos identifican a la persona de Jesús, preexistente al mundo, como Dios, sin embargo, distinto de Dios el Padre.

Como Jesús el Hijo, el Espíritu Santo también es una persona divina. Antes que dejara la tierra para estar con el Padre, Cristo prometió un Consolador similar, pero distinto de Él mismo. Él y el Padre vienen al creyente por medio de esta persona, el Espíritu Santo. En un sentido cada cristiano se identifica con el Dios trino. Jesús en Su oración intercesora en Juan 17, indica que Dios iba a morar en los creyentes en Cristo: «Yo en ellos y tú en mí», Juan 17:23. También los apóstoles enseñaron sobre la Trinidad. A Dios se le llama Padre del Señor Jesucristo y de los cristianos, Efesios 1:2, Filipenses 1:2, 2 Juan 3. El apóstol Juan llama a Jesús específicamente Dios, Juan 1:1,18, 8:58. En diversos lugares Pablo identifica a Jesús como Dios, Romanos 9:5, Filipenses 2:6, Tito 2:13, al igual que Pedro en 2 Pedro 1:1. Pedro declara que el Espíritu Santo es Dios, Hechos 5:4 y las Escrituras lo ponen en la lista con el Padre y el Hijo, Mateo 28:19 y 2 Corintios 13:14.

Por lo tanto, resumiendo el asunto sobre la TRINIDAD, vemos que la Biblia enseña que hay un solo Dios. El credo del ANTIGUO TESTAMENTO de la «shemae», Deuteronomio 6:4 enfatiza la unicidad de Dios, Éxodo 20:2,3, 3:13-15. Este es el credo del judaísmo. «Jehová» es la castellanización del hebreo «Yahweh». Los judíos decían «Adonai» (mi Señor) cuando leían «Yahweh», pues consideraban el nombre de Dios demasiado sagrado para ser pronunciado. La palabra «Dios» se usa en el texto hebreo en su forma plural. De manera que la frase de Deuteronomio 6:4 «nuestro Dios, Jehová uno es», constituye la aproximación de nuestra doctrina cristiana de la Trinidad, tres personas de la misma sustancia en un solo Dios como ya hemos visto.

En el Nuevo Testamento los apóstoles del Señor creían en un solo Dios, 1 Corintios 8:4-6, 1 Timoteo 1:17, 2:5,6, Santiago 2:19. La Biblia habla de Dios como en tres personas distintas. En el Antiguo Testamento el padre se distingue del Hijo en el Salmo 2:7, 68:18, Isaías 9:6, 61:1-3, Hebreos 1:1-13. Y el Espíritu Santo se presenta como distinto de ellos dos. Se ve que el Padre es Dios en Isaías 63:16, el Hijo en Isaías 9:6 y el

Espíritu en Génesis 1:1-2, Éxodo 31:3, Jueces 15:14, Isaías 11:2. El Nuevo Testamento expresa en palabras claras que el padre de nuestro Señor Jesucristo es Dios, Juan 1:18, 1 Corintios 8:6, Filipenses 2:11, 1 Pedro 1:2. Nadie discute esta verdad. Los autores del Nuevo Testamento en numerosos lugares presentan a Jesucristo como Dios, además, Pedro llama Dios al Espíritu Santo, Hechos 5:4. Sin embargo, se presenta en el bautismo de Jesús como distinto de Jesús, y como distinto del Padre y del Hijo en la bendición apostólica. La Biblia enseña que tres personas distintas tienen los atributos de Dios.

En el Antiguo Testamento el Padre posee los atributos divinos, Salmo 90:2, Jeremías 17:10, 23:24. El Hijo tiene los atributos de la divinidad, Isaías 9:6,7, Daniel 7:13,14. Y también el Espíritu Santo posee los atributos divinos, Génesis 1:2, Salmo 139:7, Nehemías 9:20.

En el Nuevo Testamento el Padre posee características divinas, Juan 7:28, Romanos 2:4, 1 Pedro 1:5, Apocalipsis 15:4. El Hijo se presenta como poseedor de la naturaleza de Dios, Mateo 18:20, Juan 1:2,2 Corintios 12:9, Apocalipsis 3:7. Y el Espíritu de Dios se presenta en forma similar, Hechos 1:8, Romanos 15:19, 1 Corintios 2:11, 1 Juan 5:6. La Biblia enseña que tres personas distintas realizan las obras de Dios.

En el Antiguo Testamento el Padre se presenta como el Creador, Salmo 102:25, y también los otros miembros de la divinidad. Génesis 2:7 usa el plural para identificar más de una persona en el ser de Dios. Si entendemos a Jesús, el Logos, como la Sabiduría de Dios, por la cual hizo el mundo, el Hijo también se insinúa como Creador en el Antiguo Testamento. El Espíritu de Dios es la fuerza creadora que se cierne sobre las aguas en Génesis 1:2 y Job 26:13. Mientras que en el Antiguo Testamento el Padre y el Espíritu se identifican más claramente como los creadores, el Nuevo Testamento también presenta enfáticamente a Jesús como el Creador: Juan 1:1-3 y Colosenses 1:16. Ahora que podemos entender mejor el hecho de la Trinidad tanto en el Antiguo como en el Nuevo Testamento, podremos separar la dispensación y la actuación de cada uno de ellos en cada etapa y época distinta en las Escrituras. Así que:

1. LA DISPENSACIÓN DEL PADRE

En el Antiguo Testamento encontramos a Dios hablando, actuando y dirigiendo, siempre con la cooperación del Hijo, Colosenses 1:18 «...él que es el principio...» y del Espíritu Santo, Génesis 1:2 «...y el Espíritu de

Dios se movía...» y Génesis 6:3 «Y dijo Jehová: No contenderá mi espíritu con el hombre para siempre...».

Por lo tanto, Dios actuó soberana y juntamente con las otras dos personas de la Trinidad, y Su deseo fue siempre dar a conocer al hombre Su propósito y Su voluntad con nosotros, Efesios 3:9 «Y de aclarar a todos cuál sea la dispensación del misterio escondido desde los siglos en Dios, que creó todas las cosas». Su querer siempre fue revelar Su gran amor y lo expresó por medio de toda Su creación.

2. LA DISPENSACIÓN DEL HIJO

Empezó con la encarnación del Verbo, Juan 1:14 «Y aquel verbo fue hecho carne, y habitó entre nosotros...». Los cuatro evangelios relatan el exitoso y poderoso ministerio de Jesucristo aquí en la tierra. Él fue enviado por el Padre, Juan 20:21 «...como me envió el Padre...»; Él buscó a los perdidos, Lucas 19:10 «Porque el Hijo del Hombre vino a buscar y salvar lo que se había perdido»; y Él testificó a los hombres el mensaje del Padre, Juan 12:50 «...así pues, lo que yo hablo, lo hablo como el Padre me lo ha dicho». Él hizo señales y maravillas, Hechos 10:38 «Como Dios ungió con el Espíritu Santo y con poder a Jesús de Nazaret, y cómo éste anduvo haciendo bienes y sanando a todos los oprimidos por el diablo, porque Dios estaba con él»; Él enseño, predicó y sanó las enfermedades, Mateo 9:35 «Recorría Jesús todas las ciudades y aldeas, enseñando en las sinagogas de ellos, y predicando el evangelio del reino, y sanando toda enfermedad y toda dolencia en el pueblo»; Él resucitó a los muertos, Lucas 7:14,15 «Y acercándose tocó el féretro; y los que lo llevaban se detuvieron. Y dijo: Joven, a ti te digo, levántate. Entonces se incorporó el que había muerto, y comenzó a hablar...»; Él calmó las tempestades, Mateo 8:26 «Entonces, levantándose, reprendió los vientos y al mar; y se hizo grande bonanza»; Él multiplicó los panes, Mateo 14:13 «...y tomando los cinco panes y los dos peces, y levantando los ojos al cielo, bendijo, y partió y dio los panes a los discípulos, y los discípulos a la multitud». Él murió en la cruz como nuestro sustituto, Romanos 5:8 «Mas Dios muestra su amor para con nosotros, en que siendo aún pecadores, Cristo murió por nosotros»; Él llevó sobre sí nuestros pecados y sanó nuestras enfermedades, 1 Pedro 2:24 «Quien llevó él mismo nuestros pecados en su cuerpo sobre el madero, para que nosotros, estando muertos a los pecados, vivamos a la justicia; y por cuya herida fuisteis sanados»; Él nos libró del pecado y de sus consecuencias, Romanos 8:1 «Ahora, pues, ninguna condenación hay para los que están en Cristo Jesús...», Él nos reconcilió con Dios, Colosenses 1:20 «Y por medio de él reconciliar consigo todas las cosas, así las que están en la tierra como las que están en los cielos, haciendo la paz mediante la sangre de su cruz»; y Él consumó la obra por la cual fue enviado, Juan 19:30 «...dijo: Consumado es. Y habiendo inclinado la cabeza, entregó el espíritu». Pero Él resucitó al tercer día con poder, Lucas 24:6 «No está aquí, sino que ha resucitado»; Él nos justificó, «El cual fue entregado por nuestras transgresiones, y resucitado para nuestra justificación». Él subió a los cielos donde está coronado de gloria y honra, Hebreos 2:7 «Le coronaste de gloria y de honra»; Él está a la diestra del Padre, Hebreos 1:3 «...se sentó a la diestra de la Majestad en las alturas». Así que el Señor cumplió en Su Hijo el propósito desde el principio, Efesios 1:10 «De reunir todas las cosas en Cristo, en la dispensación del cumplimiento de los tiempos...». Y durante el ministerio de Cristo hubo una profunda cooperación del Padre, 2 Corintios 5:19 «Que Dios estaba en Cristo reconciliando consigo al mundo...», y del Espíritu Santo, Hebreos 9:14 «¿Cuánto más la sangre de Cristo, el cual mediante el Espíritu eterno se ofreció a si mismo...». Por lo tanto las otras dos personas de la Trinidad actuaron juntamente con el Hijo.

3. LA DISPENSACIÓN DEL ESPÍRITU SANTO

El relato del libro de los Hechos de los apóstoles y de las epístolas paulinas y generales, nos muestra la poderosa actuación del Espíritu Santo aplicando en los corazones la obra de Cristo, el cual actúa aún en nuestros días y por siempre.

Segunda Corintios 3:8 «¿Cómo no será más bien con gloria el ministerio del espíritu?». Este ministerio es la dispensación del Espíritu que comenzó con la llegada de Cristo en los cielos, después de Su resurrección, cuando Él envió el Espíritu Santo, Hechos 2:32,33 «A este Jesús resucitó Dios, de lo cual todos nosotros somos testigos. Así que, exaltado por la diestra de Dios, y habiendo recibido del Padre la promesa del Espíritu Santo, ha derramado esto que vosotros veis y oís».

Cristo había prometido la venida del Espíritu a Sus discípulos mientras estaba aquí, Juan 16:7 «Pero yo os digo la verdad: Os conviene que yo me vaya; porque si no me fuera, el Consolador no vendría a vosotros; mas si me fuere, os lo enviaré», y Hechos 1:5 «Porque Juan ciertamente bautizó con agua, mas vosotros seréis bautizados con el Espíritu Santo dentro de no muchos días». Así que después que llegó al cielo, él cumplió la promesa, Hechos 2:4 «Y fueron todos llenos del Espíritu Santo…». Y este Espíritu estará con nosotros para siempre, Juan 14:16 «…y os dará otro Consolador, para que esté con vosotros para siempre».

En la dispensación del Padre, la Biblia dice que Dios estaba con Su pueblo en una columna de fuego y en una nube, Éxodo 13:21 «Y Jehová iba delante de ellos de día en una columna de nube para guiarlos por el camino, y de noche en una columna de fuego para alumbrarles…».

En la dispensación del Hijo, Dios estaba con su pueblo por medio de Cristo, Mateo 1:23 «…y llamarás su nombre Emmanuel, que traducido es: Dios con nosotros». Y ahora, en el dispensación del Espíritu, Dios esta con su pueblo, que somos nosotros su Iglesia, por medio del Espíritu Santo, Juan 14:17 «…pero vosotros le conocéis, porque mora con vosotros, y estará en vosotros». Estamos viviendo esta dispensación en estos momentos, y debemos predicar la Palabra a aquellos que todavía no conocen la Salvación de Cristo y sus maravillosas promesas para quienes le obedecen. Todo esto debemos hacerlo con plena convicción en el poder del Espíritu Santo.

La dispensación de nuestras vidas

El psicólogo William Marston preguntó en una ocasión a más de 3 000 personas lo siguiente: «¿Cuál es la razón de su vida durante el tiempo que usted planea vivir?». Más de 94% por ciento respondió que estaban meramente sobrellevando sus existencias y que esperaban que algo bueno sucediera algún día. Pero tener apenas esperanza para un futuro mejor que el pasado no es suficiente. Creer apenas en un mañana mejor es muy poco, pues existen personas que no pueden ver nada de bueno más adelante y no son capaces de confiar en nada ni en nadie. Muchos trazan un objetivo de vida y cuando pierden el rumbo deseado, pierden también la esperanza. Muchos invierten demasiado en el trabajo o en el matrimonio o en cualquier área de su vida, y cuando las cosas no resultan, se desesperan. Pero para nosotros los cristianos que conocemos al Señor y Su Palabra, que poseemos dentro de nosotros el poder y la guía en esta «dispensación» del Espíritu Santo, sabemos que en medio de las pruebas y luchas de nuestras vidas, aunque tarde demasiado lo que anhelamos, podemos confiar en que Dios está en control absoluto de todo cuanto nos ocurre. Durante el tiempo o la dispensación que Él nos conceda vivir, debemos confiar en la actuación del Espíritu Santo en todas las áreas de nuestra vida, porque Él estuvo, está y siempre estará en nuestro corazón para traernos sabiduría, paz, gozo, felicidad y victoria.

Recuerde las palabras del salmista en relación a nuestra vida en el Salmo 102:24 «Dije: Dios mío, no me cortes en la mitad de mis días; por generación de generaciones son tus años».

Claro está que deseamos vivir, y que en todos los tiempos, durante todas las «dispensaciones», como dijo David, «generaciones», Dios siempre actúa a favor de Su pueblo. Y en este tiempo Él sigue igual, ayudándonos por medio del poder del Espíritu Santo.

La divinidad del Espíritu Santo

En 2 Pedro 1:3 está escrito: «Como todas las cosas que pertenecen a la vida y a la piedad nos han sido dadas por su divino poder, mediante el conocimiento de aquel que nos llamó por su gloria y excelencia». La Escritura misma habla de la divinidad del Espíritu Santo.

La palabra griega «**theios**» es «divino», de «**theos**» que es Dios. Se usa en relación al poder de Dios aquí en 2 Pedro 1:3, y de su naturaleza (v. 4); en cada lugar, como aquello que procede de Él mismo. En Hechos 17:29 se usa como nombre con el artículo determinado, para denotar «la divinidad», la deidad, esto es, el Dios único y verdadero. Y siendo que Dios el Padre, Dios el Hijo y el Dios Espíritu Santo son tres en uno como dicen las Escrituras, entonces también se refiere a la deidad, divinidad del Espíritu, así como el Padre y el Hijo, pues 1 Juan 5:7,8 dice: «Porque tres son los que dan testimonio en el cielo: el Padre, el Verbo y el Espíritu Santo; y estos tres son uno. Y tres son los que dan testimonio en la tierra: el Espíritu, el agua y la sangre; y estos tres concuerdan».

Como vimos anteriormente, el Espíritu Santo es Dios y la Escritura declara claramente que Él comparte en la Trinidad la condición de Deidad, una obra de coigualdad, coeternidad y coexistencia, como en una unidad. Pero debemos contemplar esta unidad con la distinción especial que cada uno de los integrantes de esta Trinidad, el Padre, el Hijo y el Espíritu Santo, poseen papeles y funciones diferentes. Podría decir que el Padre es el EJECUTIVO; el Hijo es el ARQUITECTO y el Espíritu Santo es el CONTRATISTA, o dicho de otro modo, Dios dio el orden para la creación, Cristo lo planeó y el Espíritu Santo lo llevó a cabo.

La deidad del Espíritu Santo

Las Escrituras enfáticamente enseñan la Deidad del Espíritu. Pero hay quienes lo niegan teológicamente equivocados, como ocurrió con Arrio, (256-336) presbítero de Alejandría en el siglo IV. Él enseñó que solamente Dios era una Persona Eterna, que había creado a Cristo, quién a su vez había creado el Espíritu Santo, negando así Su divinidad. Esta enseñanza alcanzó muchos adeptos en el inicio de la iglesia, pero después, felizmente fue corregida en el Credo de Nicea en el año 325 d.C. Arrio había aceptado de cierta forma la divinidad de Cristo, pero afirmó que la segunda Persona de la Trinidad (Cristo) no es coeterna con el Padre, la primera Persona, sino que fue engendrada y no existía con anterioridad a ese hecho.

Arrio estuvo bajo la influencia de Luciano de Antioquia (su maestro) y de Eusebio de Nicomedia (su amigo y futuro Patriarca de Constantinopla). Para Arrio, el Hijo de Dios no era eterno sino creado por el Padre como instrumento para crear el mundo y por lo tanto no era Dios por naturaleza sino una criatura que recibió la alta dignidad de Hijo de Dios ya que fue «engendrado» debido a que el Padre, en su preconocimiento, sabía de Su condición de justo y de Su fidelidad incondicional.

Al negar la divinidad o deidad del Hijo, Arrio también negó la divinidad del Espíritu Santo, pues según él, Cristo, una vez creado por el Padre, creó a su vez al Espíritu Santo. La controversia surgió en una disputa entre Arrio y el obispo Alejandro de Alejandría. Históricamente se reconoce a Atanasio, obispo de Alejandría, como el principal oponente de Arrio y como defensor de la cristología considerada como bíblica para nosotros los evangélicos protestantes. Él reconoció la seriedad de la herejía de Arrio y vigorosamente argumentó en contra de sus opiniones de que el Hijo era una deidad menor o una creación del Padre. Atanasio insistió en que el Hijo comparte la misma esencia divina (**homoousios**) que el Padre. Él también argumentó que EL ESPÍRITU SANTO es totalmente divino y comparte la misma naturaleza del Padre y del Hijo. Atanasio respetó y defendió completamente el misterio de la Trinidad. El razonó que si el Hijo no era totalmente Dios, ¿cómo pudo haberse revelado Dios completamente a través del Hijo? Si el Hijo no era completamente divino, entonces ¿cómo podemos ser totalmente redimidos? Y si EL ESPÍRITU SANTO NO ES DIVINO, ¿cómo es que Él actúa y vive adentro de nosotros y que Él intercede en el nombre del Hijo al Padre? El Concilio de Nicea condenó las doctrinas arrianas, pero la controversia se prolongó por mucho tiempo. Tuvo gran vigencia aún después del Concilio de Nicea, ya que un sucesor de Constantino, su hijo Constancio, simpatizaba con Arrio. Los ostrogodos, los visigodos y otros pueblos germánicos se mantuvieron como arrianos por varios siglos. Algunos historiadores piensan que hubo un momento en que el arrianismo estuvo a punto de convertirse en la teología predominante del cristianismo. Considerado como una secta herética y condenado por los concilios, el arrianismo perdió fuerza y desapareció casi totalmente a principios de la Edad Media, aunque resurgió en algunos aspectos aislados dentro de otros movimientos, como los primeros partidarios del unitarismo en el continente europeo después de la Reforma y en grupos más recientes como los Testigos de Jehová.

En 2 Reyes 19:15 está escrito: «Y oró Ezequías delante de Jehová, diciendo: Jehová **Dios** de Israel, que moras entre los querubines, solo tú eres Dios de todos los reinos de la tierra, tú hiciste el cielo y la tierra». La palabra «**Dios**», aquí en este versículo en particular en hebreo es «**Elohim**», que es igual a Dios en su plenitud. La palabra «**Elohim**» aparece más de 2 500 veces en el Antiguo Testamento. Es empleada por primera vez en el primer versículo de la Biblia, «En el principio creó Dios los cielos y la tierra». La mayoría de las veces en las Escrituras que se usa «**Elohim**», se refiere al Dios Creador. Algunos eruditos creen que proviene de la raíz «**el**» o «**elah**», que significa «fuerte», o «poderoso». Nosotros sostenemos que «**Elohim**», el cual es una forma plural en hebreo, revela que Dios tiene más de una parte en su ser. Esas partes distintivas se llaman «Padre», «Hijo» y «Espíritu Santo».

Sin embargo, tenemos un solo Dios, en tres Personas y no tres dioses en una persona, como ya hemos visto anteriormente. Por lo tanto el Espíritu Santo comparte esta Deidad con el Padre y el Hijo, y cuando decimos Deidad, decimos que Él es Uno con Dios, y Uno en la Trinidad, Uno en coigualdad, coeternidad y coexistencia con el Padre y el Hijo.

LOS ATRIBUTOS DEL ESPÍRITU

En relación a las pruebas de Su Deidad, ya las entregamos en el capítulo uno y lo haremos aquí nuevamente aunque de manera resumida.

Recuerde siempre que el Padre, el Hijo y el Espíritu Santo trabajan juntos desde el principio, pues Romanos 1:20 nos dice: «Porque las cosas invisibles de él, su eterno poder y deidad, se hacen claramente visibles desde la creación del mundo, siendo entendidas por medio de las cosas hechas...». (Ver Salmo 19:1-6). Por lo tanto:

1. LOS NOMBRES DIVINOS DEL ESPÍRITU SANTO REVELAN SU DEIDAD

Los nombres divinos del Espíritu revelan Su Deidad. Dieciséis veces Su Nombre está relacionado con las otras dos Personas de la Trinidad, la del Padre y la del Hijo. Hechos 16:7 «El Espíritu de Jesús» y 1 Corintios 6:11 «El Espíritu de nuestro Dios». Además, cuando Jesucristo prometió que enviaría «otro Consolador» (Juan 14:16), Él usa la palabra «otro» que literalmente quiere decir «otro del mismo tipo, forma, nivel, capacidad, rango y autoridad». Es decir, Cristo es primeramente el Consolador, después «otro», o sea, el Espíritu, con las mismas características de Cristo. En otras palabras, Cristo es Dios, entonces el Espíritu, «el otro Consolador», que es del mismo tipo o forma, también es Dios.

2. LOS ATRIBUTOS DEL ESPÍRITU SANTO SON AQUELLOS QUE IGUALMENTE PERTENECEN A DIOS

Como hemos visto, el Espíritu tiene atributos que prueba que Él es una Persona genuina, (hablaremos más de esto en el capítulo cinco) pero también Él posee atributos que solamente Dios tiene, probando así Su Deidad, que realmente Él es Dios. Recuerde que el Padre, el Hijo y el Espíritu Santo son UNO, o sea, UN Dios en tres personas.

Algunos ejemplos de atributos son:

A. OMNISCIENCIA

(Así como Dios, él Espíritu conoce todas las cosas incluyendo nuestros pensamientos).

Espíritu: Isaías 40:13,28c «¿Quién enseñó al Espíritu de Jehová, o le aconsejó enseñándole?

1 Corintios 2:10,11,12 «Pero Dios nos la reveló a nosotros por el Espíritu; porque el Espíritu todo lo escudriña, aun lo profundo de Dios. Así tampoco nadie conoció las cosas de Dios, sino el Espíritu de Dios. Sino el Espíritu que proviene de Dios...».

Dios: Salmo 139:1-6 «Oh Jehová, tú me has examinado y conocido. Tú has conocido mi sentarme y mi levantarme; has entendido desde lejos mis pensamientos. Has escudriñado mi andar y mi reposo, y todos mis caminos te son conocidos. Pues aún no está la palabra en mi lengua, y he aquí, oh Jehová, tú la sabes toda. Detrás y delante me rodeaste, y sobre mí pusiste tu mano. Tal conocimiento es demasiado maravilloso para mí; alto es, no lo puedo comprender».

Daniel 2:22 «Él revela lo profundo y lo escondido; conoce lo que está en tinieblas, y con él mora la luz».

B. OMNIPRESENCIA

(Así como Dios, Él está en todos los lugares del universo y de la tierra al mismo tiempo).

Espíritu: Salmo 139:7-10 «¿A dónde me iré de tu Espíritu? ¿Y a donde huiré de tu presencia? Si subiere a los cielos, allí estás tú; y si en el Seol hiciere mi estrado, he aquí, allí tu estás. Si tomare las alas del alba y habitare en el extremo del mar, aun allí me guiará tu mano, y me asirá tu diestra».

Dios: Jeremías 23:23,24 «¿Soy yo Dios de cerca solamente, dice Jehová, y no Dios desde muy lejos? ¿Se ocultará alguno, dice Jehová, en escondrijos que yo no lo vea? ¿No lleno yo, dice Jehová, el cielo y la tierra?». (Ver Isaías 29:15).

Amós 9:2,3 «Aunque cavasen hasta el Seol, de allá los tomará mi mano; y aunque subiesen hasta el cielo, de allá los haré descender. Si se escondieren en la cumbre del Carmelo, allí los buscaré y los tomaré; y aunque se escondieren de delante de mis ojos en lo profundo del mar, allí mandaré a la serpiente y los morderá».

Hebreos 4:13 «Y no hay cosa creada que no sea manifiesta en su presencia; antes bien todas las cosas están desnudas y abiertas a los ojos de aquel a quien tenemos que dar cuenta».

C. OMNIPOTENCIA

(Así como Dios mismo, Él tiene todo el poder, toda potencia absoluta, es Todopoderoso).

Espíritu: Job 33:4 «El Espíritu de Dios me hizo, y el soplo del Omnipotente me dio vida».

Isaías 11:2 «Y reposará sobre él el Espíritu de Jehová; espíritu de sabiduría y de inteligencia, espíritu de consejo y de poder...».

Job 32:8 «Ciertamente espíritu hay en el hombre, y el soplo del Omnipotente le hace que entienda».

Zacarías 4:6 «Esta es palabra de Jehová a Zorobabel, que dice: No con ejército, ni con fuerza, sino con mi Espíritu, ha dicho Jehová de los ejércitos».

Dios: Apocalipsis 15:3 «Y cantaban el cántico de Moisés, siervo de Dios, y el cántico del Cordero, diciendo: Grandes y maravillosas son tus obras, Señor Dios Todopoderoso...».

Job 31:35 «He aquí mi confianza es que el Omnipotente testificará por mí, aunque mi adversario me forme proceso».

Éxodo 6:3 «Y aparecí a Abraham, a Isaac y a Jacob como Dios Omnipotente...».

Génesis 17:1 «Era Abram de edad de noventa y nueve años, cuando le apareció Jehová y le dijo: Yo soy el Dios Todopoderoso...».

Job 29:5 «Cuando aún estaba conmigo el Omnipotente...».

Job 40:2 «¿Es sabiduría contender con el Omnipotente?».

Salmo 91:1 «El que habita al abrigo del Altísimo morará bajo la sombra del Omnipotente».

2 Crónicas 20:6 «¿No eres tú Dios en los cielos, y tienes dominio sobre todos los reinos de las naciones? ¿No está en tu mano tal fuerza y poder, que no hay quien te resista?».

Jeremías 32:17 «¡Oh Señor Jehová! he aquí que tú hiciste el cielo y la tierra con tu gran poder, y con tu brazo extendido, ni hay nada que sea difícil para ti».

Salmo 89:8 «Oh Jehová, Dios de los ejércitos, ¿quién como tú? Poderoso eres, Jehová, y tu fidelidad te rodea».

Efesios 3:20 «Y a Aquel que es poderoso para hacer todas las cosas...».

2 Timoteo 1:12 «...porque yo sé a quién he creído, y estoy seguro que es poderoso para guardar mi deposito para aquel día».

Judas 24 «Y a aquel que es poderoso para guardaros sin caída...».

Apocalipsis 18:8 «...porque poderoso es Dios el Señor, que la juzga».

D. OMNIVIDENCIA

(Así como Dios, Él ve todas las cosas al mismo tiempo).

Espíritu: Job 28:24 «Porque él mira hasta los fines de la tierra, y ve cuanto hay bajo los cielos».

Dios: 2 Crónicas 16:9 «Porque los ojos de Jehová contempla toda la tierra».

Job 34:21 «Porque sus ojos están sobre los caminos del hombre, y ve todos sus pasos».

Proverbios 15:3 «Los ojos de Jehová están en todo lugar, mirando a los malos y a los buenos».

E. ETERNIDAD

(Así como Dios, El Espíritu Santo es eterno).

Espíritu: Hebreos 9:14 «¿Cuánto más la sangre de Cristo, el cual mediante el Espíritu eterno se ofreció a si mismo sin mancha a Dios…”.

Dios: Isaías 40:28 «¿No has sabido, no has oído que el Dios eterno es Jehová…».

Salmo 103:17 «Mas la misericordia de Jehová es desde la eternidad y hasta la eternidad…».

1 Timoteo 1:17 «Por tanto, al Rey de los siglos, inmortal».

Eclesiastés 3:11 «Todo lo hizo hermoso en su tiempo; y ha puesto eternidad en el corazón de ellos, sin que alcance el hombre a entender la obra que ha hecho Dios desde el principio hasta el fin».

Salmo 135:13 «Oh Jehová, eterno es tu nombre; tu memoria oh Jehová, de generación en generación».

F. BONDAD

(Así como Dios, el Espíritu Santo es bueno).

Espíritu: Nehemías 9:20 «Y enviaste tu buen Espíritu para enseñarles…».

Salmo 143:10 «…tu buen espíritu me guíe a tierra de rectitud».

Dios: Mateo 19:17 «Él le dijo: ¿Por qué me llamas bueno? Ninguno hay bueno sino Dios».

Tito 3:4 «Pero cuando se manifestó la bondad de Dios…».

G. SANTIDAD

(Así como Dios es santo, el Espíritu Santo es santo).

Espíritu: Isaías 63:11c «… ¿dónde el que puso en medio de él su santo espíritu?».

Romanos 15:16 «…para que los gentiles le sean ofrenda agradable, santificada por el Espíritu Santo».

1 Juan 2:20 «Pero vosotros tenéis la unción del Santo…».

Dios: Levítico 19:2 «Santos seréis, porque santo soy yo Jehová vuestro Dios».

Levítico 20:26 «Habéis, pues, de serme santos, porque yo Jehová soy santo…».

1 Samuel 2:2 «No hay santo como Jehová…».

Salmo 99:9 «…porque Jehová nuestro Dios es santo».

Apocalipsis 15:4 «¿Quién no te temerá, oh Señor, y glorificará tu nombre? pues solo tú eres santo…».

H. VERDAD

(Así como Dios, el Espíritu Santo es verdadero).

Espíritu: Juan 14:17 «El Espíritu de verdad, al cual el mundo no puede recibir…».

Juan 15:26 «Pero cuando venga el Consolador, a quien yo os enviaré del Padre, el Espíritu de verdad…»

Juan 16:13 «Pero cuando venga el Espíritu de verdad, él os guiará a toda verdad…».

Dios: Deuteronomio 32:4 «…porque todos sus caminos son rectitud; Dios de verdad…».

Juan 17:3 «Y esta es la vida eterna: que te conozcan a ti, el único Dios verdadero, y a Jesucristo a quien has enviado».

1 Juan 5:20 «Pero sabemos que el Hijo de Dios ha venido, y nos ha dado entendimiento para conocer al que es verdadero; y estamos en el verdadero, en su Hijo Jesucristo. Este es el verdadero Dios, y la vida eterna».

I. SABIDURÍA

(Así como Dios sabe absolutamente todo, el Espíritu Santo también lo sabe).

Espíritu: Isaías 11:2 «Y reposará sobre él el Espíritu de Jehová; espíritu de sabiduría y de inteligencia…».

Juan 14:26 «Mas el Consolador, el Espíritu Santo, a quien el Padre enviará en mi nombre, él os enseñará todas las cosas, y os recordará todo lo que yo os he dicho».

Efesios 1:17 «Para que el Dios de nuestro Señor Jesucristo, el Padre de gloria, os dé espíritu de sabiduría y de revelación en el conocimiento de él».

Dios: Isaías 40:28 «¿No has sabido, no has oído que el Dios eterno es Jehová, el cual creó los confines de la tierra? No desfallece, ni se fatiga con cansancio, y su entendimiento no hay quien lo alcance».

Jeremías 32:19 «Grande en consejo, y magnífico en hechos…».

Romanos 16:27 «Al único y sabio Dios…».

1 Timoteo 1:17 «Por tanto, al rey de los siglos, inmortal, invisible, al único y sabio Dios...».

J. AMOR

(Así como Dios, el Espíritu Santo es amor).

Espíritu: Romanos 15:30 «Pero os ruego, hermanos, por nuestro Señor Jesucristo y por el amor del Espíritu, que me ayudéis orando por mí a Dios».

Gálatas 5:22 a «Mas el fruto del Espíritu es amor...».

Dios: 1 Juan 4:16 «Y nosotros hemos conocido y creído el amor que Dios tiene para con nosotros. Dios es amor; y el que permanece en amor, permanece en Dios, y Dios con él».

Romanos 5:8 «Mas Dios muestra su amor para con nosotros, en que siendo aún pecadores, Cristo murió por nosotros».

K. JUSTIFICACIÓN

(Así como Dios y Cristo nos justificó, el Espíritu Santo lo hizo de igual forma).

Espíritu y Cristo: 1 Corintios 6:11 «Y esto erais algunos; mas ya habéis sido lavados, ya habéis sido santificados, ya habéis sido justificados en el nombre del Señor Jesús, y por el Espíritu de nuestro Dios».

Dios y Cristo: Romanos 5:1 «Justificados, pues, por la fe, tenemos paz para con Dios por medio de nuestro Señor Jesucristo».

Cristo: Romanos 3:24 «Siendo justificados gratuitamente por su gracia, mediante la redención que es en Cristo Jesús».

L. REGENERACIÓN

(Así como Dios y Cristo nos regeneraron, el Espíritu Santo igualmente lo hizo).

Espíritu: Tito 3:5 «No salvó, no por obras de justicia que nosotros hubiéramos hecho, sino por su misericordia, por el lavamiento e la regeneración y por la renovación en el Espíritu Santo».

Cristo: Mateo 19:28 «De cierto os digo que en la regeneración, cuando el Hijo del Hombre se siente en el trono de su gloria...».

3. LAS OBRAS DEL ESPÍRITU SANTO SON LAS MISMAS QUE SOLAMENTE DIOS PUEDE HACER

Tanto el Padre como el Hijo trabajan en unidad y el Espíritu Santo actúa juntamente con ellos para un mismo fin y propósito.

A. Él estuvo envuelto en la creación del mundo.

Génesis 1:2 «...y el Espíritu se movía sobre la faz de las aguas».

B. Él creo el hombre.

Job 33:4 «El espíritu de Dios me hizo, y el soplo del Omnipotente me dio vida».

C. Él fue el Agente que inspiró los escritores de las Sagradas Escrituras.

2 Pedro 1:20,21 «Entendiendo primero esto, que ninguna profecía de la Escritura es de interpretación privada, porque nunca la profecía fue traída por voluntad humana, sino que los santos hombres de Dios hablaron siendo inspirados por el Espíritu Santo».

D. Él fue la causa del nacimiento virginal de Jesucristo.

Lucas 1:35 «Respondiendo el ángel, le dijo: El Espíritu Santo vendrá sobre ti, y el poder del Altísimo te cubrirá con su sombra; por lo cual también el Santo ser que nacerá, será llamado Hijo de Dios».

E. Él estuvo envuelto en el ministerio del Señor Jesús.

Lucas 3:22 «Y descendió el Espíritu Santo sobre él en forma corporal, como paloma, y vino una voz del cielo que decía: Tú eres mi Hijo amado; en ti tengo complacencia».

D. Él estuvo presente en la muerte y resurrección de Cristo.

Romanos 8:11 «Y si el Espíritu de aquel que levantó de los muertos a Jesús mora en vosotros, el que levantó de los muertos a Cristo Jesús vivificará también vuestros cuerpos mortales por su Espíritu que mora en vosotros».

4. SU ASOCIACIÓN CON LAS OTRAS DOS PERSONAS DE LA TRINIDAD DEMUESTRA SU DEIDAD.

A. El Espíritu de Yahvé

El Nuevo Testamento identifica el Espíritu de Yahvé (Jehová) del Antiguo Testamento, particularmente cuando cita un pasaje del Antiguo Testamento en que Dios haya hablado, y esto, por lo tanto, es atribuido al Espíritu. Esta es una muy fuerte evidencia y prueba que los escritores del

Nuevo Testamento consideraban el Espíritu como siendo «El Espíritu de Dios», demostrando así la incuestionable y contundente evidencia de que el Espíritu Santo también es Dios, la tercera Persona de la Trinidad.

Hechos 28:25-27 «Y como no estuvieron de acuerdo entre sí, al retirarse, les dijo Pablo esta palabra: bien HABLÓ el Espíritu Santo por medio del profeta Isaías a nuestros padres, diciendo: Ve a este pueblo, y diles: De oído oiréis, y no entenderéis; y viendo veréis, y no percibiréis; porque el corazón de este pueblo se ha engrosado, y con los oídos oyeron pesadamente, y sus ojos han cerrado, para que no vean con los ojos, y oigan con los oídos, y entiendan de corazón, y se conviertan, y yo los sane».

Este pasaje mencionado por Pablo, donde él entiende perfectamente que Dios ha hablado por Su Espíritu, y que por lo tanto era Palabra de Dios inspirada, por medio del Dios Espíritu Santo, está relacionada con la misma Palabra dada por Isaías 6:9,10 que el apóstol mencionó. Dice: «Y dijo: Anda, y di a este pueblo: Oíd bien, y no entendáis; ved por cierto, mas no comprendáis. Engruesa el corazón de este pueblo, y agrava sus oídos, y ciega sus ojos, para que no vea con sus ojos, ni oiga con sus oídos, ni su corazón entienda, ni se convierta, y haya para él sanidad».

Hebreos 10:15-17 «Y nos atestigua lo mismo el Espíritu Santo; porque después de haber dicho: Este es el pacto que haré con ellos después de aquellos días, dice el Señor: Pondré mis leyes en sus corazones, y en sus mentes las escribiré; añade: Y nunca más me acordaré de sus pecados y transgresiones».

Esta Palabra reconocida por el autor de Hebreos como inspirada por el Espíritu Santo de parte de Dios, cita las Escrituras de Jeremías 31:31-33, afirmando que el Dios Espíritu Santo hablaba de parte de Yahvé, (Jehová): «He aquí que vienen días, dice Jehová, en los cuales haré nuevo pacto con la casa de Israel y con la casa de Judá. No como el pacto que hice con sus padres el día que tomé su mano para sacarlos de la tierra de Egipto; porque ellos invalidaron mi pacto, aunque fui yo un marido para ellos, dice Jehová. Pero este es el pacto que haré con la casa de Israel después de aquellos días, dice Jehová: Daré mi ley en su mente, y la escribiré en su corazón; y yo seré a ellos por Dios, y ellos me serán por pueblo».

B. El Espíritu y Dios

Mentir y blasfemar contra el Espíritu Santo es igual que hacerlo en contra del mismo Dios.

Mateo 12:31,32 «Por tanto os digo: Todo pecado y blasfemia será perdonado a los hombres; mas la blasfemia contra el Espíritu no les será perdonada. A cualquiera que dijere alguna palabra contra el Hijo del Hombre, le será perdonado; pero al que hable contra el Espíritu Santo, no le será perdonado, ni en este siglo ni en el venidero».

Esta Palabra se cumplió en el caso de Ananías en Hechos 5:3,4 que dice: «Y dijo Pedro: Ananías, ¿por qué llenó Satanás tu corazón para que mintieses al Espíritu Santo...No has mentido a los hombres, sino a Dios». Aquí vemos que el Espíritu es considerando UNO con Dios, en el mismo nivel y autoridad que el Padre, porque Ananías no mintió a los hombres, sino a Dios, al Dios Espíritu Santo.

C. El Espíritu y Su igualdad

El Espíritu es asociado en una misma base y nivel, lo mismo que el Padre y el Hijo pues Él comparte la misma igualdad que ellos de acuerdo a las Escrituras.

Mateo 28:19 «Por tanto, id, y haced discípulos a todas las naciones, bautizándolos en el nombre del Padre, y del Hijo, y del Espíritu Santo». Estas fueron las palabras del propio Cristo, dejando claro y sin lugar a dudas el poder y la autoridad del Espíritu Santo igual que Él y el Padre. Aquí en este pasaje de Mateo la referencia singular de «en el nombre del Padre y del Hijo», refuerza esta prueba, porque también deben ser bautizados en «el nombre del Espíritu Santo». Por lo tanto aquí esta la prueba más elevada de Su Deidad donde Él es mencionado junto con el Padre, y el Hijo. Él es una persona y Él es Dios. Este versículo está muy relacionado con el saludo de Pablo a la iglesia de Corinto, donde él expresa lo mismo que Cristo en relación al papel del Espíritu y de su IGUALDAD con el Padre y el Hijo.

Segunda Corintios 13:14 afirma: «La gracia del Señor Jesucristo, el amor de Dios, y la comunión del Espíritu Santo sea con todos vosotros. Amén».

En el siguiente capítulo abordaremos que el Espíritu Santo posee todas las calidades de una persona, por lo tanto tiene personalidad, inteligencia, sensibilidad, sentimientos, voluntad propia y auto-determinación, y siendo poseedor de todas estas características como una persona, Lo califica como parte de la Trinidad, juntamente con el Padre y el Hijo.

LA PERSONALIDAD DEL ESPÍRITU SANTO

En el Salmo 91:1 está escrito: «El que habita al abrigo del Altísimo morará bajo la sombra del **Omnipotente**». La palabra «**Omnipotente**» aquí en hebreo es «**shaddai**», que quiere decir literalmente «El Todopoderoso».

Cuando aparece como «El Shaddai» significa «Dios Omnipotente». Este nombre figura cerca de 50 veces en el Antiguo Testamento. Fue el nombre mediante el cual se conoció a Dios entre los patriarcas (Génesis 17:1; Éxodo 6:3). Algunos eruditos trazan su origen en el verbo «**shadad**», que significa poderoso e «inconquistable». Otros lo relacionan con la palabra «**acadia**» para «montaña», que indica la grandeza, fortaleza o la sempiterna naturaleza de Dios. Otra explicación dice que «**shaddai**» está compuesto de la partícula «**sheh**» que es «quien o cual» y «**day**» que es «suficiente». Por lo tanto, «**Sheh-day**» o «**shaddai**» es el Dios todo-suficiente, eternamente capaz de ser todo lo que su pueblo necesita. Este Dios, es UN Dios solo, en tres personas y personalidades distintas, el Padre, el Hijo y el Espíritu Santo, y los tres comparten estos mismos atributos arriba citados, son Todopoderosos, Omnipotentes, fuertes, grandes e inconquistables. ¡Aleluya!

LA NECESIDAD DE CONOCER AL ESPÍRITU SANTO

El Espíritu Santo no es un mero poder ni una expresión figurada de la energía divina como pretenden —por ejemplo— los unitarios y los antitrinitarios. Es un gran error pensar de Él de una forma impersonal, como muchos falsamente enseñan que no pasa de ser una fuerza cósmica en el universo. Negar que el Espíritu es una persona en la mayoría de las veces asume una forma de substitución. Por ejemplo se usa el concepto que Él es una personificación del poder, tal como piensan que Satán es una personificación del mal. Pero esto no tiene base bíblica y mucho menos es teológicamente correcto. Tales afirmaciones son aberrantes e insólitas.

Esta negación de la Trinidad y de la personalidad del Espíritu, y que Él sea una persona, ha ocurrido a través de toda la historia de la Iglesia, primero por los monarcas, después por los arrianos, también por los socinianos y hoy es negada por los unitarios, por los antitrinitarios, por los «Solo Jesús», por los liberales y por algunos teólogos neo-ortodoxos de nuestros días. Todos están completa y tristemente equivocados. La razón es obvia, muchos de sus «ministros», si es que los podemos llamar así, sin preparación académica en el ámbito espiritual y teológico, han creado todo tipo de enseñanzas torcidas y perversas arrastrando a muchos incautos e ignorantes como ellos mismos a la ceguedad espiritual de sus vidas. Y las razones son muchas: Por falta de conocimiento de las Escrituras; por no haber estudiado y conocido la interpretación de la palabras en los textos originales del hebreo, del griego y del arameo; por no examinar la procedencia de un pasaje bíblico desde el punto de vista y del trasfondo cultural, histórico y gramatical; por sacar un versículo fuera de contexto y por lo tanto haber creado una doctrina que más tarde dio nacimiento a una denominación, movimiento o concilio, solamente por este versículo fuera de contexto y sin llevar en cuenta si era de interpretación simbólica, figurada, alegórica, metafórica o literal. Así como algunas de las falsas religiones místicas del oriente, como los budistas, el hinduismo y los musulmanes, como también los Testigos de Jehová y los Mormones, éstos de igual manera han creado «sectas aparentemente cristianas» usando el nombre de «iglesia» sin tener la mínima idea de lo que esta palabra realmente significa.

Sus entendimientos están entorpecidos, su capacidad de raciocinio está bloqueada y sus sentidos espirituales están muertos. Dicen ellos que la palabra TRINIDAD no está en las Escrituras y que por lo tanto no es bíblica, pero como ya vimos anteriormente en el capítulo 3 se encuentra las evidencias en toda la Biblia. Decir que la Trinidad no es real es tener un raciocinio inaceptable y es la más alta expresión de la necedad teológica que se puede tener, pues pudiéramos decir que la palabra

ABORTO y la palabra EUTANASIA tampoco aparecen en las Escrituras. Sin embargo, todos sabemos las consecuencias y las implicaciones de «matar» a un ser humano; no importa la excusa política y el «derecho» de quien lo haga, pues todos aquellos de nosotros que somos verdaderamente cristianos y que tememos a Dios, sabemos que cometer un asesinato es completamente antibíblico, inmoral y antiético.

Por lo tanto, negar la Trinidad y la operación del Espíritu Santo como una Deidad y Persona, es negar la esencia misma de las Escrituras. Es quitar la luz y dejar las tinieblas; es quitar la medicina y dejar la enfermedad; es quitar las luces de los carros y dejar que se estrellen en la noche; es quitar la verdad y dejar la mentira; es quitar la verdadera Palabra de Dios y dejar la falsa doctrina y la falsa enseñanza que procede de la ignorancia de aquellos que están completamente ciegos espiritual y teológicamente equivocados, que no sirven para aprender para sí y mucho menos para guiar a los demás.

Ya decía Cristo de estos tales: «Dejadlos; son ciegos guías de ciegos; y si el ciego guiare al ciego, ambos caerán en el hoyo», Mateo 15:14.

Mi oración y esperanza para todos aquellos que niegan la Trinidad y la obra del Espíritu, es que el mismo Espíritu les traiga convicción y conceda, si acaso lean este libro, llevarles a un arrepentimiento sincero y genuino, abandonando a estos «…espíritus engañadores y a doctrinas de demonios», (1 Timoteo 4:1) antes que ellos definitivamente caigan en el «hoyo de la perdición eterna».

LA PERSONALIDAD DEL ESPÍRITU

Cuando decimos la personalidad del Espíritu, queremos decir que Él tiene, posee y contiene en Él mismo los elementos personales de existencia en contraste con la existencia impersonal de la vida del reino animal.

1. LA PERSONALIDAD DEL ESPÍRITU SANTO

Es difícil definir la palabra Personalidad cuando se la usa para explicar un Ser Divino. Dios no puede ser medido por conceptos humanos. Dios no fue hecho a imagen del hombre, sino que el hombre fue hecho a imagen de Dios.

Solamente Dios el Padre, Dios el Hijo y Dios el Espíritu Santo tienen una personalidad perfecta e ilimitada. Nosotros, por el contrario, somos limitados e imperfectos. La personalidad es aquella instancia donde existe una unión y combinación singular de inteligencia, emociones y voluntad y determinación propia. Cuando un ser posee atributos, propiedades y cualidades que hacen de él una persona, entonces —indiscutiblemente— tiene una personalidad.

En la doctrina de la Trinidad, cuando se califica de «persona» a cada uno de Sus integrantes, claramente se está expresando que los tres miembros poseen personalidad propia, con distintas características, que actúan de una manera distinta aunque en unidad, con un mismo propósito.

2. LA PRUEBA DE LA PERSONALIDAD DEL ESPÍRITU SANTO

La necesidad de probar que el Espíritu Santo es Persona ha generado a lo largo de la historia discusiones permanentes respecto de su Personalidad y Su Deidad. Unos lo aceptan y otros lo niegan.

Podemos dar a continuación algunas posibles explicaciones que nos ayuden a entender lo que movió a error a aquellos que negaron en el pasado y también a quienes niegan hoy su Deidad y Personalidad.

¿Será porque, en contraste con las otras dos Personas de la Trinidad, el Espíritu es impersonal? «Varias manifestaciones de Dios el Padre hacen que sea comparativamente fácil entender Su paternidad en términos de Su Personalidad. Pero en la encarnación de Cristo, se hace casi imposible entender con la mente que el Espíritu vino sobre María y que esta concibió por obra del Espíritu Santo, haciendo que Cristo asumiera la Personalidad del Espíritu y no una suya de carácter personal.

Pero esto es fácil de entender: Creemos por fe que así fue, que Cristo no nació de una relación normal entre un hombre y una mujer, sino que Su nacimiento fue obra del poder del Espíritu Santo conforme dice las Escrituras». Basados en esto, muchos dicen que el Espíritu es «solamente una influencia, una manifestación, un poder divino», pero sin personalidad única como una Persona Divina, lo cual es completamente erróneo y constituye un trastorno teológicamente hablando, porque Cristo tuvo Su propia personalidad y carácter divino.

¿Será porque los nombres y símbolos del Espíritu Santo son impersonales? Tales como, viento, unción, fuego, aceite, río y agua, como está registrado en las Escrituras: Juan 3:5-8 «agua…viento…»; Hechos 2:1-4 «viento recio», «lenguas de fuego»; Juan 20:22 «sopló»; 1 Juan 2:20 «unción»; Juan 7:38,39 «ríos de agua viva» y Mateo 25:7,8 «aceite» Los versículos citados hacen que muchos se confundan al aplicarlos y atribuirlos de una manera impersonal al Espíritu.

¿Será porque no siempre el Espíritu Santo es mencionado junto con el Padre y el Hijo en algunos saludos del Nuevo Testamento? 1 Tesalonicenses 3:11 «Mas el mismo Dios y Padre nuestro, y nuestro Señor Jesucristo, dirija nuestro camino a vosotros». **También es confundido porque la palabra o nombre «Espíritu» es neutro, o sea, no es ni masculino ni femenino,** PERO: Algunas pruebas de Su Personalidad al aplicar el pronombre personal masculino al Espíritu Santo, pues la Palabra de Dios dice que los escritores del Nuevo Testamento y el propio Cristo se dirigieron a Él como un **pronombre personal masculino**: Juan 15:26 «Pero cuando venga el Consolador…». Aquí está claro que esta palabra está en el masculino, «Consolador», pues no es «Consoladora»… Juan 16:7,8,13,14 «…os lo enviaré…dice "lo", no dice "la" enviaré… Y cuando él venga, dice "él", no "ella"»… «Él os guiará", nuevamente dice "él", no "ella"…»

Nos volvemos a la gramática para establecer la Personalidad del Espíritu Santo, porque el uso del pronombre neutro ha sido el gran el responsable por la idea de la impersonalidad del Espíritu que prevalece hoy. La palabra griega para «Espíritu» es **«neuma»**, que es un nombre neutro. De allí donde viene el problema de la interpretación de los que niegan la personalidad del Espíritu. Este argumento se torna más visible cuando vemos el pronombre masculino que es usado en conexión con **«neuma»**, excepto cuando la construcción gramatical nos lleva a algo neutro. Romanos 8:16 dice: «El Espíritu mismo da testimonio a nuestro espíritu, de que somos hijos de Dios». Aquí vemos claramente que la idea bíblica de la personalidad del Espíritu domina la construcción gramatical.

Otra prueba gramatical que quiero compartir es que Cristo usó el nombre masculino **«parakletos»** al referirse al Espíritu, Juan 14:16,17 «…y os dará otro Consolador», pues Jesús mismo es el «ayudador y abogado», 1 Juan 2:2 «…abogado tenemos para con el Padre, a Jesucristo el justo». Él ofreció consolación a los discípulos mientras estuvo aquí y cuando estaba para partir les prometió «otro», porque Él es primer Consolador. Todo lo que Él fue para los discípulos el «otro» lo sería de igual forma. Por lo tanto la «persona» del Espíritu vendría para tomar el lugar de otra persona, la de Cristo.

Una prueba más y final de la personalidad del Espíritu: Su asociación y autoridad con las otras dos Personas de la Trinidad prueban su Deidad y personalidad, como está escrito en Mateo 28:19 «Por tanto, id, y haced discípulos a todas las naciones, bautizándolos en el nombre del Padre, y del Hijo, y del Espíritu Santo». Aquí está claro que tenemos que ser bautizados en el nombre de la Trinidad, no en el nombre de Jesús como dicen los «Solo Jesús» y otros. También la prueba está en Hechos 15:28, donde dice: «Porque ha parecido bien al Espíritu Santo, y a nosotros...». Nuevamente la prueba de la autoridad en decidir algo espiritual importante que se atribuye al Espíritu.

Y **finalmente, una prueba más en el saludo de Pablo a los corintios poniendo al Espíritu en el mismo nivel del Padre y del Hijo**, en 2 Corintios 13:14 al decir: «La gracia del Señor Jesucristo, el amor de Dios, y la comunión del Espíritu Santo sea con todos vosotros. Amén». No hay prueba bíblica más contundente que este versículo al establecer de una vez y por todas la personalidad y la Deidad del Espíritu. Por lo tanto los usos de pronombres, de nombres, las asociaciones personales, las características personales, las acciones personales atribuidas, y el tratamiento personal de las Escrituras y de Cristo al Espíritu, lo definen, lo establecen y lo certifican, definitivamente, como UNA PERSONA.

La Palabra de Dios le atribuye una personalidad distintiva, como también sucede con el Padre y con el Hijo. Siempre se emplea en relación a Él, el pronombre personal masculino, a pesar de que en griego el término «Espíritu» es neutro, como ya vimos anteriormente.

Para finalizar este punto, tenemos que hacernos tres preguntas: Primera: Si el Espíritu Santo es una Persona Divina, pero es desconocido o ignorado por nosotros, entonces lo estamos privando del amor y de la alabanza que a Él le corresponde. Pero si Él es solamente una influencia, o fuerza que proviene de Dios, entonces estamos cometiendo idolatría y una falsa alabanza a Él.

Segunda: Es necesario que decidamos si el Espíritu Santo es solamente un poder que podemos recibir y usar, o si Él es una Persona, la tercera de la Trinidad, que puede controlar todas las áreas de nuestra vida y usarnos con Su unción y también con Su poder para la gloria del Padre. Si solamente lo usamos como poder, esto nos llevará a una exaltación egoísta, pero si Él vive dentro de nosotros esto nos llevará a la humildad y a la renuncia personal de nuestra carne y a la muerte de nuestro «yo».

Tercera: Es de suprema importancia que sepamos por experiencia y valor, que si el Espíritu Santo es solamente una mera influencia y una fuerza impersonal, o si realmente Él es una Persona Divina, un Amigo siempre presente, un Divino Compañero, un Ayudador y Consolador y Guía, que vive, actúa y nos capacita y usa diariamente para cumplir el propósito del Padre y del Hijo en nuestras vidas.

3. EL ESPÍRITU SANTO POSEE PERSONALIDAD PROPIA Y EXHIBE LOS ATRIBUTOS Y CARACTERÍSTICAS DE UNA PERSONA

A. EL ESPÍRITU SANTO TIENE INTELIGENCIA, INTELECTO:

1 Corintios 2:10 «Pero Dios nos la reveló a nosotros por el Espíritu; porque el Espíritu todo lo escudriña, aun lo profundo de Dios».

Romanos 8:27 «Mas el que escudriña los corazones sabe cual es la intención del Espíritu...».

1. Él habla.

Apocalipsis 2:7 «El que tiene oído, oiga lo que el Espíritu dice a las iglesias...».

2. Él enseña.

Juan 14:26 «Mas el Consolador, el Espíritu Santo, a quien el Padre enviará en mi nombre, él os enseñará todas las cosas, y os recordará todo lo que yo os he dicho».

3. Él guía y lidera.

Gálatas 5:18 «Pero si sois guiados por el Espíritu no estáis bajo la ley».

Romanos 8:14 «Porque todos los que son guiados por el Espíritu de Dios, éstos son hijos de Dios».

4. Él convence, reprende.

Juan 16:8 «Y cuando él venga (el Espíritu), convencerá el mundo de pecado, de justicia y de juicio».

5. Él hace milagros.

Hechos 8:39 «Cuando subieron del agua, el Espíritu del Señor arrebató a Felipe; y el eunuco no le vio más, y siguió gozoso su camino».

6. Él intercede.

Romanos 8:26c «...pero el Espíritu mismo intercede por nosotros...».

7. Él da testimonio.

Juan 15:26 «Pero cuando venga el Consolador, a quien yo os enviaré del Padre, el Espíritu de verdad, el cual procede del Padre, él dará testimonio acerca de mí».

8. Él llama a ministerios.

Hechos 13:2 «Ministrando éstos al Señor, y ayunando, dijo el Espíritu Santo: Apartadme a Bernabé y a Saulo para la obra a que los he llamado».

Hechos 20:28 «Por tanto, mirad por vosotros, y por todo el rebaño en que el Espíritu Santo os ha puesto por obispos, para apacentar la iglesia del Señor, la cual él ganó por su propia sangre».

9. Él juzga.

Hechos 15:28 «Porque ha parecido bien al Espíritu Santo, y a nosotros, no imponeros ninguna carga más que estas cosas necesarias».

10. Él testifica.

Hechos 5:32 «Y nosotros somos testigos suyos de estas cosas, y también el Espíritu Santo, el cual ha dado Dios a los que le obedecen».

11. Él inspira.

2 Pedro 1:21 «Porque nunca la profecía fue traída por voluntad humana, sino que los santos hombres de Dios hablaron siendo inspirados por el Espíritu Santo».

12. Él comunica.

1 Corintios 2:12 «Y nosotros no hemos recibido el espíritu del mundo, sino el Espíritu que proviene de Dios, para que sepamos lo que Dios nos ha concedido».

13. Él adopta.

Romanos 8:15,16 «Pues no habéis recibido el espíritu de esclavitud para estar otra vez en temor, sino que habéis recibido el espíritu de adopción, por el cual clamamos: ¡Abba, Padre! El Espíritu mismo da testimonio a nuestro espíritu, de que somos hijos de Dios».

14. Él reparte.

1 Corintios 12:11 «Pero todas estas cosas las hace uno y el mismo Espíritu, repartiendo a cada uno en particular como él quiere».

15. Él es verdad.

Juan 16:13 «Pero cuando venga el Espíritu de verdad...».

16. Él oye.

Juan 16:13 «...sino que hablará todo lo que oyere...».

17. Él envía.

Hechos 10:20 «Levántate, pues, y desciende y no dudes de ir con ellos, porque yo los he enviado».

18. Él es poderoso.

Isaías 11:2 «Y reposará sobre él el Espíritu de Jehová, espíritu...de poder...».

B. EL ESPÍRITU SANTO TIENE SENTIMIENTOS, EMOCIONES:

Romanos 15:30 «Pero os ruego, hermanos, por nuestro Señor Jesucristo y por el amor del Espíritu, que me ayudéis orando por mí a Dios».

1. Él gime.

Romanos 8:26c «...pero el Espíritu mismo intercede por nosotros con gemidos indecibles».

2. Él ama.

Romanos 15:30 «...y por el amor del Espíritu...».

3. Él se entristece.

Efesios 4:30 «Y no entristezcáis al Espíritu Santo de Dios...».

4. Él clama.

Gálatas 4:6 «Y por cuanto sois hijos, Dios envió a vuestros corazones el Espíritu de su Hijo, el cual clama: ¡Abba, Padre!».

5. Él ayuda.

Romanos 8:26 «Y de igual manera el Espíritu nos ayuda en nuestra debilidad...».

6. Él fortalece.

Hechos 9:31 «Entonces las iglesias tenían paz por toda Judea, Galilea y Samaria; y eran edificadas, andando en el temor del Señor, y se acrecentaban fortalecidas por el Espíritu Santo».

7. Él es cortés y amable.

Hechos 10:19 «y mientras Pedro pensaba en la visión, le dijo el Espíritu: He aquí tres hombres te buscan».

8. Él es justo.

Isaías 4:4c «...con espíritu de juicio...».

9. Él no es egoísta.

Juan 16:14 «Él me glorificará, porque tomará de lo mío, y os lo hará saber».

10. Él desea tener comunión con nosotros.

Filipenses 2:1 «…si hay alguna comunión del Espíritu…».

C. EL ESPÍRITU SANTO TIENE VOLUNTAD PROPIA, DETERMINACIÓN:

Hechos 16:6 «Y atravesando Frigia y la provincia de Galacia, les fue prohibido por el Espíritu Santo hablar la palabra en Asia».

1 Corintios 12:11 «Pero estas cosas las hace uno y el mismo Espíritu, repartiendo a cada uno en particular como él quiere».

1. Él guía a la verdad.

Juan 16:13 «Pero cuando venga el Espíritu de verdad, él os guiará a toda verdad…».

2. Él orienta.

Juan 16:13 «…él os guiará…»

3. Él impide.

Hechos 16:7 «Y cuando llegaron a Misia, intentaron ir a Bitinia, pero el Espíritu no se los permitió».

4. Él habita.

Romanos 8:9 «…si es que el Espíritu de Dios mora en vosotros».

5. Él regenera causando el nuevo nacimiento.

Juan 3:6 «Lo que es nacido de la carne, carne es; y lo que es nacido del Espíritu, espíritu es. No te maravilles de que te dije: Os es necesario nacer de nuevo».

6. Él invita.

Apocalipsis 22:17 «Y el Espíritu y la esposa dicen: Ven. El que oye, diga ven. Y el que tiene sed, venga; y el que quiera, tome del agua de la vida gratuitamente».

7. Él protesta, redarguye.

Nehemías 9:30 «Les soportaste por muchos años, y les testificaste con tu Espíritu por medio de tus profetas, pero no escucharon…».

8. Él ordena y prohíbe.

Hechos 16:6 «Y atravesando Frigia y la provincia de Galacia, les fue prohibido por el Espíritu Santo hablar la palabra en Asia».

9. Él aviva con Su poder.

Hechos 1:8 «Pero recibiréis poder, cuando haya venido sobre vosotros el Espíritu Santo...».

10. Él santifica.

1 Pedro 1:2 «Elegidos según la presciencia de Dios Padre en santificación del Espíritu, para obedecer y ser rociados con la sangre de Jesucristo».

11. Él sella.

Efesios 1:13 «...y habiendo creído en él, fuisteis sellados con el Espíritu Santo de la promesa».

12. Él purifica.

2 Timoteo 2:21 «Así que, si alguno se limpia de estas cosas, será instrumento para honra, santificado, útil al Señor, y dispuesto para toda buena obra».

13. Él contiende.

Génesis 6:3 «Y dijo Jehová: No contenderá mi espíritu con el hombre para siempre».

14. Él dirige las actividades misioneras.

Hechos 16:9,10 «Y se le mostró a Pablo una visión de noche: un varón macedonio estaba en pie, rogándole y diciendo: Pasa a Macedonia y ayúdanos. Cuando vio la visión, en seguida procuramos partir para Macedonia, dando por cierto que Dios nos llamaba para que les anunciásemos en evangelio».

15. Él nos concede paciencia.

Gálatas 5:5 «Pues nosotros por el Espíritu aguardamos por fe la esperanza de la justicia».

15. Él sabe el futuro.

Juan 16:13 «Pero cuando venga el Espíritu de verdad, él os guiará a toda verdad... y os hará saber las cosas que habrán de venir».

17. Él se mueve.

Génesis 1:2c «...y el Espíritu de Dios se movía sobre la faz de las aguas».

18. Él revela los secretos de Dios.

1 Corintios 2:10 «Pero Dios nos las reveló a nosotros por el Espíritu...».

19. Él es escudriña lo profundo de Dios.

1 Corintios 2:10 «...porque el Espíritu todo lo escudriña, aun lo profundo de Dios».

20. Él nos unge para predicar contra el pecado.

Miqueas 3:8 «Mas yo estoy lleno de poder del Espíritu de Jehová, y de juicio y de fuerza, para denunciar a Jacob su rebelión, y a Israel su pecado».

D. EL ESPÍRITU SANTO ES SENSIBLE, TIENE SENSIBILIDAD:

Nehemías 9:20 «Y enviaste tu buen Espíritu para enseñarles...».

1. Se le puede agradar.

Hechos 15:28 «Porque ha parecido bien al Espíritu Santo, y a nosotros».

2. Él puede ser glorificado.

1 Pedro 4:14 «Si sois vituperados por el nombre de Cristo, sois bienaventurados, porque el glorioso Espíritu de Dios reposa sobre vosotros. Ciertamente, de parte de ellos, él es blasfemado, pero por vosotros es glorificado».

3. Él puede ser obedecido.

Hechos 10:19-21 «Y mientras Pedro pensaba en la visión, le dijo el Espíritu: He aquí, tres hombres te buscan. Levántate, pues, y desciende y no dudes de ir con ellos, porque yo los he enviado. Entonces Pedro, descendiendo a donde estaban los hombres que fueron enviados por Cornelio...».

4. Él puede ser resistido.

Hechos 7:51 «¡Duros de cerviz, e incircuncisos de corazón y de oídos! Vosotros resistís siempre al Espíritu Santo; como vuestros padres, así también vosotros».

5. Él puede ser rechazado.

Isaías 63:10 «Mas ellos fueron rebeldes, e hicieron enojar su santo espíritu...».

6. Se le puede tentar.

Hechos 5:9 «Y Pedro le dijo: ¿Por qué convinisteis en tentar al Espíritu del Señor?».

7. Se le puede apagar.

1 Tesalonicenses 5:19 «No apaguéis al Espíritu»..

8. Se puede blasfemar contra Él.

Mateo 12:31,32 «Por tanto os digo: Todo pecado y blasfemia será perdonado a los hombres; mas la blasfemia contra el Espíritu Santo no les será perdonada».

9. Se le puede insultar.

Hebreos 10:29 «¿Cuánto mayor castigo pensáis que merecerá el que pisoteare al Hijo de Dios, y tuviere por inmunda la sangre del pacto en la cual fue santificado, e hiciere afrenta al Espíritu de gracia?».

10. Se le puede contristar.

Efesios 4:30 «Y no contristéis al Espíritu de Dios...».

11. Él no vive en quienes están en pecado.

Romanos 8:9c «Y si alguno no tiene el Espíritu de Cristo, no es de él».

12. Él puede retirarse después de haber sido concedido.

Jueces 13:25 y 16:20 «Y el Espíritu de Jehová comenzó a manifestarse en él (Sansón)... Pero él no sabia que Jehová ya se había apartado de él».

1 Samuel 10:10 y 16:14 «...y el Espíritu de Dios vino sobre él (Saúl) con poder, y profetizó entre ellos. Y el Espíritu de Jehová se apartó de Saúl...».

Salmo 51:11 «No me eches (David) de delante de ti, y no quites de mí tu santo Espíritu».

13. Se miente contra Él.

Hechos 5:3 «Y dijo Pedro: Ananías, ¿Por qué llenó Satanás tu corazón para que mintieses al Espíritu Santo...».

14. Se peca contra Él.

Mateo 12:32 «A cualquiera que dijere alguna palabra contra el Hijo del Hombre, le será perdonado; pero al que hable contra el Espíritu Santo, no le será perdonado, ni en este siglo ni en el venidero».

E. EL ESPÍRITU SANTO SE RELACIONA COMO PERSONA CON OTRAS PERSONAS:

1. Con Jesús.

Él se relaciona con el Señor Jesucristo de tal manera que si el Señor tiene una personalidad única, como lo es, uno tiene que asumir que el Espíritu de igual manera tiene una personalidad única y distinta a la de Cristo. Juan 16:14 «Él me glorificará; porque tomará de lo mío, y os lo hará saber».

2. Con los apóstoles.

Él se relaciona con los apóstoles de una manera en la que muestra su única y distinta personalidad. Él es una persona como los apóstoles, pero de una forma diferente e identificada. Hechos 15:28 «Porque ha parecido bien al Espíritu Santo, y a nosotros...».

3. Con los otros miembros de la Trinidad

Él se relaciona con las otras dos Personas de la Trinidad como una persona igual que ellos. Mateo 28:19b «...bautizándolos en el nombre del Padre, del Hijo, y del Espíritu Santo».

2 Corintios 13:14 «La gracia del Señor Jesucristo, el amor de Dios, y la comunión del Espíritu Santo sean con todos vosotros. Amén».

4. Hacia a Su mismo Poder.

Él se relaciona por Su propio poder, pero de una manera distinguida y personal, para que no fuéramos a pensar que Él es solamente una forma de poder o energía, o la personificación del poder. Él vive personalmente en nosotros. Lucas 4:14 «Y Jesús volvió en el poder del Espíritu a Galilea...». Hechos 10:38 «Como Dios ungió con el Espíritu Santo y con poder a Jesús de Nazaret...». 1 Corintios 2:4 «Y ni mi palabra, ni mi predicación fue con palabras persuasivas de humana sabiduría, sino con demostración del Espíritu y de poder».

Por lo tanto el Espíritu tiene una personalidad genuina y tiene las características de una persona: Él posee inteligencia, (tiene una mente y es capaz de enseñar a otros). Él posee sentimientos, emoción (tiene un corazón y puede ser aceptado o rechazado). Él posee voluntad propia, (tiene determinación) y Él posee sensibilidad.

Siendo estos atributos que solo tiene una persona, constituye una prueba que el Espíritu Santo lo es, pues una influencia o fuerza o un mero poder impersonal no tiene mente, ni sentimientos, ni voluntad propia, determinación y mucho menos sensibilidad, probando de esta forma sin sombras de dudas y de opiniones teológicas, que el Espíritu Santo es una Persona, real, activa y viviente, la tercera Persona de la Trinidad, compuesta del Dios Padre, del Dios Hijo y del Dios Espíritu Santo.

Aquellos que niegan la Deidad y la Personalidad del Espíritu jamás han nacido de nuevo, no conocen a Dios ni a Cristo, no han examinado y escudriñado las Escrituras, y están teológica, doctrinal y profundamente equivocados.

LOS NOMBRES DEL
ESPÍRITU SANTO

En Juan 12:12,13 está escrito: «El siguiente día, grandes multitudes que habían venido a la fiesta, al oír que Jesús venía a Jerusalén, tomaron ramas de palmera y salieron a recibirle, y clamaban: ¡Hosanna! ¡Bendito el que viene en el **nombre** del Señor, el Rey de Israel».

La palabra «**nombre**» aquí en el griego es «**onoma**». Compare «anónimo», «sinónimo» y «onomástica». En general, la palabra significa el nombre o término que designa a una PERSONA o cosa (Mateo 10:2, Marcos 3:16 y Lucas 1:63). Sin embargo, tanto en el hebreo como en el griego helenista, «**onoma**» se usaba para indicar todo lo que el nombre implica, ya sea el rango o la autoridad (Mateo 7:22, Juan 14:13, Hechos 3:6, y 4:7), el carácter (Lucas 1:49, 11:2 y Hechos 26:9), la reputación (Marcos 6:14 y Lucas 6:22), la representatividad (Mateo 7:22 y Marcos 9:37).

Ocasionalmente «**onoma**» es el sinónimo de un individuo, una PERSONA (Hechos 1:15, Apocalipsis 3:4 y 11:13). El verbo griego «**onomazo**» denota: (a) nombrar, mencionar, o llamar por nombre, Hechos 19:13 que es «invocar»; en voz pasiva, Romanos 15:20: «hubiese sido nombrado»; Efesios 1:21: «que se nombra»; 5:3: «se nombra»; mencionar el nombre del Señor en alabanza y adoración, 2 Timoteo 2:19: «que invoca»; (b) nombrar, llamar, dar un nombre a algo, Lucas 6:13,14: «llamó»; voz pasiva, 1 Corintios 5:11: «llamándose»; Efesios 3:15: «toma nombre». Así como la PERSONA del Dios Padre y la PERSONA del Dios Hijo tienen muchos nombres en las Escrituras que expresan lo que son, su poder, rango, carácter, reputación, obra, etc. de la misma forma que el Espíritu Santo lo tiene.

Los nombres del Espíritu Santo

El Espíritu Santo también, como PERSONA que es, posee varios nombres que expresan Su relación con Su propia naturaleza y Persona, Su relación con Dios, Su relación con Cristo, Su relación con el hombre, y Su relación y nombres generales aplicados para diferentes manifestaciones. Es muy importante saber estos nombres y su relación con nosotros, pues de esta manera podremos decir: «Espíritu Santo, quiero conocer más de ti», sobre Su actuación y manifestación en nuestras vidas.

1. NOMBRES DEL ESPÍRITU SANTO QUE SE RELACIONAN CON SU PROPIA PERSONA

A. El Espíritu

1 Corintios 2:10 «Pero Dios nos las reveló a nosotros por el Espíritu; porque el Espíritu todo lo escudriña, aun lo profundo de Dios».

La palabra griega «**neuma**» es aplicada al Espíritu Santo y envuelve la definición de «aliento, soplo» y de «viento».

Como **aliento:**

Juan 20:22 «Y habiendo dicho esto, sopló, y les dijo: Recibid el Espíritu Santo».

Génesis 2:7 «Entonces Jehová Dios formó al hombre del polvo de la tierra, y sopló en su nariz aliento de vida, y fue el hombre un ser viviente».

Job 33:4 «El espíritu de Dios me hizo, y el soplo del Omnipotente me dio vida».

Ezequiel 37:9,10 «Y me dijo: Profetiza al espíritu, profetiza, hijo de hombre, y di al espíritu: Así ha dicho Jehová el Señor: Espíritu ven de los cuatro vientos, y sopla sobre estos muertos, y vivirán. Y profeticé como me había mandado, y entró espíritu en ellos, y vivieron, y estuvieron sobre sus pies; un ejército grande en extremo».

Como **viento:**

Juan 3:8 «El viento sopla de donde quiere, y oyes su sonido; mas ni sabes de donde viene, ni a donde va; así es todo aquel que es nacido del Espíritu».

Hechos 2:2 «Y de repente vino del cielo un estruendo como de un viento recio que soplaba, el cual llenó toda la casa donde estaban sentados».

B. El Espíritu Santo

Lucas 11:13 «... ¿Cuánto más vuestro Padre celestial dará el Espíritu Santo a los que se lo pidan?».

1 Tesalonicenses 4:8 «Así que, el que desecha esto, no desecha a hombre, sino a Dios, que también nos dio su Espíritu Santo».

La esencia moral del carácter del Espíritu Santo es enfatizada por Su Nombre. Él es Santo en Persona y carácter y es el autor directo que produce la santidad en el hombre. El Espíritu no es llamado Santo con más frecuencia que las otras dos Personas de la Trinidad porque Él es más Santo que los otros dos, porque lo infinito de la Santidad de la Trinidad no admite grados, pues los Tres son iguales. A Él es dado este nombre porque es trabajo de Él producir la santidad en nosotros diariamente.

C. El Espíritu Eterno

Hebreos 9:14 «¿Cuánto más la sangre de Cristo, el cual mediante el Espíritu eterno se ofreció a si mismo...».

De la misma forma que la eternidad es un atributo y característica de la naturaleza de Dios, igualmente es conferido al Espíritu Santo este mismo atributo, haciendo de Él una Deidad, divinidad, igual que al Padre y al Hijo.

D. Buen Espíritu

Nehemías 9:20 «Y enviaste tu buen Espíritu para enseñarles...».

Salmo 143:10 «...tu buen espíritu me guíe a tierra de rectitud».

El Espíritu es bueno, este es uno de sus atributos, bondad.

2. NOMBRES DEL ESPÍRITU SANTO QUE SE RELACIONA CON DIOS

A. El Espíritu de Dios

Génesis 1:2 «...y el Espíritu de Dios se movía sobre la faz de las aguas».

1 Corintios 3:16 «¿No sabéis que sois templo de Dios, y que el Espíritu de Dios mora en vosotros?».

1 Corintios 2:11c «Así tampoco nadie conoció las cosas de Dios, sino el Espíritu de Dios».

Este nombre relata que el Espíritu procede de Dios. Él es enviado por el Padre y el Hijo y es el poder que emana de la Trinidad.

B. El Espíritu de Jehová

2 Samuel 23:2 «El Espíritu de Jehová ha hablado por mí…».

Ezequiel 11:5 «Y vino sobre mí el Espíritu de Jehová…».

Miqueas 3:8 «Mas yo estoy lleno de poder del Espíritu de Jehová…»

Isaías 11:2 «Y reposará sobre él el Espíritu de Jehová…».

Este nombre se refiere a Él de acuerdo a Su poder y relación con el Padre.

C. El Espíritu del Señor Jehová

Isaías 61:1 «El Espíritu del Señor Jehová está sobre mí…».

Este título es dado a Él como el agente que ejercita el señorío de Jehová.

D. El Espíritu del Dios vivo

2 Corintios 3:3 «Siendo manifiesto que sois carta de Cristo expedida por nosotros, escrita no con tinta, sino con el Espíritu del Dios vivo; no en tablas de piedra, sino en tablas de carne del corazón».

El Espíritu aquí es mostrado como Aquel que escribe la imagen de Cristo en «las tablas de carne de nuestro corazón» y por el cual el cristiano se torna una epístola viviente. Son nombres dados al Espíritu Santo del cual enfatiza Su identidad con la Deidad y enfatiza Su naturaleza divina, Su poder y Su autoridad.

E. Espíritu de vuestro Padre

Mateo 10:20 «Porque no sois vosotros los que habláis, sino el Espíritu de vuestro Padre que habla en vosotros».

F. Los siete Espíritus de Dios

Apocalipsis 4:5 «…las cuales son los siete espíritus de Dios».

G. Espíritu de poder del Altísimo

Lucas 1:35 «…El Espíritu Santo vendrá sobre ti, y el poder del Altísimo te cubrirá con su sombra…».

H. El glorioso Espíritu de Dios

1 Pedro 4:14 «Si sois vituperados por el nombre de Cristo sois bienaventurados, porque el glorioso Espíritu de Dios reposa sobre vosotros».

El Espíritu no es solamente una Persona gloriosa, sino que nos revela la gloria de Dios a nosotros.

I. Espíritu del Señor

2 Corintios 3:17 «Porque el Señor es el Espíritu; y donde está el Espíritu del Señor, allí hay libertad».

Aquí prueba claramente Su divinidad y Su Deidad, puesto que el Señor es el Espíritu y el Espíritu es el Señor llamado el «Espíritu del Señor».

J. Espíritu de nuestro Dios.

1 Corintios 6:11c «...y por el Espíritu de nuestro Dios».

K. Dios es Espíritu.

Juan 4:24 «Dios es Espíritu...».

3. NOMBRES DEL ESPÍRITU SANTO QUE SE RELACIONA CON CRISTO.

A. El Espíritu de Cristo

Romanos 8:9c «Y si alguno no tiene es Espíritu de Cristo, no es de él».

1 Pedro 1:11 «Escudriñando qué persona y qué tiempo indicaba el Espíritu de Cristo que estaba en ellos...».

Este nombre enseña la relación del Espíritu con el Mesías ungido. El Espíritu mismo es la unción y el que unge al Señor Jesucristo, el Mesías.

B. El Espíritu de Su Hijo

Gálatas 4:6 «Y por cuanto sois hijos, Dios envió a vuestros corazones el Espíritu de su Hijo, el cual clama: ¡Abba, Padre!».

El Espíritu de Su Hijo produce en los corazones de los creyentes el Espíritu de adopción y les da la seguridad de que somos hijos de Dios.

C. El Espíritu de Jesucristo

Filipenses 1:19 «Porque sé que por vuestra oración y la suministración del Espíritu de Jesucristo...».

Este nombre identifica el divino Mesías con el Jesús humano y nos enseña la relación con los dos que el Espíritu sostiene y los identifica.

Nombres son dados al Espíritu Santo del cual revela su relación con el Hijo de Dios en su estado preexistente, durante Su vida y ministerio en la tierra, y después de Su resurrección.

4. NOMBRES DEL ESPÍRITU SANTO QUE SE RELACIONA CON EL HOMBRE.

A. Espíritu de juicio y de devastación

Isaías 4:4 «Cuando el Señor lave las inmundicias de las hijas de Sión, y limpie la sangre de Jerusalén de en medio de ella, con espíritu de juicio y con espíritu de devastación».

Este nombre identifica al Espíritu como Aquel que busca, ilumina, trae juicio, refina y purifica de toda mancha.

B. Espíritu Santo y fuego

Mateo 3:11c «...él os bautizará en el Espíritu Santo y fuego».

C. El Espíritu Santo de la promesa

Efesios 1:13 «...y habiendo creído en él, fuisteis sellados con el Espíritu Santo de la promesa».

Hechos 1:4,5 «Y estando juntos les mandó que no se fueran de Jerusalén, sino que esperasen la promesa del Padre, la cual, les dijo, oísteis de mí. Porque Juan ciertamente bautizó con agua, mas vosotros seréis bautizados con el Espíritu Santo dentro de no muchos días».

Hechos 2:33 «Así que, exaltado por la diestra de Dios, y habiendo recibido del Padre la promesa del Espíritu Santo, ha derramado esto que vosotros veis y oís».

Gálatas 3:14 «Para que en Cristo Jesús la bendición de Abraham alcanzase a los gentiles, a fin de que por la fe recibiésemos la promesa del Espíritu».

Este nombre se refiere al Espíritu como el cumplimiento de la promesa del Padre al Hijo en que Él derramaría de Su Espíritu. También el Espíritu da al creyente la seguridad de que las promesas de Dios hechas a nosotros son seguras y confiables.

D. Espíritu de verdad

Juan 15:26c «El Espíritu de verdad, el cual procede del Padre».

Juan 14:17 «El Espíritu de verdad, al cual el mundo no puede recibir».

Juan 16:13 «Pero cuando venga el Espíritu de verdad».

1 Juan 4:6 «En esto conocemos el Espíritu de verdad y el espíritu de error».

1 Juan 5:6 «...porque el Espíritu es la verdad».

Como Dios es amor, el Espíritu es verdad. Él revela, imparte y guía a la verdad, testificando de ella, dando testimonio y defendiendo la verdad. De esta manera Él es opuesto al «espíritu de error».

E. Espíritu de vida

Romanos 8:2 «Porque la ley del Espíritu de vida en Cristo Jesús...».

Apocalipsis 11:11 «Pero después de tres días y medio entró en ellos el Espíritu de vida enviado por Dios...»

Él no es solamente el que vive, el viviente, sino también el que da el Espíritu de vida.

F. El Espíritu de gracia

Zacarías 12:10 «Y derramaré sobre la casa de David, y sobre los moradores de Jerusalén, espíritu de gracia...».

Hebreos 10:29c «...¿e hiciere afrenta al Espíritu de gracia?».

Es a través del Espíritu que conocemos la gracia de Dios. El es la Persona de la Trinidad que lleva al complemento toda obra y acción que Dios haya empezado y la lleva a cabo. Es el Espíritu que trabaja en la vida del creyente haciendo la obra de la gracia en su corazón.

G. Espíritu de poder, de amor y de dominio propio

2 Timoteo 1:7 «Porque no nos ha dado Dios espíritu de cobardía, sino de poder, de amor y de dominio propio».

H. Espíritu de sabiduría y de revelación

Efesios 1:17 «...os dé espíritu de sabiduría y de revelación en el conocimiento de él».

I. Espíritu de sabiduría

Isaías 11:2 «Y reposará sobre él el Espíritu... de sabiduría...».

J. Espíritu de inteligencia

Isaías 11:2 «Espíritu de... inteligencia».

K. Espíritu de consejo y de poder

Isaías 11:2 «Espíritu de consejo y de poder».

L. Espíritu de conocimiento
Isaías 11:2 «Espíritu de conocimiento».

M. Espíritu de temor de Jehová
Isaías 11:2 «...Espíritu de temor de Jehová».

N. Espíritu de adopción
Romanos 8:15 «...sino que habéis recibido el espíritu de adopción, por el cual clamamos. ¡Abba, Padre!».

O. Espíritu de fe
2 Corintios 4:13 «Pero teniendo el mismo espíritu de fe...»

P. Espíritu de oración
Zacarías 12:10 «Y derramaré sobre la casa de David, y sobre los moradores de Jerusalén, espíritu de gracia y de oración».

Q. Espíritu Consolador
Juan 14:16,26 «Y yo oraré al Padre, y os dará otro Consolador [...] Mas el Consolador, el Espíritu Santo...».
Juan 15:26 «Pero cuando venga el Consolador...»
Juan 16:7 «Pero yo os digo la verdad: Os conviene que yo me vaya; porque si no me fuera, el Consolador no vendría a vosotros; mas si me fuere, os lo enviaré».

R. Espíritu de juicio
Isaías 28:6 «Y por espíritu de juicio al que se sienta en juicio...».

S. Espíritu de la profecía
Apocalipsis 19:10c «...porque el testimonio de Jesús es el espíritu de la profecía».

T. Espíritu de permanencia
Juan 1:32 «Vi al Espíritu que descendía del cielo como paloma, y permaneció sobre él».
1 Juan 3:24

U. Espíritu que habla
Hechos 8:29 «Y el Espíritu dijo a Felipe: Acércate y júntate a este carro».

Hechos 10:19 «Y mientras Pedro pensaba en la visión, le dijo el Espíritu: He aquí, tres hombres te buscan».

V. Espíritu que avisa

1 Timoteo 4:1 «Pero el Espíritu dice claramente que en los postreros tiempos algunos apostatarán de la fe, escuchando a espíritus engañadores y a doctrinas de demonios».

5. NOMBRES GENERALES DEL ESPÍRITU SANTO

A. Espíritu de descanso

Apocalipsis 14:13 «Oí una voz que desde el cielo me decía: Escribe: Bienaventurados de aquí en adelante los muertos que mueren en el Señor. Sí, dice el Espíritu, descansarán de sus trabajos, porque sus obras con ellos siguen».

B. Santo Espíritu

Salmo 51:11 «…y no quites de mí tu santo Espíritu».

Isaías 63:11c «…¿dónde el que puso en medio de él su santo espíritu?».

C. Espíritu noble

Salmo 51:12 «…y espíritu noble me sustente».

D. Espíritu de santidad

Romanos 1:4 «Que fue declarado Hijo de Dios con poder, según el Espíritu de santidad».

E. Espíritu que enseña

1 Corintios 2:13 «Lo cual también hablamos, no con palabras enseñadas por sabiduría humana, sino con las que enseña el Espíritu».

F. Espíritu de la predicación del evangelio

1 Pedro 1:12 «administraban las cosas que ahora os son anunciadas por los que os han predicado el evangelio por el Espíritu Santo».

G. Espíritu de inspiración

2 Pedro 1:21 «Porque nunca la profecía fue traída por voluntad humana, sino que los santos hombres de Dios habiendo siendo inspirados por el Espíritu Santo».

H. Espíritu de testimonio

1 Juan 5:7 «Porque tres son los que dan testimonio en el cielo: el Padre, el Verbo y el Espíritu Santo; y estos tres son uno».

I. Espíritu de lo Alto

Isaías 32:15 «Hasta que sobre nosotros sea derramado el Espíritu de lo alto».

Todos estos nombres del Espíritu, los que se relacionan con Él mismo, con Dios, con Cristo, con los hombres, y sus nombres generales, son nombres que se refieren a Su Deidad, Personalidad y a la manifestación de Su obra. Podemos ver que estos nombres revelan Su autoridad, poder e influencia juntamente con el Padre y con el Hijo. Es muy importante, como cristianos que somos, conocer y estudiar estos nombres y cómo podemos usarlos en oración, para alcanzar una comunión profunda con el Espíritu en nuestra vida espiritual diaria; usarlo en las tareas ministeriales y en la predicación del evangelio para la evangelización del mundo. Los nombres del Espíritu es lo que lo identifica, sea con Él mismo, con Dios, con Cristo, con los hombres y su relación general en cuanto a Su acción.

En las Escrituras los nombres tienen poder y exhiben poder, sea del propio Dios, de Cristo, del Espíritu y aun de personajes bíblicos que impactaron a su generación. Por lo tanto el Espíritu posee todos estos nombres bíblicos mencionados en este capítulo que lo destaca y le da importancia de alto nivel, lo cual haremos bien en conocerlos para poder citarlos en oración y en nuestra vida diaria cuando lo necesitemos. Al estudiar y conocer estos nombres podremos decir «Espíritu Santo, quiero conocer mas de ti».

LOS SÍMBOLOS DEL
ESPÍRITU SANTO

En Zacarías 3:8 está escrito: «Escucha pues, ahora, Josué sumo sacerdote, tú y tus amigos que se sientan delante de ti, porque son varones **simbólicos**. He aquí, yo traigo a mi siervo el Renuevo». La palabra **«simbólicos»** aquí en el hebreo es **«mophet»**, «un milagro», «una señal», «una maravilla» o «una muestra».

La actuación del Espíritu Santo en nuestras vidas es un «milagro» permitido por Dios, una «señal» de nuestra conversión a Cristo, es una «maravilla de poder» cuando somos llenos de Su Presencia, y una «muestra» que fuimos sellados para siempre para servir al Señor aquí en la tierra y después vivir eternamente con Él.

Sin perder de vista que el Espíritu Santo es una Persona real, con una Personalidad única como ya vimos, poseyendo una Deidad igual al Padre y al Hijo, el Espíritu también posee símbolos y emblemas que lo representan y que se refieren a Su actuación en nosotros y exhiben Su «milagro», Su «señal», Su «maravilla» y Su «muestra» en todas las áreas de nuestra vida espiritual.

En referencia a este versículo de Zacarías 3:8, digamos que la palabra **«mophet»**, aparece 36 veces en el Antiguo Testamento. Por primera vez en Éxodo 4:21, donde Dios menciona las «maravillas» que Moisés haría ante Faraón. **«Mophet»** significa «milagro» en Éxodo 7:9, aunque generalmente se traduce por «señal» (2 Crónicas 32:24 y Salmo 105:27). A pesar de que **«mophet»** encierra la idea de algo milagroso, en algunas referencias parece connotar una ilustración o un ejemplo. Ese es el caso cuando el salmista dice: «Como prodigio he sido a muchos», Salmo 71:7. También podríamos describir a Ezequiel como una «señal» dada a Israel (Ezequiel 12:6,11 y 24:24,27).

LOS SÍMBOLOS DEL ESPÍRITU

Por lo tanto de la misma forma el Espíritu posee señales y símbolos que lo representan en diferentes actuaciones, manifestaciones y operaciones diversas en toda la Escritura.

LOS SÍMBOLOS DEL ESPÍRITU SANTO LO REPRESENTAN COMO:

1. EL AGUA

Isaías 44:3 «Porque yo derramaré aguas sobre el sequedal, y ríos sobre la tierra árida; mi Espíritu derramaré sobre tu generación, y mi bendición sobre tus renuevos».

Juan 3:5 «Respondió Jesús: De cierto, de cierto te digo, el que no naciere de agua y del Espíritu, no puede entrar en el reino de Dios».

A. Es viva

Jeremías 2:13 «Porque dos males ha hecho mi pueblo: me dejaron a mí, fuente de agua viva, y cavaron para sí cisternas, cisternas rotas que no retienen agua».

Jeremías 17:13 «¡Oh Jehová, esperanza de Israel! Todos los que te dejan serán avergonzados; y los que se apartan de mí serán escritos en el polvo, porque dejaron a Jehová, manantial de aguas vivas».

Juan 4:10 «Respondió Jesús y le dijo: Si conocieras el don de Dios, y quien es el que te dice: Dame de beber; tú le pedirías, y él te daría agua viva».

Apocalipsis 7:17 «Porque el Cordero que está en medio del trono los pastoreará, y los guiará a fuentes de aguas de vida».

B. Es manantial

Isaías 41:18 «En las alturas abriré ríos, y fuentes en medio de los valles; abriré en el desierto estanques de aguas, y manantiales de aguas en la tierra seca».

Isaías 58:11 «Jehová te pastoreará siempre, y en las sequías saciará tu alma, y dará vigor a tus huesos; y serás como huerto de riego, y como manantial de aguas, cuyas aguas nunca faltan».

C. Es refrescante

Isaías 41:17 «Los afligidos y menesterosos buscan las aguas, y no las hay; seca está de sed su lengua; yo Jehová los oiré, yo el Dios de Israel no los desampararé».

Jeremías 17:8 «Porque será como el árbol plantado junto a las aguas, que junto a la corriente echará sus raíces, y no verá cuando viene el calor, sino que su hoja estará verde; y en el año de sequía no se fatigará, ni dejará de dar fruto».

D. Es purificante

Números 31:23 «...bien que en las aguas de purificación habrá de purificarse».

Ezequiel 16:9 «Te lavé con agua».

Ezequiel 36:25 «Esparciré sobre vosotros agua limpia, y seréis limpiados de todas vuestras inmundicias».

Efesios 5:26 «Para santificarla, habiéndola purificado en el lavamiento del agua por la palabra».

Hebreos 10:22c «...y lavados los cuerpos con agua pura».

E. Es abundante

Juan 4:14 «Mas el que bebiere del agua que yo le daré, no tendrá sed jamás; sino que el agua que yo le daré será él una fuente de agua que salte para vida eterna».

F. Es dada libremente

Isaías 55:1 «A todos los sedientos: Venid a las aguas; y los que no tienen dinero, venid comprad y comed. Venid, comprad sin dinero y sin precio, vino y leche».

Apocalipsis 21:6 «Al que tuviere sed, yo le daré gratuitamente de la fuente del agua de la vida».

Apocalipsis 22:17 «Y el que tiene sed, venga; y el que quiera tome del agua de la vida gratuitamente».

2. EL FUEGO

Mateo 3:11 «Él os bautizará en el Espíritu Santo y fuego».

Jeremías 23:29 «¿No es mi palabra como fuego, dice Jehová, y como martillo que quebranta la piedra?».

A. Purificador

Isaías 10:17 «Y la luz de Israel será por fuego, y su Santo por llama, que abrase y consuma en un día sus cardos y sus espinos».

Zacarías 13:9 «Y meteré en el fuego a la tercera parte, y los fundiré como se funde la plata, y los probaré como se prueba el oro».

Malaquías 3:2 «Porque él es como fuego purificador».

B. Conductor

Salmo 78:14 «Les guió de día con nube, y toda la noche con resplandor de fuego».

C. Consumidor

1 Reyes 18:38 «Entonces cayó fuego de Jehová, y consumió el holocausto».

2 Samuel 22:9 «...y de su boca fuego consumidor».

Deuteronomio 4:24 «Porque Jehová tu Dios es fuego consumidor».

3. EL VIENTO

Su manifestación poderosa es semejante al viento.

A. El viento es un poder misterioso

Juan 3:8 «...ni sabes de dónde viene, ni a dónde va; así es todo aquel que es nacido del Espíritu».

B. El viento es un poder manifiesto

Juan 3:8 «El viento sopla...».

C. El viento es un poder grandioso:

Juan 3:8 «...y oyes su sonido...».

Por lo tanto el VIENTO del Espíritu...

A. Es libre

Juan 3:8 «de donde quiere sopla...».

2 Corintios 3:17 «...y dónde está el Espíritu del Señor, allí hay libertad».

B. Es impetuoso
1 Reyes 19:11 «Y he aquí Jehová que pasaba, y un grande y poderoso viento que rompía los montes, y quebraba las peñas delante de Jehová».

Hechos 2:2 «Y de repente vino del cielo un estruendo de un viento recio que soplaba, el cual llenó toda la casa donde estaban sentados».

C. Es vivificador
Ezequiel 37:9,14 «Y me dijo: Profetiza al espíritu, profetiza hijo de hombre, y di al espíritu: Así ha dicho Jehová el Señor: Espíritu ven de los cuatro vientos, y sopla sobre estos muertos, y vivirán. Y pondré mi Espíritu en vosotros, y viviréis».

4. LA LLUVIA

A. Fertilizante
Isaías 55:10 «Porque como desciende de los cielos la lluvia y la nieve, y no vuelve allá sino que riega la tierra, y la hace germinar y producir...».

Oseas 6:3 «...y vendrá a nosotros como la lluvia, como la lluvia tardía y temprana a la tierra».

B. Refrigerante
Santiago 5:7 «Mirad cómo el labrador espera el precioso fruto de la tierra, aguardando con paciencia hasta que reciba la lluvia temprana y la tardía».

Ezequiel 34:26 «...y haré descender la lluvia en su tiempo; lluvias de bendición serán».

C. Abundante
Salmo 68:9 «Abundante lluvia esparciste, oh dios...».

Salmo 72:6 «Descenderá como la lluvia sobre la hierba cortada...».

5. EL ROCÍO
Oseas 14:5 «Yo seré a Israel como rocío; él florecerá como lirio, y extenderá sus raíces como el Líbano».

Salmo 133:3 «Como el rocío de Hermón, que desciende sobre los montes de Sión; porque allí envía Jehová bendición, y vida eterna».

Zacarías 8:12 «...y dará su producto la tierra, y los cielos darán su rocío; y haré que el remanente de este pueblo posea todo esto».

Salmo 72:6 «...como el rocío que destila sobre la tierra».

6. EL ACEITE

Mateo 25:8 «Y las insensatas dijeron a las prudentes: Dadnos de vuestro aceite; porque nuestras lámparas se apagan».

Salmo 45:7 «Has amado la justicia y aborrecido la maldad; por tanto, te ungió Dios, el Dios tuyo, con óleo de alegría más que a tus compañeros».

Salmo 133:2 «Es como el buen óleo sobre la cabeza...».

Eclesiastés 9:8 «En todo tiempo sean blancos tus vestidos, y nunca falte ungüento sobre tu cabeza».

A. Sana

Marcos 6:13 «...y ungían con aceite a muchos enfermos, y los sanaban».

Lucas 10:34 «Y acercándose, vendó sus heridas, echándoles aceite...».

Ezequiel 16:9 «Te lavé con agua, y lavé tus sangres de encima de ti, y te ungí con aceite».

B. Alegra

Salmo 23:5 «...unges mi cabeza con aceite; mi copa está reposando».

Isaías 61:3 «...óleo de gozo en lugar de luto».

Salmo 104:15 «...el aceite que hace brillar el rostro...».

C. Consagra

Éxodo 29:7 «Luego tomarás el aceite de la unción, y lo derramarás sobre su cabeza, y le ungirás».

Éxodo 30:25 «Y harás de ello el aceite de la santa unción; superior ungüento, según el arte del perfumador, será el aceite de la unción santa».

Levítico 10:7 «...por cuanto el aceite de la unción de Jehová está sobre vosotros».

1 Samuel 16:13 «Y Samuel tomó el cuerno del aceite, y lo ungió en medio de sus hermanos; y desde aquel día en adelante el espíritu de Jehová vino sobre David».

Salmo 89:20 «Hallé a David mi siervo; lo ungí con mi santa unción».

Salmo 92:10 «...seré ungido con aceite fresco».

7. LA VOZ

1 Reyes 19:13 «Y cuando lo oyó Elías, cubrió su rostro con su manto y salió, y se puso a la puerta de la cueva. Y he aquí vino a él una voz, diciendo: ¿Qué haces aquí, Elías?».

A. Habla

Números 7:89 «Y cuando entraba Moisés en el tabernáculo de reunión, para hablar con Dios, oía la voz que le hablaba de encima del propiciatorio que estaba sobre el arca del testimonio, de entre los dos querubines, y hablaba con él».

Mateo 10:20 «Porque no sois vosotros los que habláis, sino el Espíritu de vuestro Padre que habla en vosotros».

B. Guía

Isaías 30:21 «Entonces tus oídos oirán a tus espaldas palabra que diga: Este es el camino...».

Juan 16:13 «Pero cuando venga el Espíritu de verdad, él os guiará a toda verdad...».

C. Advierte

Salmo 95:7c «si oyereis hoy su voz...»

Hebreos 3:15 «Entre tanto se dice: Si oyereis hoy su voz, no endurezcáis vuestros corazones como en la provocación».

Hechos 10:15 «Volvió la voz a él la segunda vez: Lo que Dios limpió, no lo llames tú común».

8. LA PALOMA

Mateo 3:16c «...y vio al Espíritu de Dios que descendía como paloma».

Marcos 1:10 «Y luego, cuando subía del agua, vio abrirse los cielos, y al Espíritu como paloma que descendía sobre él».

Lucas 3:22 «Y descendió el Espíritu Santo sobre él en forma corporal, como paloma...».

Juan 1:32 «También dio Juan testimonio, diciendo: Vi al Espíritu que descendía del cielo como paloma, y permaneció sobre él».

9. EL SELLO

Efesios 1:13c «...fuisteis sellados con el Espíritu Santo de la promesa».

Efesios 4:30 «Y no contristéis al Espíritu Santo de Dios, con el cual fuisteis sellados para el día de la redención».

2 Corintios 1:22 «El cual también nos ha sellado...».

10. LAS LENGUAS DE FUEGO

Hechos 2:3 «Se les aparecieron lenguas repartidas, como de fuego, asentándose sobre cada uno de ellos».

11. LAS ARRAS, PRENDAS

Efesios 1:14 «... que es las arras de nuestra herencia hasta la redención de la posesión adquirida».

2 Corintios 1:22 «...y nos ha dado las arras del Espíritu en nuestros corazones».

12. LA UNCIÓN

Isaías 61:1 «El Espíritu de Jehová el Señor está sobre mí, porque me ungió Jehová».

Lucas 4:18 «El Espíritu del Señor está sobre mí, por cuanto me ha ungido».

Hechos 10:38 «Dios ungió con el Espíritu Santo y con poder a Jesús de Nazaret».

1 Juan 2:20 «...pero vosotros tenéis la unción del Santo...».

13. RÍO DE AGUA VIVA

Juan 7:38,39 «El que cree en mí, como dice la Escritura, de su interior correrá ríos de agua viva. Esto dijo del Espíritu que habían de recibir los creyentes en él; pues aun no había venido el Espíritu Santo...».

Apocalipsis 22:1 «Después me mostró un río limpio de agua de vida...».

Salmo 46:4 «Del río sus corrientes alegran la ciudad de Dios...».

14. LA COLUMNA DE NUBE Y DE FUEGO

Éxodo 13:20,21 «Y Jehová iba delante de ellos de día en una columna de nube para guiarlos por el camino, y de noche en una columna de fuego para alumbrarles, a fin de que anduviesen de día y de noche».

15. EL SOPLO

Juan 20:22 «Y habiendo dicho esto, sopló, y les dijo: Recibid el Espíritu Santo».

Todos estos símbolos —el agua, el fuego, el viento, la lluvia, el rocío, el aceite, la voz, la paloma, el sello, las lenguas de fuego, las arras, las prendas, la unción, el río, la columna de fuego y el soplo— representan el glorioso Espíritu Santo y Sus varias y diferentes actuaciones en las Escrituras.

Su operación está clara y específica en cada símbolo y Su manifestación es reflejada diferentemente por cada uno de ellos en situaciones distintas y en circunstancias diversas a través de toda la Escritura.

Esto es lo que lo identifica en Su trabajo juntamente con el Padre y el Hijo. Y es en estos símbolos citados donde muchos concilios, denominaciones y movimientos del ayer y de hoy se han confundido al aplicarlos y atribuirlos de una manera impersonal al Espíritu, al decir que ÉL por lo tanto no es Dios, que no tiene una personalidad y que no es considerado una persona. Pero como ya vimos y probamos anteriormente, esto NO es verdad, pues el Espíritu posee todas las características y atributos de una persona. Siendo así, ÉL ES UNA PERSONA y como Él es el Dios Espíritu, teniendo una divinidad, Deidad que lo identifica, por lo tanto Él tiene una personalidad real, viva y actuante.

Haremos bien en estudiar estos símbolos para conocerlo aún más y poder refutar las «doctrinas de demonios» de estas «iglesias» que realmente son «sectas» diabólicas, perversas, mentirosas y engañadoras al no conocer las Escrituras. Haremos bien igualmente al aplicar y usar en ORACIÓN estos símbolos al decir al Señor: «Oh Dios, que el **agua** de la vida de Tu Espíritu me inunde; que el **fuego** purificador de Tu Espíritu consuma en mí todo lo que no edifica; que el **viento** recio de Tu Espíritu sople en mí y descienda como la **lluvia** temprana y tardía en mi corazón y que **el rocío** se derrame en mi vida espiritual diariamente. Que el **aceite** de Tu Espíritu me unja y que yo pueda **oír Tu voz** por medio del Espíritu. Que la **paloma** que descendió sobre Cristo venga sobre mí como señal de aprobación tuya a mi vida, porque ya estoy **sellado** por Tu Espíritu, y que estas **lenguas de fuego** hagan que yo hable de Tus maravillas, por haberme dado las **arras** de Tu Espíritu para el día de mi redención. Oh Señor, que Tu **unción** venga sobre mí con poder, inundándome como un **río** de agua viva, y que la **columna de nube y de fuego** me guíe diariamente y que finalmente Tú **soples** en mí por Tu Espíritu en todas las áreas de mi vida, por siempre, Amén».

El mover del Espíritu Santo en el Antiguo y Nuevo Testamento

En Hechos 1:7 está escrito: «Y les dijo: No os toca a vosotros saber los **tiempos** o las sazones, que el Padre puso en su sola Potestad». La palabra **«tiempo»** aquí en el griego es **«chronos»**, base de «"cronología", «crónico», «crónicas». Es una duración de tiempo, la cual podría ser un punto, lapso, espacio, período, un trecho, una cantidad, medida, duración, o longitud. **«Kairos»** es sazones, sugiere clase de tiempo. **«Chronos»** dice qué día es y **«Kairos»** los acontecimientos especiales que ocurren en el marco de tiempo de **«chronos»**. Por lo tanto **«cronos»** es de donde provienen los términos castellanos que comienzan con **«cron»** que denota un lapso de tiempo, sea largo o corto y que implica duración, ya sea más larga, como en Hechos 1:21: «todo el tiempo»; Hechos 13:18: «por un tiempo»; 20.18: «todo el tiempo»; o más corta, como en Lucas 4:5, «un momento de tiempo». En ocasiones se refiere a la fecha de un acontecimiento, sea pasado, Mateo 2:7, o futuro, Hechos 3:21; 7:17. Entonces **«kairos»** primariamente es una medida apropiada, una proporción ajustada. Cuando se empleaba significaba un período fijo o definido, una sazón; en ocasiones un tiempo oportuno en sazón, como en Romanos 5:6: «a su tiempo»; Gálatas 6:10: «a su tiempo». En Marcos 10:30 y Lucas 18:30: «en este tiempo» **(kairos)**, esto es, en esta vida, se da en contraste con el «siglo venidero». En 1 Tesalonicenses 5:1: «los tiempos y las ocasiones» o «los tiempos y las sazones».

«Los tiempos» (**cronos**) se refiere a la duración del intervalo anterior a la parusía de Cristo y el intervalo de tiempo que esta tomará así como a otros períodos; «las sazones» se refiere a las características de estos períodos. Hablando en términos generales, «**cronos**» expresa la duración de un período, «**kairos**» destaca su caracterización por ciertas peculiaridades; así como ya hemos visto en Hechos 1:7: «el Padre puso en su sola potestad» tanto lo tiempos «**cronos**», las duraciones de los períodos, como las sazones «**kairos**», épocas caracterizadas por ciertos acontecimientos.

En 1 Tesalonicenses 5:1: «tiempos» se refiere a la duración del intervalo antes que tenga lugar la parusía (la presencia de Cristo con los santos cuando venga a recibirlos a sí mismo en el arrebatamiento), y a la duración del tiempo que tomará la parusía; «sazones» se refiere a las características especiales del período antes, durante y después de la parusía.

«**Cronos**» marca cantidad de tiempo y «**kairos**» la calidad del tiempo. En ocasiones la distinción entre las dos palabras no queda clara, como en 2 Timoteo 4:6, aunque incluso aquí la «partida» del apóstol da carácter al tiempo (**kairos**). Las palabras aparecen juntas en Daniel 2:21 y Eclesiastés 3:1. «**Akairos**» denota «fuera de sazón», inoportunamente; relacionado con 2 Timoteo 4:2: «fuera de tiempo». «**Eukairos**» es «en sazón», oportunamente; en el mismo versículo de 2 Timoteo 4:2: «a tiempo», aparece también en Marcos 14:11: «oportunamente».

El Espíritu Santo estuvo activo durante LOS TIEMPOS del Antiguo y Nuevo Testamentos, y obviamente, está activo hoy en la vida de los creyentes en Cristo. Durante el lapso de tiempo, del espacio y del período que abarcó la antigua revelación divina, el Espíritu estuvo presente. Y cuando fue inaugurado el nuevo pacto, también Él estuvo por medio de Su presencia desde el nacimiento de Cristo, Su vida y ministerio, Su muerte y resurrección, el derramamiento del Espíritu en el día del Pentecostés, la fundación de la Iglesia, en la vida de los apóstoles y hasta hoy…

En toda la extensión del Antiguo Testamento hay más de 100 referencias al Espíritu de Dios y de Su actuación dando evidencia de Su trabajo durante este tiempo. No todos, por supuesto, ven estas referencias como indicación de la tercera Persona de la Trinidad. P. K. Jewett, por ejemplo, cree que en el Antiguo Testamento el Espíritu Santo nunca fue indicado como «una Persona distinta del Padre y del Hijo», pero una «naturaleza divina vista solamente como una energía». Pero nosotros sabemos que esto no es verdad, como ya dijimos y probamos antes, que el Espíritu es una Persona, tiene una personalidad única y estuvo actuando junto con el Padre y el Hijo desde la creación del universo, de la naturaleza, del hombre y de los animales. Está probado en el Antiguo Testamento que el Espíritu Santo actuó como una Persona y no como una energía solamente. Él que lo niega no conoce las Escrituras. El Salmo 134:30 lo dice todo: «Envías tu Espíritu, son creados, y renuevas la faz de la tierra». Aquí está el poder creador del Espíritu, no una fuerza o energía impersonal.

Observamos correctamente al decir: «Es importante reconocer que la cuestión de la identidad del Espíritu Santo en el Antiguo Testamento no es tanto el hecho de lo que las personas pensaban en relación a este miembro de la Trinidad, sino lo que es importante es saber la intención del Padre que inspiró a los escritores del Antiguo Testamento a través de Su Espíritu». En el discurso de Esteban, él deja claro la actuación del Espíritu en el Antiguo Testamento y la rebeldía de Israel en Hechos 7:51 al decir: «¡Duros de cerviz, e incircuncisos de corazón y de oídos! Vosotros resistís siempre al Espíritu Santo; como vuestros padres, así también vosotros». Como podemos ver, el Espíritu Santo estuvo trabajando todo el tiempo en el Antiguo Testamento.

1. EL TRABAJO DEL ESPÍRITU EN LA CREACIÓN

Siete versículos entre otros hablan específicamente de los varios aspectos del Espíritu Santo y de Su trabajo durante la creación en el Antiguo Testamento. Ya hemos escrito ampliamente sobre esto en el capítulo dos, pero el lector podrá estudiarlos más adelante cuando desee. Estos versículos son: Génesis 1:2, Job 26:13; 27:3; 33:4; Salmo 33:6; 104:30; e Isaías 40:12-14.

Algunos teólogos y cristianos creen que algunos de estos pasajes no son referencias claras del Espíritu, pero no hay ninguna buena razón para decir que no, aunque en algunos versículos la traducción de la Escritura es «aliento» en lugar de «Espíritu», pero es muy fácil entender y aplicarlo como, «el aliento del Espíritu».

2. EL TRABAJO DEL ESPÍRITU EN REVELACIÓN E INSPIRACIÓN

Está claro que el Espíritu Santo fue el agente de la revelación e inspiración al transmitir el mensaje de Dios al hombre en el Antiguo Testamento, pues esto es verídico y probado tanto en el Antiguo como en el Nuevo Testamento. El apóstol Pedro provee la declaración más contundente sobre este tema en 2 Pedro 1:21 cuando dice: «Porque nunca la profecía fue traída por voluntad humana, sino que los santos hombres de Dios hablaron siendo inspirados por el Espíritu Santo».

Aquí está claro que las Palabras de Dios no fueron inventadas por la voluntad del hombre, pero que los escritores fueron guiados e inspirados por el Espíritu. El mismo verbo aparece en las dos partes del versículo, indicando que la voluntad del hombre no fue la que trajo la revelación, sino que fue el Espíritu Santo de Dios. Los hombres que escribieron actuaron como agentes, pero sus voluntades humanas no controlaron o intervinieron lo que Dios quería comunicar, el Espíritu trajo la inspiración y revelación de la Palabra de Dios.

Escrituras específicas como 2 Samuel 23:2 y Miqueas 3:8 respectivamente —«El Espíritu de Jehová ha hablado por mí, y su palabra ha estado en mi lengua» y «Mas yo estoy lleno de poder del Espíritu de Jehová, y de juicio y de fuerza, para denunciar a Jacob su rebelión, y a Israel su pecado»— indican claramente que los profetas hablaron por medio del Espíritu Santo.

Además, el Nuevo Testamento confiere al Espíritu la autoría de ciertos versículos del Antiguo Testamento. Por ejemplo, cuando Cristo debatía a los escribas y fariseos el Señor citó el Salmo 110 escrito por David, pero dado por el Espíritu Santo. Mateo 22:43,44 dice: «Él les dijo: ¿Pues cómo David en el Espíritu le llama Señor, diciendo; dijo el Señor a mi Señor: Siéntate a mi derecha hasta que ponga a tus enemigos por estrado de tus pies?».

Pedro cita el Salmo 41 en relación al reemplazo de Judas, y que esto había dicho el Espíritu por boca del rey David, como afirma Hechos 1:16,17: «Varones hermanos, era necesario que se cumpliese la Escritura en que el Espíritu Santo habló antes por boca de David acerca de Judas, que fue guía de los que prendieron Jesús, y era contado con nosotros, y tenía parte en este ministerio».

El apóstol Pablo también citó Escrituras del Antiguo Testamento, como Isaías 6:9,10 y refirió su autoría al Espíritu, y Hechos 28:25 confirma este pasaje: «Y como no estuviesen de acuerdo entre sí, al retirarse, les dijo Pablo esta palabra: Bien habló el Espíritu Santo por medio del profeta Isaías a nuestros padres...», (ver Hechos 28:26,27). Y el autor de Hebreos hizo lo mismo al mencionar el Antiguo Testamento en dos ocasiones en su epístola, dando la autoría al Espíritu, la primera al mencionar el Salmo 95:7,8 en Hebreos 3:7,8 que señala: «Por lo cual, como dice el Espíritu Santo: Si oyeres hoy su voz, no endurezcáis vuestros corazones, como en la provocación, en el día de la tentación en el desierto». Y la segunda al mencionar Jeremías 31:33,34 en Hebreos 10:15,16 que cita: «Y nos atestigua lo mismo el Espíritu Santo; porque después de haber dicho: Este es el pacto que haré con ellos después de aquellos días, dice el Señor: Pondré mis leyes en sus corazones, y en sus mentes los escribiré». Claramente, entonces, estas referencias en el Nuevo Testamento al mencionar la autoría del Espíritu Santo en el Antiguo Testamento, dejan sin sombras de dudas la actuación, el trabajo, la revelación y la inspiración del Espíritu en las Santas Escrituras en el antiguo pacto.

3. EL TRABAJO DEL ESPÍRITU EN RELACIÓN AL PUEBLO

El ministerio del Espíritu Santo en las personas en los tiempos del Antiguo Testamento ya no es el mismo desde el día del Pentecostés. El propio Señor Jesucristo dijo que sería diferente cuando «viniera» el Espíritu. Note cuán repetidamente el Señor habló de la «venida» del Espíritu (el cual ya estaba presente), pero la «venida de cierta forma», de acuerdo a Juan 15:26 «Cuando venga el Consolador...» y 16:7,8,13. Esto indicaba que el Espíritu había actuado en el Antiguo Testamento, pero que «vendría y actuaría de otra manera y carácter» después del Pentecostés. En Juan 14:17 Cristo dijo que el Espíritu «mora» con vosotros (tiempo presente), y que «estará» en vosotros (tiempo futuro). Por lo tanto el Espíritu estaba «actuando», «moraba» en los discípulos, pero «estaría» de otra forma, manera y manifestación después del día del Pentecostés.

4. EL TRABAJO DEL ESPÍRITU EN EL MINISTERIO

Hay tres detalles que explican la actuación y el ministerio del Espíritu a la gente del Antiguo Testamento.

A. Él estaba en ciertas personas

El Faraón reconoció que el Espíritu estaba en José, pero él no entendía, conocía ni sabía qué era el Espíritu Santo. Génesis 41:38 relata: «Y dijo Faraón a sus siervos: ¿Acaso hallaremos a otro hombre como éste,

en quien esté el espíritu de Dios?». El Espíritu «estaba» en Moisés, pues
Números 11:17 afirma: «...y tomaré del espíritu que hay en ti y pondré
en ellos...». El Espíritu «estaba» en Josué, Números 27:18 «Y Jehová dijo
a Moisés: Toma a Josué hijo de Nun, varón en el cual hay espíritu, y pon-
drás tu mano sobre él». El Espíritu «estaba» en Daniel, pues la Palabra
dice en Daniel 4:8 «Hasta que entró delante de mí Daniel... y en quien
mora el espíritu...». (Ver Daniel 5:11-14 y 6:3).

B. Él vino sobre algunas personas

Un cierto número de personas experimentaron el ministerio del Espíritu en el Antiguo Testamento. Balaam: Números 24:2 «Y alzando sus ojos,
vio a Israel alojado por sus tribus; y el Espíritu de Dios vino sobre él».

Otoniel: Jueces 3:10 «Y el Espíritu de Jehová vino sobre él...».

Gedeón: Jueces 6:34 «Entonces el Espíritu de Jehová vino sobre
Gedeón...».

Jefté: Jueces 11:29 «Y el Espíritu de Jehová vino sobre Jefté...».

Sansón: Jueces 13:25 «Y el Espíritu de Jehová comenzó a manifestarse en él...».

Saúl: 1 Samuel 10:10c «...y el Espíritu de Dios vino sobre él con
poder, y profetizó entre ellos».

David: 1 Samuel 16:13 «...y desde aquel día en adelante el Espíritu de
Jehová vino sobre David».

C. Él llenó a una persona en especial

Dios dio a Bezaleel una sabiduría especial, para una tarea especial
en el tabernáculo juntamente con Moisés. Éxodo 31:1-5 «Habló Jehová
a Moisés diciendo: Mira, yo he llamado por nombre a Bezaleel, hijo
de Uri, hijo de Ur, de la tribu de Judá; y yo lo he llenado del Espíritu
de Dios, en sabiduría y en inteligencia, en ciencia y en toda arte, para
inventar diseños, para trabajar en oro, en plata y en bronce, y en artificio de piedras para engastarlas, y en artificio de madera; para trabajar
en toda clase de labor».

4.   EL TRABAJO DEL ESPÍRITU Y SU ALCANCE

Su trabajo en el inicio del Antiguo Testamento se extendió a toda
la humanidad, pero después tuvo algunas excepciones en cuanto a Su
limitación:

A. Era limitado a un solo pueblo

Después que Dios escogió a Israel para ser Su pueblo, el trabajo del Espíritu Santo se limitó casi exclusivamente a este pueblo. Israel, claro, era una nación espiritualmente mixta formada por quienes tenían la fe en Jehová y aquellos que no. Pero a pesar de esto, el Espíritu ministró a toda la nación al estar presente y al guiar a todo el pueblo. Nehemías 9:20 dice.: «Y enviaste tu buen Espíritu para enseñarles...». Isaías 63:14 también confirma: «El Espíritu de Jehová los pastoreó...así pastoreaste a tu pueblo, para hacerte un nombre glorioso».

No hay una revelación clara del ministerio del Espíritu afuera de Israel, pero antes que Dios escogiera a los hebreos como Su pueblo, en Génesis 6:3 hay una excepción que dice: «Y dijo Jehová: No contenderá mi Espíritu con el hombre para siempre...». Esta excepción es que el Espíritu juzgó a la humanidad por sus transgresiones en los días de Noé al traer el diluvio. Pero ciertamente no hay una indicación y mucho menos una confirmación que el Espíritu trajo convicción de pecado durante el tiempo del Antiguo Testamento, pero lo hace ahora. Juan 16:8 cita: «Y cuando él venga, (Ya vino) convencerá al mundo de pecado, de justicia y de juicio».

En comparación con Israel, ninguna nación disfrutó de la presencia constante del Espíritu como ellos, pues Su ministerio era para Israel y para los individuos dentro de sus fronteras durante el periodo del Antiguo Testamento.

B. Era limitado al tipo de ministerio

Como lo dijimos anteriormente, no encontramos que el Espíritu haya traído Su convicción, Su bautismo de poder, Su sello, Su llenura, Su unción, Su presencia duradera, Sus dones, Su fruto, Sus milagros y Su morada, hasta después del día del Pentecostés, conforme prometió el Señor Jesús en Juan 7:38,39 cuando dijo: «El que cree en mí, como dice la Escritura, (refiriéndose él al Antiguo Testamento) de su interior correrán ríos de agua viva. Esto dijo del Espíritu Santo que habían de recibir los que creyesen en él; pues aún no había venido el Espíritu Santo, porque Jesús no había sido aún glorificado». Él había prometido que después de Su partida, «vendría» el Espíritu de una manera diferente, Hechos 1:5 habla: «Porque Juan ciertamente bautizó con agua, mas vosotros seréis bautizados con el Espíritu Santo dentro de no muchos días».

C. Era limitado en Su permanencia

El Espíritu de apoderó de Sansón, pero después lo dejó, Jueces 16:20c «Pero él no sabía que Jehová ya se había apartado de él». Lo mismo con Saúl, 1 Samuel 16:14 «El Espíritu de Jehová se apartó de Saúl...».

Aparentemente no había seguridad de la permanencia del Espíritu y de Su presencia en la vida de aquellos que lo tuvieron durante los tiempos del Antiguo Testamento. Pero ahora es diferente, pues Su Espíritu «vino» sobre nosotros y estará para siempre en nuestras vidas, como en Juan 14:16 el mismo Cristo afirmó: «Y yo rogaré al Padre, y os dará otro Consolador, para que esté con vosotros para siempre». La analogía entre el ministerio del Antiguo Testamento y la gracia del Nuevo es clara: Su presencia estuvo en los dos testamentos, pero el mismo Espíritu que «trabajó» en el Antiguo Testamento, «vino» de una manera nueva y diferente a ministrar en el Nuevo Testamento en el día del Pentecostés, Hechos capítulo dos.

5. EL TRABAJO DEL ESPÍRITU EN EL ANTIGUO TESTAMENTO

El Espíritu estuvo presente en la creación del universo, de los planetas, del mundo y de todo lo que en él hay. El Espíritu se movía en todo. Cuando Dios creó la primera forma humana del polvo de la tierra, fue el aliento del Espíritu que dio vida al hombre y a la mujer. Fue el Espíritu que sostuvo a Job durante su prueba y después lo restauró a un mejor estado. No hay duda que cuando Dios habló a los patriarcas, con excepción de cuando hubo una aparición del ángel del Señor o el Señor mismo, era la voz del Espíritu que hablaba, 2 Pedro 1:21 «... sino que los santos hombres de Dios hablaron siendo inspirados por el Espíritu Santo».

Se había tornado imperativo para Noé, Abraham, Isaac y Jacob que reconocieran la voz del Espíritu del Señor. En el liderazgo extraordinario de José, su sumisión y guía del Espíritu es evidente en la sabiduría de su vida, palabras y acciones. Fue el Espíritu que reveló los sueños a José y a Faraón para entender cuán necesaria era la obediencia para salvar el pueblo del hambre. Siglos después cuando Moisés vio la zarza ardiendo, se le ordenó que removiera las sandalias de sus pies en la presencia de Dios. Fue la voz de Dios, del Espíritu que habló a Moisés y lo llamó para una obra tan grande y especial como fue libertar a Israel de Egipto.

Después del Éxodo, el Espíritu que estaba sobre Moisés fue impartido a setenta ancianos bajo su autoridad. Durante todo el viaje de Israel en el desierto, la presencia del Espíritu estuvo guiándolos por medio de una nube por el día y una columna de fuego por la noche. Aunque Israel algunas veces no reconociera la presencia del Espíritu con ellos haciendo esta relación un tanto impersonal del pueblo hacia a Él, igual el Espíritu de Dios siempre estuvo con ellos ayudándoles durante los largos cuarenta años de peregrinación.

Fue el Espíritu que ayudó a Josué a conquistar la tierra prometida por medio de las grandes victorias que Él le proporcionó en el campo de batalla. Cuando el Espíritu empezó a trabajar en la vida de los jueces, entonces la relación empezó a tornarse más personal. Esto fue muy particular con Sansón, el hombre fuerte y ungido de Dios en quien el Espíritu se manifestó de una manera poderosa, pero que desafortunadamente por su falta de ética moral perdió este poder del Espíritu en su vida. El mismo Espíritu vino sobre Saúl que también rechazó Su obra hasta perderlo por completo.

Después vino David que abrió su corazón y recibió una porción grande del Espíritu sobre su vida, como lo confirman los Salmos escritos bajo la inspiración del Espíritu. En 2 Samuel 23:1,2 se lee lo siguiente: «Estas son las palabras postreras de David. Dijo David hijo de Isaí, dijo aquel varón que fue levantado en alto, el ungido del Dios de Jacob, el dulce cantor de Israel: El Espíritu de Jehová ha hablado por mí, y su palabra ha estado en mi lengua».

En el tiempo de los reyes de Israel, fue el Espíritu el que dio sabiduría a Salomón como a ningún otro hombre, excepto Cristo, del cual la reina de Sabá quedó impresionada con el poder, la riqueza y la sabiduría de este gran rey. Esta sabiduría del Espíritu le inspiró para escribir el libro de Proverbios. Fue el Espíritu de Jehová que peleó las grandes batallas de los reyes buenos de Judá y de Israel en contra de sus enemigos. Durante este tiempo Dios levantó a los santos profetas, sean los profetas mayores, como Isaías, Jeremías, Ezequiel y Daniel, o los doce profetas menores desde Oseas hasta Malaquías que hablaron bajo la inspiración del Espíritu y entregaron las palabras de Jehová en todos los niveles de la sociedad de Israel.

Fue el Espíritu de Jehová que sostuvo a Israel durante los setenta años en el cautiverio babilónico y asirio. En particular, fue el Espíritu que habló a Ezequiel diciéndole que Él tenía el poder de hacer revivir el valle de los huesos secos por Su aliento y Su poder.

Fue el Espíritu que levantó a una huérfana judía llamada Ester para librar a los judíos de la exterminación.

Fue el Espíritu que dio sabiduría a Esdras para enseñar la Palabra a Israel. Fue el Espíritu que impulsó a Nehemías para que reconstruyera el muro de Jerusalén.

Fue el Espíritu que hizo retornar los exiliados a Israel bajo el edicto del rey Ciro de Persia y que inspiró a Zorobabel y a Josué para que reconstruyeran al altar y el templo del Señor que había sido destruido por Nabucodonosor rey de babilonia.

Fue el Espíritu que por boca del profeta Malaquías anunció que Él enviaría el mensajero, Elías, que prepararía el camino del Señor Jesús y fue el Espíritu que esperó pacientemente durante los cuatrocientos años de silencio entre en Antiguo y Nuevo Testamento para que inaugurara las páginas del nuevo pacto por medio de Su extraordinario milagro en el nacimiento en Belén del niño Jesús, Cristo, el Mesías.

Por lo tanto el Espíritu Santo en el Antiguo Testamento fue la fuente de los poderes sobrenaturales, como en Génesis 41:38 hizo el Faraón decir de José: «Y dijo Faraón a sus siervos: ¿Acaso hallaremos a otro hombre como éste, en quien esté el espíritu de Dios?».

Fue el Espíritu el dador de las habilidades artísticas, como se lee en Éxodo 31:2-5: «Mira, yo he llamado por nombre a Bezaleel hijo de Uri, hijo de Hur, de la tribu de Judá; y lo he llenado del Espíritu de Dios, en sabiduría y en inteligencia, en ciencia y en todo arte, para inventar diseños, para trabajar en oro, en plata y en bronce, y en artificio de piedras para engastarlas, y en artificio de madera; para trabajar en toda clase de labor». Fue el Espíritu el que dio fuerza y poder y levantó a los jueces para librar a Israel, como se lee en Jueces 3:9,10: «Entonces clamaron los hijos de Israel a Jehová; y Jehová levantó un libertador a los hijos de Israel y los libró; esto es, a Otoniel hijo de Cenaz, hermano menor de Caleb. Y el Espíritu de Jehová vino sobre él, y juzgó a Israel, y salió a batalla, y Jehová entregó en su mano a Cusan-risataim rey de Siria, y prevaleció su mano contra Cusan-risataim».

Fue el Espíritu de Dios la inspiración de la profecía, como se lee en 1 Samuel 19:20-23: «Entonces Saúl envió mensajeros para que trajeran a David, los cuales vieron una compañía de profetas que profetizaban, y a Samuel que estaba allí y los presidía. Y vino el Espíritu de Dios sobre los mensajeros de Saúl, y ellos también profetizaron. Cuando lo supo Saúl, envió otros mensajeros, los cuales también profetizaron. Y Saúl volvió a enviar mensajeros por tercera vez, y ellos también profetizaron. Entonces él mismo fue a Ramá; y llegando al gran pozo que está en Secú, preguntó diciendo: ¿Dónde están Samuel y David? Y uno respondió: He aquí están en Naiot en Ramá. Y fue a Naiot en Ramá; y también vino sobre él el Espíritu de Dios, y siguió andando y profetizando hasta que llegó a Naiot en Ramá». Y fue el Espíritu el mediador y responsable por los mensajes de Dios en la boca de Sus profetas y ungidos, como se lee en Miqueas 3:8: «Mas yo estoy lleno de poder del Espíritu de Jehová, y de juicio y de fuerza, para denunciar a Jacob su rebelión, y a Israel su pecado».

Todo esto y mucho más fue la actuación del Espíritu en el período del Antiguo Testamento.

6. EL MOVER DEL ESPÍRITU EN EL NUEVO TESTAMENTO

El nuevo pacto provee una transición del «trabajo» del Espíritu en el Antiguo Testamento, a su «mover» y «llenura» en el Nuevo Testamento. Notamos que el Espíritu lo «llenó» a Juan el Bautista en el vientre de su madre Elizabet, hizo el gran milagro en la concepción de Cristo por medio del Espíritu a María, donde Lucas 1:35 cita: «Respondiendo el ángel, le dijo: El Espíritu Santo vendrá sobre ti, y el poder del Altísimo te cubrirá con su sombra…» y también Mateo 1:20c lo confirma: «…porque lo que en ella es engendrado, del Espíritu Santo es».

La afirmación pública del ministerio de Cristo vino cuando el Espíritu en forma de una «paloma» descendió sobre Él después que fue bautizado por Juan en el río Jordán. Inmediatamente después de esta experiencia, Jesús fue llevado al desierto por el «Espíritu» dice Mateo, pero es interesante notar que Lucas dice «lleno» del Espíritu indicando la naturaleza del ministerio de Cristo que durante toda su vida y ministerio Él fue «lleno del poder del Espíritu», y aun en Sus palabras finales, después de Su muerte y resurrección, dio Su último mandamiento por el Espíritu, como dice en Hechos 1:2 «Hasta el día que fue recibido arriba, después de haber dado mandamientos por el Espíritu Santo a los apóstoles que había escogido», diciendo a sus seguidores que ellos serían sus testigos «…cuando haya venido sobre vosotros el Espíritu Santo», Hechos 1:8.

Hablando sobre que Él enviaría el Espíritu, Jesús usó el término griego «allos» para identificar el Espíritu como uno igual a Él, en Juan 14:16 «...y os dará otro Consolador...», otro que ocuparía Su lugar, otro, porque Él es primero, otro del mismo rango, poder, tipo, autoridad, influencia y presencia, otro igual a Él.

¡Qué ilustración perfecta de unidad y armonía entre la Trinidad sin sombra de celo y de envidia!

Lo mismo que la presencia de Cristo era esencial para el ministerio de los discípulos como está escrito en los evangelios, el Espíritu fue vital para el trabajo de la Iglesia como está escrito en el libro de los Hechos y en los demás libros del Nuevo Testamento.

Si bien el libro «Los Hechos de los Apóstoles», bien pudiera ser llamado «Los Hechos del Espíritu Santo en la vida de los Apóstoles», pues esto es en realidad, la obra del Espíritu en la vida de ellos y de la Iglesia.

Porque fue el Espíritu que llenó a los ciento y veinte en el aposento alto en el día del Pentecostés dando inicio a la poderosa Iglesia del Señor Jesucristo en la tierra.

Fue el Espíritu que operó los grandes milagros por mano de los apóstoles; fue el Espíritu que dio poder a ellos cuando fueron presos y torturados y después fue el Espíritu que los libertó de la cárcel; fue el Espíritu que llenó de Su poder a la Iglesia mientras oraban y el lugar tembló y fueron todos llenos del Espíritu Santo.

Fue contra el Espíritu que mintieron Ananías y Safira y cayeron muertos delante de Pedro; fue el Espíritu que escogió a los diáconos, fue el Espíritu que dio poder a Esteban para sufrir martirio por Cristo; fue el Espíritu que habló a Felipe y éste ganó al eunuco etíope para Cristo; fue el Espíritu que derrumbó a Saulo en el camino de Damasco llevándolo a la conversión; fue el Espíritu que trajo una revelación a Cornelio, el primer gentil convertido y que habló a Pedro para que éste lo visitara, dando por inicio la evangelización de los gentiles; fue el Espíritu que llamó a Bernabé y a Saulo (Pablo) al ministerio; fue el Espíritu que fortaleció a la Iglesia durante su periodo de persecución; fue el Espíritu que dio el crecimiento numérico y espiritual a la Iglesia.

Fue el Espíritu que habló en el concilio de la Iglesia en Jerusalén.

Fue el Espíritu que prohibió a Pablo y sus compañeros predicar en Asia en esta oportunidad; también fue el Espíritu que no permitió a ellos que entraran en Bitinia; fue el Espíritu que trajo el terremoto en la cárcel donde el carcelero de Filipos se convirtió; fue el Espíritu que bendijo el ministerio de Pablo en Tesalónica, Atenas, Corinto, Troas, y en Éfeso hizo grandes milagros por medio de Pablo; fue el Espíritu que reveló a Pablo que éste sería preso en Jerusalén; fue el Espíritu que habló por Pablo durante su defensa en Jerusalén; después ante Félix; y ante Agripa; fue el Espíritu que inició con Pablo su viaje a Italia; fue el Espíritu que lo libró del naufragio y de la muerte; fue el Espíritu que lo usó en Malta al orar por el padre de Publio y realizando un gran milagro en el nombre de Cristo; fue el Espíritu que lo hizo llegar sano, salvo y con vida a Roma y fue el Espíritu que le dio su último ministerio de predicación y de enseñanza en esta ciudad, donde advirtió a los judíos que vinieron a él diciendo: «Bien habló el Espíritu Santo por medio del profeta Isaías a nuestros padres...», Hechos 28:25.

Fue el Espíritu que levantó a un joven llamado Timoteo para dar continuación al gran trabajo de Pablo. Fue el Espíritu que distribuyó Sus dones a la Iglesia y fue el Espíritu que los llamó y que llama al ministerio, de acuerdo a Efesios 4:11-16; y es el Espíritu que plantó y planta en nuestras vidas Su fruto para que vivamos una vida espiritual victoriosa.

En las epístolas paulinas y generales, el Espíritu se torna un guía moral y sustentador de la vida cristiana, y en sus escritos en particular, el apóstol Pablo habla de una cercanía y conexión entre Cristo y el Espíritu.

En el libro del Apocalipsis fue el Espíritu que habló a las siete iglesias, pues Juan estaba «en el Espíritu», y es el Espíritu que dará poder a aquellos que morirán por Cristo durante la gran tribulación; y es el Espíritu que resucitará a los dos testigos, Apocalipsis 11:11 «Pero después de tres días y medio entró en ellos el espíritu de vida enviado por Dios, y se levantaron sobre sus pies...»; y es el Espíritu que mostró a Juan la ciudad de la nueva Jerusalén, Apocalipsis 21:10 «Y me llevó en el Espíritu a un monte grande y alto, y me mostró la gran ciudad santa de Jerusalén, que descendía del cielo de Dios»; y es la invitación universal y final del Espíritu a todos que dice: «Y el Espíritu y la Esposa dicen ven. Y el que oye, diga ven. Y el que tiene sed, venga; y el que quiera, tome del agua de la vida gratuitamente».

Todo esto y mucho más fue y es la obra, la manifestación y la operación del Espíritu Santo en el Nuevo Testamento. Así como el Espíritu Santo actuó ayer en el Antiguo Testamento, actúa hoy en nuestras vidas espirituales, pues todavía somos la Iglesia del Nuevo Testamento, porque el AMÉN final del libro del Apocalipsis todavía no fue dicho y cumplido. Aún podemos decir de todo el corazón: «Espíritu Santo, quiero conocer mas de ti», y permitir que ÉL nos llene de Su poder, unción y que nos use para la honra y gloria del Señor Jesucristo.

El mover del Espíritu en nuestros corazones

Es posible que la carta mas interesante de toda la colección de correspondencia de la Casa Blanca sea una que fue enviada por un adolescente de trece años de edad al presidente Cleveland en 1895. Aunque un poco cómica, en ella está escrito: «¡Para su Majestad el Presidente Cleveland! Amado Presidente: Yo me encuentro en un terrible mal estado de espíritu y creo que debería contarle todo. Hace más o menos dos años, cuando yo tenía once, usé dos sellos postales que ya habían sido usados anteriormente en otras cartas. Quizás usé más de dos sellos, pero solamente me acuerdo de estas dos veces. Yo no me había dado cuenta de mi error hasta hace algunos días. No puedo pensar en otra cosa que no sea este asunto. Mi mente me acusa de día y de noche. Querido presidente, le pido en estos momentos que me perdone. Yo le prometo que nunca más haré esto nuevamente. Por eso estoy incluyendo el valor de tres sellos, y una vez más, le imploro que me perdone... de uno de sus súbditos...».

Queridos hermanos: Lo que pasó con este muchacho de apenas 13 años de edad, fue que la voz de Dios por medio de su conciencia le habló profundamente, y podríamos decir que la actuación del Espíritu Santo se movió en su corazón trayéndole arrepentimiento. Esto lo llevó a escribir al Presidente de los Estados Unidos de la época confesando su error y pidiéndole perdón. Mas adelante en el capítulo 10, veremos cómo el redargüir y la convicción del Espíritu en la vida del pecador lo lleva a la confesión y a la salvación.

Debemos estar agradecidos al Señor porque la acción del Espíritu en nuestros corazones nos lleva a vivir una vida espiritual victoriosa al hablarnos en las áreas que nosotros necesitamos. El mismo Espíritu que se movió en el Antiguo y en el Nuevo Testamento, es el mismo Espíritu que aún hoy se mueve en nuestros corazones. ¡Alabado sea Dios por Su poder!

El Espíritu Santo en la vida y ministerio de Cristo

En 2 Timoteo 4:22 está escrito: «El Señor Jesucristo esté con tu espíritu. La gracia sea con vosotros. Amén».

La palabra griega **«cristo»**, aquí, separada de Jesús, es **«christos»**, que es «el Ungido». La palabra deriva del verbo **«chrio»**, que es «ungir», y se refiere a los ritos de consagración de un sacerdote o un rey.

«Christos» traduce el hebreo **«Mashiyach»**, que es «Mesías». Desafortunadamente, la trascripción literal de **«christos»** al castellano, de la que resulta la palabra «Cristo», priva al vocablo de mucho de su significado. Sería mejor traducir **«Cristos»** en todos los casos como «el Ungido», o «el Mesías», lo cual denota un título, «Jesucristo», que realmente significa Jesús el Mesías, o Jesús el Ungido, y enfatiza el hecho de que el hombre Jesús era el Ungido de Dios, el Mesías prometido.

Los profetas recibían el nombre de **«joi cristoi Teou»** que es «los ungidos de Dios», Salmo 105:15.

El rey de Israel era en ocasiones mencionado como **«cristos tou Kuriou»** que es «el ungido del Señor», 1 Samuel 2:10,35; 2 Samuel 1:14; Salmo 2:2; 18:50; Habacuc 3:13. El título **«jo Cristos»** que es «el Cristo», no se usa o se menciona de Cristo en la versión de los libros inspirados del AT. En el NT la palabra se usa frecuentemente con el artículo del Señor Jesús, como un apelativo más que como un título, Mateo 2:4; Hechos 2:31; sin el artículo, Lucas 2:11; 23:2; Juan 1:41. En tres ocasiones el mismo Señor aceptó expresamente este título de Cristo, Mateo 16:17; Marcos 14:61,62 y Juan 4: 26.

EL ESPÍRITU Y CRISTO

La Palabra de Dios dice claramente que el Espíritu Santo estuvo envuelto en el nacimiento, vida, ministerio, muerte y resurrección de Cristo, pues Hechos 10:38 nos confirma: «Como Dios ungió con el Espíritu Santo y con poder a Jesús de Nazaret, y como éste anduvo haciendo bienes y sanando a todos los oprimidos por el diablo, porque Dios estaba con él».

Por lo tanto el Espíritu Santo estuvo activo en el ministerio de Cristo, del inicio al fin, de la siguiente manera:

1. **EN EL NACIMIENTO DE CRISTO**

Lucas 1:35 nos habla: «Respondiendo el ángel, le dijo: El Espíritu Santo vendrá sobre ti, y el poder del Altísimo te cubrirá con su sombra; por lo cual también el Santo Ser que nacerá, será llamado Hijo de Dios».

Jesucristo fue concebido en el vientre de María por el Espíritu, y está claro que el Espíritu produjo el cuerpo humano para el Hijo de Dios por medio de un poder creativo y milagroso, pues la Escritura dice en Hebreos 10:5 al referirse al nacimiento de Jesús: «Por lo cual, entrando en el mundo dice: Sacrificio y ofrenda no quisiste; mas me preparaste cuerpo».

Excepto por un milagro, era y es absolutamente IMPOSIBLE para Aquel que es absolutamente Santo poseer un cuerpo humano y nacer de la manera natural de carne y sangre como todos hemos nacido. Si no fuera así, Él hubiera nacido pecador como toda la raza humana después de Adán. Mientras es cierto que María tuvo un cuerpo como el nuestro, de igual modo el poder de la santidad en el Hijo de Dios refutó toda partícula de pecado y el Espíritu Santo al preparar el cuerpo del Señor no permitió nada que no fuera santo que entrara en el cuerpo físico de Cristo.

Una vida tan única como la de Cristo en carácter y santidad demanda un inicio y un fin tan maravilloso que nada menos que un nacimiento virginal milagroso terminaría con una resurrección milagrosa.

2. **EN LA REVELACIÓN A LOS MAGOS PARA PROTEGER A CRISTO**

Mateo 2:12 «Pero siendo avisados por revelación en sueños que no volviesen a Herodes, regresaron a su tierra por otro camino».

Fue el Espíritu Santo que reveló estos sueños a los magos para que ellos no regresaran al rey Herodes que estaba investigando al intentar saber del nacimiento de Cristo para matarlo.

3. EN EL AVISO A JOSÉ PARA QUE FUERA CON CRISTO A GALILEA

Mateo 2:22 «Pero oyendo que Arquelao reinaba en Judea en lugar de Herodes su padre, tuvo temor de ir allá; pero avisado por revelación en sueños, se fue a la región de Galilea».

Fue el Espíritu Santo que también trajo esta revelación en sueños a José para que él y María regresasen a Israel desde Egipto, después de la muerte de Herodes, pero que fuesen a Galilea para que se cumpliese lo que fue dicho por los profetas, que Cristo habría de ser llamado nazareno.

4. EN LA REVELACIÓN DEL CARÁCTER MESIÁNICO DE CRISTO

Lucas 2:25-32 «Y he aquí había en Jerusalén un hombre llamado Simeón, y este hombre, justo y piadoso, esperaba la consolación de Israel; y el Espíritu Santo estaba sobre él. Y le había sido revelado por el Espíritu Santo, que no vería la muerte antes que viese al Ungido del Señor. Y movido por el Espíritu, vino al templo. Y cuando los padres del niño Jesús lo trajeron al templo, para hacer por él conforme al rito de la ley, él le tomó en sus brazos, y bendijo a Dios, diciendo: Ahora Señor, despide a tu siervo en paz, conforme a tu Palabra; porque han visto mis ojos tu salvación, la cual has preparado en presencia de todos los pueblos; luz para revelación a los gentiles, y gloria de tu pueblo Israel».

Está muy claro que fue el Espíritu Santo que trajo esta gran revelación a Simeón en que él antes de morir vería con sus propios ojos al Mesías, al Ungido de Dios, a Jesucristo el Señor que conforme a la palabra de los profetas salvaría a Israel de sus pecados.

5. EN EL DESARROLLO DE LA HUMANIDAD DE CRISTO

Lucas 2:52 «Y Jesús crecía en sabiduría y en estatura, y en gracia para con Dios y los hombres».

Podemos razonar y asumir que el Espíritu jugó un papel importante en el desarrollo físico de la humanidad del Señor cuando éste crecía. Su crecimiento debe haber estado relacionado con el Espíritu que lo llenó y lo ungió, dándole sabiduría y gracia.

6. EN EL BAUTISMO DE CRISTO

Lucas 3:22 «Y descendió el Espíritu Santo sobre él en forma corporal como paloma, y vino una voz del cielo que decía: Tú eres mi Hijo amado; en ti tengo complacencia».

Juan 1:32 «También dio Juan testimonio, diciendo: Vi al Espíritu que descendía del cielo como paloma, y permaneció sobre él».

2 Pedro 1:17 «Pues cuando él recibió de Dios Padre honra y gloria, le fue enviada desde la magnífica gloria una voz que decía: Este es mi Hijo amado, en el cual tengo complacencia».

El Espíritu descendió sobre Él en forma de una paloma, dándole aprobación pública de Su vida y ministerio como el Mesías y la voz de Dios confirmó este hecho delante de todos.

7. EN LA DEPENDENCIA DE CRISTO EN TODO

Mateo 12:17,18 «Para que se cumpliese lo dicho por el profeta Isaías, cuando dijo: He aquí mi siervo, a quien he escogido; mi Amado, en quien se agrada mi alma; pondré mi Espíritu sobre él, y a los gentiles anunciará juicio».

El Señor dependió del Espíritu en todo lo que hizo, sea del ámbito personal o ministerial.

8. EN LA VIDA DE CRISTO

Durante toda Su vida y en todas las esferas, Cristo tuvo la Presencia del Espíritu en Él:

A. Cristo fue lleno del Espíritu

Lucas 4:1 cita: «Jesús, lleno del Espíritu Santo, volvió del Jordán…». Esta palabra aquí indica que esta «llenura» fue la característica de Su vida. No fue algo momentáneo, pero una relación personal con el Espíritu durante toda Su vida. No hubo nada en la vida de Cristo del cual estuviera opuesto al Espíritu, siendo así, Él fue lleno de la presencia y del poder del Espíritu Santo en todas las áreas de Su vida.

B. Cristo fue guiado por el Espíritu

Mateo 4:1 «Entonces Jesús fue llevado por el Espíritu al desierto…».

Jesús, como el siervo de Jehová, por el cual Él se humilló y se despojó de sí mismo de Su soberanía, siempre actuó bajo órdenes del Padre y bajo el mover y la dirección del Espíritu.

C. Cristo fue ungido con el Espíritu

Lucas 4:18 «El Espíritu del Señor está sobre mí, por cuanto me ha ungido»

Hechos 4:27 «Porque verdaderamente se unieron en esta ciudad contra tu santo Hijo Jesús, a quien ungiste».

Hebreos 1:9 «por lo cual te ungió Dios, el Dios tuyo».

Hechos 10:38 «como Dios ungió con el Espíritu Santo y con poder a Jesús de Nazaret».

Esto significaba que Él era el Mesías, «el Ungido de Dios», que desarrolló Su ministerio bajo la unción del Espíritu. Toda la unción de los profetas, sacerdotes y reyes del Antiguo Testamento encuentran el cumplimiento de sus escritos en la unción de Cristo por el Espíritu Santo, del cual Jesús, en Su tiempo, ocupó el lugar de profeta, sacerdote y rey.

D. Cristo se regocijó en el Espíritu.

Lucas 10:21 «En aquella misma hora Jesús se regocijó en el Espíritu…».

Hebreos 1:9 «Por lo cual te ungió Dios, el Dios tuyo, con óleo de alegría».

Esto es una evidencia que Él estaba lleno de alegría y de gozo en el Espíritu.

E. Cristo tuvo el poder del Espíritu

Esto fue profetizado en Isaías 42:1 «He aquí mi siervo, yo le sostendré; mi escogido, en quien mi alma tiene contentamiento; he puesto sobre él mi Espíritu; él traerá justicia a las naciones». (Ver los versículos 2 al 7).

Isaías 61:1 «El Espíritu de Jehová el Señor está sobre mí, porque me ungió Jehová; me ha enviado a predicar buenas nuevas a los abatidos, a vendar a los quebrantados de corazón, a publicar libertad a los cautivos, y a los presos apertura de la cárcel».

Y fueron cumplidas estas profecías como ya vimos en Lucas 4:18, que es el mismo versículo de Isaías capítulo 61 y también en Mateo 12:28 que dice: «Pero si yo por el Espíritu de Dios echo fuera los demonios, ciertamente ha llegado a vosotros el reino de Dios».

El Señor cumplió Su ministerio bajo el poder del Espíritu que le había sido profetizado.

9. EN EL MINISTERIO DE CRISTO

Durante todo el tiempo del ministerio de Cristo en la tierra Él ministró bajo el poder del Espíritu:

A. El ministerio del Espíritu en la vida de nuestro Señor estaba relacionado con Su llamado como Profeta

En el inicio de su ministerio público, Él declaró que el Espíritu de Jehová estaba sobre Él para proclamar el año favorable del Señor como profeta, citando como ya vimos el cumplimiento de Isaías 61 en la sinagoga de Nazaret en Lucas 4:18 que es la misma Escritura. Como profeta de Dios, Él hablo las palabras de Dios en el Espíritu, conforme a Juan 3:34 que dice: «Porque el que Dios envió, las palabras de Dios habla; pues Dios no da el Espíritu por medida».

B. El ministerio del Espíritu le dio poder para que realizara algunos de Sus milagros

Incuestionablemente algunos de los milagros de Cristo fueron hechos por el poder del Espíritu. Uno de los casos fue el que los escribas y fariseos lo acusaron de echar fuera demonios por el poder del diablo, resultando así en el pecado contra el Espíritu Santo, pues esto Él hacía en el poder del Espíritu. Mateo 12:31 dice: «Por tanto os digo: Todo pecado y blasfemia será perdonado a los hombres; mas la blasfemia contra el Espíritu no les será perdonada».

Él también dio vista a los ciegos porque el Espíritu estaba sobre Él. En el Antiguo Testamento, dar vista a los ciegos era una prerrogativa de Dios solamente, pues Éxodo 4:11 cita: «Y Jehová le respondió: ¿Quién dio la boca al hombre? ¿O quién hizo al mudo y al sordo, al que ve y al ciego? ¿No soy yo Jehová?», y el Salmo 146:8 de igual manera expresa: «Jehová abre los ojos a los ciegos...».

Esto era algo que el Mesías haría, lo cual había sido profetizado en Isaías 29:18 que afirma: «En aquel tiempo los sordos oirás las palabras del libro, y los ojos de los ciegos verán en medio de la oscuridad y de las tinieblas», también Isaías 35:5 «Entonces los ojos de los ciegos serán abiertos...», e Isaías 42:7 «Para que abras los ojos de los ciegos...».

Cuando el Señor Jesús restauró los ojos de los ciegos Él estaba dejando claro que Él era el tan esperado Mesías de Israel, y que Él estaba cumpliendo las Escrituras y sus profecías.

En todo el Antiguo Testamento no hay registro de alguna persona ciega que recibió sanidad. Ninguno de los discípulos de Cristo nunca restauró la vista a alguien. Solamente Ananías cuando oró por Pablo para que éste recibiera la vista nuevamente, pero esto es diferente pues Cristo sanó a aquellos que NUNCA habían visto antes. Por esto cuando Cristo vino, estos milagros le daban a Él la autoridad para que dijera que sí era el Mesías de Israel, de acuerdo a lo que estaba escrito de Él en las palabras de los profetas.

Más milagros de Cristo en esta categoría están registrados más que ningún otro en los evangelios.

Mateo registra la sanidad de dos ciegos en particular, Mateo 9:27,30 «Pasando Jesús de allí, le siguieron dos ciegos…y los ojos de ellos fueron abiertos…». La sanidad general de los ciegos, Mateo 11:5 «Los ciegos ven…». La sanidad del ciego que dio pie al pecado imperdonable en contra del Espíritu Santo, Mateo 12:22 «Entonces fue traído a él un endemoniado, ciego y mudo; y le sanó, de tal manera que el ciego y mudo veía y hablaba». Un gran número de ciegos que recibieron la cura, Mateo 15:30 «Y se acercó mucha gente que traía consigo a cojos, ciegos, mudos, mancos, y otros muchos enfermos; y los pusieron a los pies de Jesús, y los sanó», y la sanidad del ciego en el domingo de Palmas, Mateo 21:14 «Y vinieron a él en el templo ciegos y cojos, y los sanó».

Marcos registra la sanidad de un hombre en Betsaida, Marcos 8:22,25 «Vino luego a Betsaida; y le trajeron un ciego, y le rogaron que le tocase… luego le puso otra vez las manos sobre los ojos, y le hizo que mirase; y fue restablecido, y vio de lejos y claramente a todos».

Y la cura de Bartimeo en Jericó, Marcos 10:46,52 «Entonces vinieron a Jericó; y al salir de Jericó y una gran multitud, Bartimeo el ciego, hijo de Timeo, estaba sentado junto al camino mendigando. Y Jesús le dijo: Vete, tu fe te ha salvado. Y en seguida recobró la vista, y seguía a Jesús en el camino».

Esto también está registrado en Mateo y Lucas. Juan también relata la sanidad del hombre que había nacido ciego, Juan 9:6,7,10,11 «Dicho esto escupió en tierra, e hizo lodo con la saliva, y untó el lodo los ojos del ciego, y le dijo: Ve a lavarte en el estanque de Siloé (que traducido es,

Enviado). Fue entonces, y se lavó, y regreso viendo. Y redijeron: ¿Cómo te fueron abiertos los ojos? Respondiendo él dijo: Aquel hombre que se llama Jesús hizo lodo, me untó los ojos, y me dijo: Ve al Siloé y lávate; y fui y me lavé, y recibí la vista».

Todos estos milagros fueron hechos en el poder del Espíritu, confirmando que una de las características del Mesías es que cumpliría las profecías al sanar a los ciegos.

C. El ministerio del Espíritu sabía que Cristo haría algunos milagros por Su propio poder

Muchos de los milagros realizados por Cristo fueron hechos por el poder de Él mismo como el Dios-hombre, el Hijo de Dios. La mujer con el flujo de sangre fue sanada por Su propio poder, Marcos 5:30 «Luego Jesús, conociendo en sí mismo el poder que había salido de él, volviéndose a la multitud, dijo: ¿Quién ha tocado mis vestidos?»

La sanidad del paralítico que fue bajado desde el tejado por sus amigos es atribuido al poder del Señor, Lucas 5:17c «...y el poder del Señor estaba con él para sanar».

Las sanidades masivas de la multitud después de la elección de los discípulos fueron el resultado de Su propio poder como Hijo de Dios, Lucas 6:19 «Y toda la gente procuraba tocarle, porque poder salía de él y sanaba a todos».

Aquellos que vinieron a arrestarle en el jardín del Getsemaní, cayeron para atrás como resultado y demostración de Su propia Deidad y poder, Juan 18:6 «Cuando les dijo: Yo soy, retrocedieron, y cayeron a tierra».

Algunos teólogos dicen que realmente estos milagros son atribuidos a Cristo, pero que realmente fue el Espíritu que estaba en Él. Aunque esto puede ser cierto, parece que no es la manera correcta de interpretar estos versículos citados. Creo que es mejor decir que Él hizo algunos de los milagros en el poder del Espíritu, particularmente aquellos que daban evidencia de que Él era el Mesías, (como dar vista a los ciegos); y que Él hizo algunos milagros en Su propio poder como Hijo de Dios por medio de Su Deidad y autoridad que le fue conferida por el Padre. Los teólogos dicen que los demás milagros de Cristo al limpiar a los leprosos, sanar a cojos, sordos y mudos y levantar a los muertos, fueron obviamente hechos y compartidos tanto por Su propio poder como en la unción del Espíritu que estaba en Él. Yo particularmente creo que la interpretación de esto es abierta a todos, porque en realidad no hace ninguna diferencia a quien se atribuyan estos hechos. Lo importante es que estos milagros fueron realizados y trajeron la gloria y alabanza a Cristo y al Padre, además nunca hubo una separación entre Cristo y el Espíritu, porque los dos trabajaron juntos para llevar a cabo el cumplimiento de la Palabra.

D. El ministerio del Espíritu fue la guía y fuerza del cual Cristo llevó a cabo Su obra redentora

Lucas 4:14 «Y Jesús volvió en el poder del Espíritu a Galilea…».

Siempre Cristo caminó en la guía y fue dependiente del poder del Espíritu en Su ministerio.

10. EN LA MUERTE DE CRISTO

Hebreos 9:14 «¿Cuánto más la sangre de Cristo, el cual mediante el Espíritu eterno se ofreció a sí mismo sin mancha a Dios…».

El Señor se ofreció como sacrificio por nosotros en el poder del Espíritu. Usualmente esta Escritura es citada como evidencia de que nuestro Señor se ofreció a morir por medio del Espíritu. La evidencia que si es o no de esta manera que Él murió a través del Espíritu está igualmente dividida entre aquellos que creen que sí y otros que no, haciendo que una conclusión definitiva y final sea muy difícil.

Teológicamente yo creo que es razonable pensar que si el Espíritu tuvo un papel en el nacimiento, vida y ministerio de Cristo, es lógico pensar que Él también estaría presente y envuelto en la muerte del Señor. Sobre este versículo, algunos teólogos dicen que Cristo al entregarse en la cruz, esto no se refiere que Él lo hizo por el Espíritu Santo, sino que se refiere cuando dice «el espíritu eterno», como el espíritu de Cristo adentro de Él como persona. Otro versículo, 1 Pedro 3:18 dice: «Porque también Cristo padeció una sola vez por los pecados, el justo por los injustos, para llevarnos a Dios, siendo a la verdad muerto en la carne, pero vivificado en espíritu». Este versículo también parece que se refiere a otra acción de Cristo que sucedió en relación a su muerte. Mientras tanto, es creíble que este versículo se relacione en cuanto a la resurrección de Cristo y no a su muerte. Entonces ocurre un problema en la exégesis e interpretación del texto que da lugar entonces a una pregunta: ¿Qué quiere decir el «espíritu» y esto está relacionado directamente con el Espíritu Santo o con el «espíritu» eterno de Cristo mismo?

Si se refiere al Espíritu Santo, entonces la forma es instrumental, «por el Espíritu (Santo)», si es por el «eterno espíritu de Cristo», entonces es personal, refiriéndose propiamente a Cristo y Su espíritu humano y no el Espíritu Santo. Lo paralelo con la «carne» en 1 Pedro 3:18 dicen los teólogos, tal vez se refiere a la idea del «espíritu humano y de vida en Cristo». Aquí también la interpretación es abierta a todos. Pero creo que Hebreos 9:14 se refiere al Espíritu Santo, pues es obvio decir que si Él estuvo en todas las áreas y etapas de la vida de Cristo, Él también debería estar y estuvo en la muerte de nuestro Señor y Salvador Jesucristo, porque dice que el Espíritu estaría siempre con Él. Por lo tanto, es correcto creer que en el momento de Su sufrimiento y muerte, el Espíritu no le dejó sino que estuvo con Él hasta el fin.

11. EN LA RESURRECCIÓN DE CRISTO

Romanos 8:11 «Y si el Espíritu de aquel que levantó de los muertos a Jesús mora en vosotros, el que levantó de los muertos a Cristo Jesús vivificará también vuestros cuerpos mortales por su Espíritu que mora en vosotros».

Fue el poder del Espíritu que le resucitó de la muerte. Jesucristo fue levantado de los muertos por la coordinación del Dios Trino, por lo tanto el Espíritu Santo tuvo una parte prominente en la resurrección.

Romanos 1:4 dice: «Que fue declarado Hijo de Dios con poder, según el Espíritu de santidad, por la resurrección de entre los muertos». Pero, nuevamente, algunos sostienen que este versículo no se refiere al Espíritu Santo y que Él no tuvo parte en la resurrección de Cristo. Aquí otra vez encontramos algunas dificultades en la exégesis y en la interpretación del versículo. La primera consiste en la identificación del «espíritu de santidad». En Romanos 1:3 leemos: «Acerca de su Hijo, nuestro Señor Jesucristo, que era del linaje de David, según la carne», esto es argumentado que se refiere al propio espíritu de santidad de Cristo, y no del Espíritu Santo.

El segundo problema concierne a la pregunta: ¿a qué resurrección se está refiriendo el texto? Literalmente el versículo dice: «resurrección de entre los muertos», plural, «muertos», por lo tanto esto puede referirse a cuatro cosas: (A) La resurrección de Cristo entre personas muertas, (B) las resurrecciones que Él hizo a algunas personas durante Su ministerio; (C) se refiere a Su propia resurrección, o (D) se refiere a todas estas opciones…

Otra vez las interpretaciones están abiertas al que quiera interpretar a su manera, pero yo creo que se refiere al Espíritu de santidad haciendo referencia al Espíritu Santo, porque bien pudiera haber sido dicho «según el Espíritu Santo» en lugar de «según el Espíritu de santidad», porque el Espíritu ya es Santo y se está refiriendo a Su santidad, que es lo mismo.

¿Acaso Espíritu de santidad y Espíritu Santo no se refiere aquí a lo mismo? Además, recuerde que la palabra «Espíritu» está en letra mayúscula refiriéndose al Espíritu Santo y no «espíritu» al referirse al espíritu humano. Y aún más, la prueba irrefutable de Romanos 8:11 «Y si el Espíritu de aquel que levantó de los muertos a Jesús...».

Por lo tanto, creemos y estamos ciertos sin sombras de dudas, que el glorioso Espíritu Santo tuvo una parte real y poderosa en la resurrección de Cristo. (Ver también: Juan 5:21, Hechos 2:24, 3:15, Romanos 4:24, 1 Corintios 6:14, 2 Corintios 4:14, Efesios 1:19,20, Colosenses 2:12, Hebreos 13:20, y 1 Pedro 1:21).

12. EN EL ÚLTIMO MANDAMIENTO DE CRISTO ANTES DE SU ASCENSIÓN

Hechos 1:1,2 «En el primer tratado, oh Teófilo, hablé acerca de todas las cosas que Jesús comenzó a hacer y a enseñar, hasta el día que fue recibido arriba, después de haber dado mandamiento por el Espíritu Santo a los apóstoles que había escogido».

Fue por el Espíritu Santo que Cristo habló Sus últimas palabras antes de subir a los cielos.

Jesucristo continuó bajo la dirección del Espíritu aún después de Su resurrección, y terminó la obra que el Padre le dio para cumplir bajo el poder del Espíritu y después subió y se sentó a la diestra de la Majestad en los cielos.

13. EN EL BAUTIZAR DEL ESPÍRITU SANTO POR MEDIO DE CRISTO.

Hechos 2:33 «Así que, exaltado por la diestra de Dios, y habiendo recibido del Padre la promesa del Espíritu Santo, ha derramado esto que vosotros veis y oís».

Es Cristo, que después de ascender a los cielos, bautizó en el Espíritu Santo a los discípulos en el aposento alto. El Espíritu Santo vino en el día del Pentecostés como el resultado del cumplimiento de la promesa en que Él enviaría de Su Espíritu a los discípulos.

Como podemos ver, durante toda la vida de Cristo, desde Su nacimiento hasta Su muerte y resurrección, y aún después que el Espíritu lo levantó de la muerte, el Espíritu Santo estuvo activo, Su presencia fue real, palpante y viviente en todas las áreas de la vida y ministerio de nuestro Señor. Es imposible separar la actuación, el mover y la manifestación del Espíritu en la vida y ministerio de Cristo. La actuación desde el nacimiento milagroso de Cristo y durante toda Su vida, el hacer durante el ministerio de Cristo moviéndose y realizando juntamente con el Señor grandes milagros en demostración de la unción, y la manifestación del Espíritu con poder en la muerte y resurrección de Cristo.

En resumen, el Espíritu estuvo en todas las áreas de la vida y del ministerio de Cristo. Lo concibió, lo protegió de Herodes, avisó a José en sueños para que este fuera a Galilea, reveló Su carácter mesiánico a Simeón, estuvo presente en el desarrollo de Su niñez, lo bautizó en el río Jordán en forma de paloma, estuvo en todo Su ministerio, lo ungió, lo selló, lo llenó, lo revistió de poder al hacer los grandes milagros, lo guió, lo condujo, estuvo con Él en Su muerte al ofrecerse en sacrificio, estuvo en Su resurrección, y aun dio mandamientos por boca de Cristo antes de Su ascensión. Después por medio del Señor bautizó a los discípulos en el Aposento Alto y lo hace aún hoy en nuestros días.

Si Cristo, siendo el Hijo del Dios viviente, necesitó de la actuación, el mover y la manifestación del Espíritu, y de Su asistencia, nos cabe como cristianos hacernos esta pregunta: ¿Cuánto necesitamos nosotros, creyentes y ministros, del Espíritu? Respuesta: Sin Él no podemos jamás vivir vidas espirituales victoriosas y santas y nunca podremos experimentar la unción, el poder y la llenura de gozo y autoridad que solamente el Espíritu nos puede proporcionar. Por esto debemos decir aún más: «Espíritu Santo, quiero conocer más de ti».

La convicción del Espíritu Santo en la conversión del pecador

En Santiago 5:20 está escrito: «Sepa que el que haga volver al **pecador** del error de su camino, salvará de muerte su alma, y cubrirá multitud de pecados».

La palabra **«pecador»** aquí en el griego es **«hamartolos»**, que se refiere a un término del arquero cuando le yerra al blanco, o de un viajero que se sale del camino con el que está familiarizado y se va por senderos torcidos, lo cual le hace perder la senda correcta. La palabra se refiere a uno que conscientemente se dedica a pecar, a un trasgresor cuyos pensamientos, palabras y obras son contrarios a las leyes eternas de Dios en Su Palabra.

La naturaleza humana del hombre

Toda persona que nace en este mundo, cuando crece y tiene razón y conciencia del bien y del mal, y ya es apta para discernir y optar entre el Reino de Dios y de Cristo o el reino de las tinieblas y del diablo, necesita reconocer que es «pecador» o «pecadora»; que está separada de Dios y que necesita de un Salvador, Jesucristo.

La manera en que esta persona viene al Señor es por medio de la convicción del Espíritu Santo que opera en su corazón, llevándola a la conversión al oír la Palabra de Dios, sea predicada o leída.

Para entender mejor esta necesidad de salvación que tiene el pecador, les diré que la naturaleza del hombre está compuesta de cuerpo, alma y espíritu, conforme a 1 Tesalonicenses 5:23 que dice: «Y el mismo Dios de paz os santifique por completo, y todo vuestro ser, espíritu, alma y cuerpo, sea guardado irreprensible para la venida de nuestro Señor Jesucristo». Tanto el alma como el espíritu se ponen en contraste con el cuerpo, significando el componente incorpóreo del hombre. Sin embargo hay una distinción entre el alma y el espíritu, aunque muchos la consideran una sola cosa.

Nuestro cuerpo físico se compone de muchas partes, de huesos, arterias, venas y todo esto está cubierto de carne. Allí reside nuestra sexualidad para el placer y la reproducción como Dios lo diseñó. Los sentidos del cuerpo son la vista, el oído, el gusto, el olfato y el tacto. El alma es la sede de nuestras metas, acciones y está compuesta de mente, voluntad, intelecto y emociones, sean ellas sentimientos de alegría o tristeza. El espíritu del hombre es donde se centraliza su aliento de vida y es también considerado la sede de nuestra comprensión, intuición, creatividad, motivación, sensibilidad espiritual, rectitud, integridad, hechos, objetivos, blancos, planes y decisiones. Con frecuencia se emplea el término alma para expresar la parte inmortal del ser humano, y en ocasiones se usa para denotar la persona, como en Génesis 46:26 que cita. «Todas las personas…, (en hebreo es «**nephesh**» que es igual a «**alma**») que vinieron con Jacob a Egipto…fueron sesenta y seis» y 1 Pedro 3:20 «…ocho almas, (en griego es «**psuché**») fueron salvadas por agua… en el arca» y Ezequiel 18:4,20 «El alma que pecare, esa morirá».

Por lo tanto el cuerpo muere, el aliento de vida termina, pero el espíritu y el alma son eternos y vivirán sea en uno de los dos lugares eternamente, sea en el cielo con Dios, Cristo y el Espíritu Santo o en el infierno y más tarde en el lago de fuego con el diablo y sus demonios.

La elección es de cada persona al oír el evangelio. Es su decisión dejar el Espíritu hablar a su corazón, aceptar a Cristo, arrepentir y confesar sus pecados y ser salvo para siempre, o rechazar voluntariamente la voz de Dios por medio de Su Espíritu y perderse por la eternidad.

Ya se ha indicado antes, el término hebreo generalmente traducido como «alma» es «**nephesh**», y muchas veces se traduce por «vida», como en Jonás 1:14 «No perezcamos por la vida (alma) de este hombre».

En el Nuevo Testamento, el termino «**psuché**», también mencionado antes, se usa tanto para indicar la vida como el alma en Mateo 16:25,26

«Porque todo el que quiera salvar su vida, la perderá; y todo el que pierda su vida por causa de mí, la hallará. Porque ¿qué aprovecha al hombre, si ganare todo el mundo, y perdiere su alma? ¿o qué recompensa dará el hombre por su alma?».

LA NATURALEZA ESPIRITUAL DEL HOMBRE

El alma, cuando se la distingue del espíritu, lo es como el asiento de los apetitos y deseos internos de una persona. En Lucas 12:19,20 el rico dijo: «Y diré a mi alma: Alma, muchos bienes tienes guardados para muchos años; repósate, come, bebe, regocíjate. Pero Dios le dijo: Necio, esta noche vienen a pedirte tu alma, y lo que has provisto, ¿de quién será?».

La salvación del alma no puede ser separada de la salvación de la persona, pues el alma está dentro de cada ser humano. El alma y el espíritu constituyen la característica más elevada del hombre, que marca la individualidad consciente, lo que hace una gran diferencia entre él y los animales.

Dios sopló en la nariz del hombre el aliento de vida, y éste fue puesto en relación con Dios; no puede ser feliz integralmente separado de Él, ni en su existencia presente ni en la eternidad. Los términos usados son el hebreo «**ruach**» y el griego «**pneuma**», y son los mismos que se usan constantemente para denotar el Espíritu de Dios o el Espíritu Santo, y los ángeles como «espíritus», así como los «espíritus» malos.

La Escritura dice en Hebreos 4:12 «Porque la Palabra de Dios es viva y eficaz y más cortante que toda espada de dos filos; y penetra hasta el partir el alma y el espíritu, las coyunturas y los tuétanos y discierne los pensamientos y las intenciones del corazón».

Aunque no sea fácil para el hombre ver y discernir esta división, está claro bíblicamente que hay una división entre el alma y el espíritu, y que ambos —aun los pensamientos— necesitan del poder regenerador de Cristo por medio de Su Palabra, el santo evangelio de Dios. De allí la necesidad de la conversión del pecador.

LA CONVICCIÓN DEL ESPÍRITU

La palabra griega «**elenco**» significa (a) «convencer», «redargüir», «poner en evidencia», «reprender», Mateo 18:15. Aquí se aprecia que el término significa más que el simple hecho de exponer al ofensor su falta.

Se usa para convencer de pecado, Juan 8:46 y 16:8; con respecto a los que contradicen la fe, Tito 1:9; de transgresores de la Ley y de ser «convictos» Santiago 2:9; algunos textos tienen el verbo en Juan 8:9; (b) reprender, 1 Corintios 14:24: de ser «convencido», porque aquí se considera al incrédulo como quedando reprendido por, o convencido de su estado pecaminoso; igualmente en Lucas 3:19; se usa para reprender por obras que quedan al descubierto, Juan 3:20; Efesios 5:11,13; 1 Timoteo 5:20; 2 Timoteo 4:2; Tito 1:13; 2:15.

Todos estos pasajes hablan de reprensión de palabra. En Hebreos 12:5 y Apocalipsis 3:19, se usa este verbo de reprobar con hechos. La palabra griega para «conversión» o «convertir», es «**epistrofe**», que es un giro en derredor, conversión. Se halla en Hechos 15:3. Esta palabra implica volverse de y volverse hacia. Correspondiendo a ambos conceptos se hallan el arrepentimiento y la fe; «os convertisteis de los ídolos a Dios», 1 Tesalonicenses 1:9.

La gracia divina es la causa eficiente; la agencia humana es el efecto de respuesta. El verbo «**ginomai**» se traduce «se convertirá» en Juan 16:20, al pasar de la tristeza al gozo. La palabra «**strefo**» es volver. Se traduce «se conviertan» en Juan 12:40; Apocalipsis 11:6: que es «convertir». La otra palabra «**epistrefo**» es volverse. Se utiliza transitivamente, y así se traduce «convertir» (hacer que una persona se vuelva) en Santiago 5:19,20. En otros pasajes en los que aparece en la voz media, se traduce «os volvéis», y como «convertirse» en los siguientes pasajes, «se conviertan», Mateo 13:15; Marcos 4:12; Lucas 1:16; Juan 12:40; Hechos 26:18; 28:27 y 2 Corintios 3:16; con el imperativo «convertíos», Hechos 3:19; con otras formas se traduce en Hechos 9:35: «se convirtieron»; 11:21: «se convirtió»; 14:15: «os convirtáis»; 15:19: «se convierten»; 26:20: «se convirtiesen»; «os convertisteis» en 1 Tesalonicenses 1:9.

También la palabra «**apostrefo**» es apartarse. De igual manera «**metastrefo**» significa, en la voz pasiva, ser vuelto (de un cambio a algo diferente), en Hechos 2:20 y Santiago 4:9, traducido respectivamente «se convertirá» y «se convierta». Igualmente «**metatithemi**» es cambiar. Se traduce «convierten la gracia de Dios» en Judas 4. También está «**metatrepo**» y Santiago 4:9 y «**poieo**» que se traduce «convertir», del milagro del Señor de convertir el agua en vino en Caná de Galilea, Juan 4:46.

Entonces el pecador al abrir su corazón a la Palabra, tiene «convicción», que es el vocablo «**elencos**» relacionado con «**elenco**» que es «convicto», y se traduce «redargüir» en 2 Timoteo 3:16 «para represión», y como «convicción» en Hebreos 11:1. Y por último está «**exelenco**» que es dejar totalmente convicto. Se usa de la futura convicción de los impíos por parte del Señor, Judas 15.

LA OPERACIÓN DEL ESPÍRITU EN EL CORAZÓN DEL HOMBRE

El pecador al oír la Palabra, tiene libre albedrío. Gracias a esta condición puede abrir su corazón y su mente, y permitir la convicción del Espíritu en su alma al sentir y reconocer su necesidad de un Salvador, Cristo el Señor. Por lo tanto:

1. EL ESPÍRITU SANTO CONTIENDE CON EL HOMBRE

Génesis 6:3 dice: «Y dijo Jehová: No contenderá mi espíritu con el hombre para siempre...».

El principal trabajo del Espíritu Santo en relación a los no salvos es el de tracr convicción de pecado a sus corazones. Pero hay una distinción que necesita hacerse entre la convicción de la conciencia, que es la voz interna de Dios, y la convicción del Espíritu Santo. La conciencia convence de algo que está naturalmente equivocado, en el nivel del intelecto, pero el Espíritu convence algo de carácter espiritual, al nivel del espíritu del hombre. Podríamos ilustrar y decir que la conciencia se relaciona con algo que alguien hizo, y por lo tanto ahora se encuentra en una corte con el juez, delante del jurado y sus testigos. Todo este sistema de justicia está relacionado con la equivocación cometida, y siendo así la persona debe pagar por la consecuencia de sus actos. No hay escapatoria, si bien se trata del nivel natural. Pero en el nivel espiritual, el Espíritu Santo trae convicción, y al mismo tiempo que convence a esta persona de su transgresión trayendo luz y revelación al espíritu y alma, muestra la solución del problema y la salida por medio de Cristo, llevándola a la conversión.

El Espíritu contiende, argumenta, busca el hombre para librarle de perderse eternamente sin Dios. Esta convicción se hace por medio de instrumentos humanos, de personas que Dios desea usar. En el Antiguo Testamento fue por medio de Noé, Moisés, los sacerdotes, los profetas y de otras personas que Dios decidió usarlos por medio de Su Espíritu para convencer a otros del mal. En el Nuevo Testamento el Señor usó a Su Hijo Jesucristo, después a Sus discípulos, los apóstoles. Hoy Él usa a los pastores, evangelistas, misioneros y aun algunos verdaderos profetas para alertar y avisar del futuro juicio de Dios que vendrá a la humanidad. También el Señor usa a Su Iglesia, y aquellos que no son ministros; aquellos individuos que hablan de Cristo a sus familiares, amigos, en sus trabajos, en sus escuelas, en sus vecindarios y comunidades, y a todo aquel que necesita oír de la Palabra. Dios los usa por el ejemplo que representan, sus testimonios e influencia íntegra y cristiana de sus vidas, usa sus palabras para llevar al pecador al arrepentimiento sacándole de la iniquidad y trayéndole la convicción del pecado a través del Espíritu Santo.

Todo ser humano sin Cristo está muerto en sus pecados, de acuerdo a Efesios 2:1,5,8,9 que dice: «Y él os dio vida a vosotros, cuando estabais muertos en vuestros delitos y pecados... aun estando nosotros muertos en pecados, nos dio vida juntamente con Cristo (por gracia sois salvos). Porque por gracia sois salvos por medio de la fe; y esto no de vosotros, pues es don de Dios; no por obras, para que nadie se gloríe».

Está claro aquí que el pecador no es salvo por algo que él hace, alguna obra buena o sacrificio propio, sino por la gracia y la misericordia de Dios, ya que es solamente por medio del sacrificio de Cristo en el Calvario que el pecador es salvo cuando se arrepiente y confiesa sus pecados y acepta a Cristo como su Señor y único salvador.

2. EL ESPÍRITU SANTO DA TESTIMONIO ACERCA DE CRISTO AL HOMBRE

Juan 15:26 «Pero cuando venga el Consolador, a quien yo os enviaré del Padre, el espíritu de verdad, el cual procede del Padre, él dará testimonio acerca de mí».

Hechos 5:30-32 «El Dios de nuestros padres levantó a Jesús, a quien vosotros matasteis colgándole de un madero. A éste, Dios ha exaltado con su diestra por Príncipe y Salvador, para dar a Israel arrepentimiento y perdón de pecados. Nosotros somos testigos suyos de estas cosas, y también el Espíritu Santo, el cual ha dado Dios a los que le obedecen».

El Espíritu testifica al corazón del creyente por medio de la verdad en relación a Jesucristo que dijo: «Yo soy el camino, y la verdad y la vida...», Juan 14:6.

3. EL ESPÍRITU SANTO TRAE CONVICCIÓN Y CONVENCE DE PECADO AL HOMBRE

Juan 16:7-11 «Pero yo os digo la verdad: Os conviene que yo me vaya; porque si no me fuera, el Consolador no vendría a vosotros; mas si me fuere, os lo enviaré. Y cuando él venga, convencerá al mundo de pecado, de justicia y de juicio. De pecado, por cuanto no creen en mí; de justicia, por cuanto voy al Padre, y no me veréis más; y de juicio, por cuanto el príncipe de este mundo ha sido ya juzgado».

La primera obra del Espíritu según Cristo en el hombre es redargüirle y convencerle de pecado, y no solamente convencerle sino convertirle. De hecho una persona no está perdida porque es pecadora, sino porque siendo pecadora voluntariamente rechaza la expiación de Cristo en la cruz y no lo recibe a Cristo como Su Señor y Salvador, conforme Juan 3:18,36: «El que en él cree, no es condenado; pero el que no cree, ya ha sido condenado, porque no ha creído en el nombre del unigénito Hijo de Dios. El que cree en el Hijo tiene vida eterna; pero el que rehúsa creer en el Hijo no verá la vida, sino que la ira de Dios está sobre él».

Aquí el Espíritu trae convicción no solamente a aquel que ha quebrantado la ley divina de Dios, sino también aquellos que no han creído. Hechos 2:36 dice: «Sepa, pues, sépalo bien toda la casa de Israel, que a este Jesús a quien vosotros crucificasteis, Dios le ha hecho Señor y Cristo».

Todo pecado tiene su raíz en no creer a Cristo, desobedecer a Dios y a Su Palabra. La desobediencia está arraigada en el corazón del hombre desde su nacimiento. La forma más agravante de incredulidad es el rechazo de la persona por Cristo. Y es allí que, cuando el pecador oye la Palabra de Dios, el Espíritu trae convicción a su corazón y también a su conciencia, convenciéndole de pecado y llevándole a Cristo.

El Espíritu convence el mundo de la justicia personal de Cristo, que envuelve la veracidad de lo que el Señor dijo que Él era, que es atribuido a que Él regresó al Padre, conforme lo que Hechos 2:33 cita: «Así que, exaltado por la diestra de Dios, y habiendo recibido del Padre la promesa del Espíritu Santo, ha derramado esto que vosotros veis y oís». La convicción del Espíritu lleva a la persona a sentir necesidad del Salvador, y a sentir culpa espiritual, la cual es removida al momento que el pecador recibe a Cristo como su Señor y Salvador personal.

También el Espíritu convence de una justicia que Cristo recibió para dar a cada persona que viene a Él, tornándola justificada, esto es, como si nunca hubiera pecado antes. Romanos 5:1 afirma: «Justificados, pues, por la fe, tenemos paz para con Dios por medio de nuestro Señor Jesucristo». El Espíritu también convence al mundo del juicio que ya es un hecho seguro en relación al diablo. Todo el juicio contra el demonio y sus ángeles ya son finales y definitivos. Este juicio contra Satán fue hecho victoriosamente por Cristo en la cruz y él fue derrotado eternamente por la Sangre de Cristo. Este juicio que ya está hecho, junto con el juicio de aquellos que eligen estar aliados con el príncipe de las tinieblas, confirma que serán condenados por la eternidad en el día del juicio final de acuerdo a las Escrituras.

Así que en estas tres etapas, la del pecado, la de justicia y la del juicio, el Espíritu glorifica al Señor Jesús testificando que Él es justo, recto y verdadero. Por lo tanto el Espíritu nos muestra que el pecado de la incredulidad, no creer en Cristo, revela a nosotros la justicia de Cristo y finalmente deja claro la victoria final de Cristo sobre Satanás y sus ángeles caídos.

Nuestro trabajo entonces como cristianos y ministros es solamente predicar la verdad de la Palabra, creyendo que el Espíritu Santo traerá convicción y convencerá al pecador de su rebelión, pecado y desobediencia, como está escrito en Hechos 2:37 «Al oír esto, se compungieron de corazón, y dijeron a Pedro y a los otros apóstoles: Varones hermanos, ¿qué haremos?».

Por la verdad de las Escrituras el Espíritu convence trayendo Su convicción al corazón del hombre y llevándole a ser salvo.

4. EL ESPÍRITU SANTO REVELA LA VERDAD AL CORAZÓN DEL HOMBRE

Juan 14:17 «El Espíritu de verdad…».

Juan 16:13 «Pero cuando venga el Espíritu de verdad, él os guiará a toda verdad…».

La verdad absoluta es Cristo y fuera de Él no hay verdad. El Espíritu trae la culpa al corazón de la persona, porque la convicción viene antes de la conversión. Así, hay quienes se salvan después de oír la Palabra y también desafortunadamente otros que se pierden, porque después de tener el privilegio de oír la poderosa Palabra de Dios, rechazan a Cristo, según está escrito en 1 Corintios 1:18 que afirma: «Porque la palabra de la cruz es locura a los que se pierden; pero a los que se salvan, esto es, a nosotros, es poder de Dios».

5. EL ESPÍRITU SANTO REVELA A CRISTO A LA MENTE DEL HOMBRE

Juan 16:14 «Él me glorificará; porque tomará de lo mío, y os lo hará saber».

Efesios 4:23 «Y renovaos en el espíritu de vuestra mente».

Romanos 12:2 «No os conforméis a este siglo, sino transformaos por medio de la renovación de vuestro entendimiento (vuestra mente)...».

La corrección del Espíritu viene antes del consuelo que se encuentra en Cristo, pues el Espíritu habla a la mente, al intelecto del individuo trayéndole convicción y culpa, de allí lo lleva al arrepentimiento, tanto intelectual, como espiritual.

6. EL ESPÍRITU SANTO REVELA A CRISTO EN EL ESPÍRITU DEL HOMBRE

Salmo 51:10 «Crea en mí, oh Dios, un corazón limpio, y renueva un espíritu recto dentro de mí».

El espíritu y el alma del hombre reciben la Palabra y el corazón hace la decisión. La mente reconoce intelectualmente, pero la conversión viene por la convicción del Espíritu al convencer todo el ser de una persona que esta es pecadora y que necesita a Cristo.

7. EL ESPÍRITU SANTO INVITA A LA SALVACIÓN AL HOMBRE

Apocalipsis 22:17 «Y el Espíritu y la Esposa dicen: Ven. Y el que oye, diga: Ven. Y el que tiene sed, venga; y el que quiera, tome del agua de la vida gratuitamente».

Nadie está demasiado lejos del Espíritu Santo. Cuando la persona acepta esta invitación, la salvación tiene lugar en su corazón, pero es con su boca que el tal confiesa que Cristo es el Señor. Nadie en la faz de la tierra que se pierda después de oír el evangelio, jamás podrá decir que Cristo no le dio una oportunidad. Al contrario, el Señor le dio, quizás varias, pero esta persona no quiso arrepentirse de sus pecados y aceptar la tan grandiosa salvación eterna ofrecida en la Palabra de Dios por medio de Cristo y de Su sacrificio en la cruz del calvario.

8. EL ESPÍRITU SANTO TESTIFICA DE LA SALVACIÓN AL HOMBRE

1 Juan 5:8-12 «Y tres son los que dan testimonio en la tierra: el Espíritu, el agua y la sangre; y estos tres concuerdan. Si recibimos le testimonio de los hombres, mayor es el testimonio de Dios; porque este es el testimonio con que Dios ha testificado acerca de su Hijo. El que cree en el Hijo de Dios, tiene el testimonio en sí mismo; el que no cree a Dios, le ha hecho mentiroso, porque no ha creído en el testimonio que Dios ha dado acerca de su Hijo. Y este es el testimonio que Dios nos ha dado vida eterna, y esta vida está en su Hijo. El que tiene al Hijo, tiene la vida; el que no tiene al Hijo de Dios no tiene la vida».

Cuando la persona oye un mensaje predicado con poder y unción, esta Palabra traerá convicción, porque es un mensaje basado en la cruz de Cristo y Su obra redentora, terminando con la resurrección poderosa del Señor. Esté seguro que este tipo de mensaje testificará de la salvación al corazón del pecador por medio del Espíritu Santo.

9. EL ESPÍRITU SANTO OPERA EL NUEVO NACIMIENTO EN EL HOMBRE

Juan 1:12,13 «Mas a todos los que le recibieron, a los que creen en su nombre, les dio potestad de ser hechos hijos de Dios: los cuales no son engendrados de sangre, ni de voluntad de varón, sino de Dios».

Juan 3:5-8 «Respondió Jesús: De cierto, de cierto te digo, que el que no naciere de agua y del Espíritu, no puede entrar en el reino de Dios. Lo que es nacido de la carne, carne es; y lo que es nacido del Espíritu, espíritu es. No te maravilles de que te dije: Os es necesario nacer de nuevo. El viento sopla de donde quiere, y oyes su sonido, mas ni sabes de dónde viene, ni a dónde va; así es todo aquel que es nacido del Espíritu».

Como Jesús fue concebido por el Espíritu Santo, también cada persona que le acepta por fe se torna un hijo de Dios, pero esto es hecho por medio del Espíritu Santo.

Nadie puede salvarse a sí mismo o por sí mismo. Solamente cuando la operación del Espíritu acontece en el corazón de la persona es que ella puede nacer de nuevo espiritualmente. La salvación no es por obras que nadie haya hecho, no es por medio de un santo ni de una imagen ni de cualquier persona que la ofrezca, ni en el nombre de nadie ni de ningún otro dios, excepto Cristo el Señor, pues escrito está como ya hemos visto que «por gracia que salvos por medio de la fe».

10. EL ESPÍRITU SANTO REGENERA AL HOMBRE

Tito 3:5 «Nos salvó, no por obras de justicia que nosotros hubiéramos hecho, sino por su misericordia, por el lavamiento de la regeneración y por la renovación en el Espíritu Santo».

Juan 6:63 «El espíritu es el que da vida; la carne para nada aprovecha; las palabras que yo he hablado son espíritu y vida».

1 Pedro 1:23 «Siendo renacidos, no de simiente corruptible, sino de incorruptible, por la palabra de Dios que vive y permanece para siempre».

Jesucristo en Su resurrección y ascensión, asumió Su papel como el dador de la vida a todo aquel que le reconoce como Señor, en términos específicos, a Su iglesia. El nuevo nacimiento o el acto regenerativo, por lo tanto, es Dios compartiendo Su naturaleza divina a nosotros, como dice en 2 Pedro 1:4 «Por medio de las cuales nos ha dado preciosas promesas, para que por ellas llegaseis a ser participantes de la naturaleza divina, habiendo huido de la corrupción que hay en el mundo a causa de la concupiscencia».

Al nosotros experimentar un cambio de naturaleza, recibimos una nueva naturaleza espiritual en Cristo y nos tornamos nuevas criaturas en el Señor, de acuerdo a lo que está escrito en 2 Corintios 5:17 «De modo que si alguno está en Cristo, nueva criatura es; las cosas viejas pasaron; he aquí todas son hechas nuevas».

Este nacimiento y regeneración espiritual no lo hace ningún sistema humano; solamente Cristo y Su Espíritu. Por lo tanto, es el glorioso Espíritu Santo que contiende con el hombre; da testimonio acerca de Cristo; trae convicción y convence de pecado; revela la verdad al corazón, a la mente y al espíritu humano; le invita a la salvación; testifica de la salvación; opera el nuevo nacimiento y finalmente regenera al hombre por medio de Su poder.

Nadie jamás podrá decir: «Cuando yo me convertí...». Teológicamente hablando es erróneo porque nadie puede convertirse solo y por sí mismo. La manera correcta de decirlo es: «Cuando el Espíritu Santo trajo convicción a mi corazón y me convenció del pecado, entonces abrí mi corazón y voluntariamente recibí a Cristo como mi Salvador y Señor. Al arrepentirme y confesar mis pecados a Él, y aceptándole por fe, nací de nuevo y fui regenerado para siempre por Su poder y por Su sangre bendita». Oh, amados, cuanto necesitamos del Espíritu de Dios... Por esto debemos decir aún más: «Espíritu Santo, quiero conocer más de ti».

El Espíritu convence al pecador

Cierta vez, sintiendo que no tendría mucho tiempo más de vida, una mujer que sufría de la enfermedad del Sida (Aids), llamó a un pastor para que pudiera confortarla. Al llegar a la casa de la enferma, el ministro del evangelio la encontró en completa desesperación. Dijo ella: «Yo estoy perdida, arruiné mi vida y la vida de los demás a mi alrededor. Estoy camino del infierno, excepto si existe alguna esperanza para mí».

El pastor entonces habló la Palabra del Señor con ética, respeto y mucha sabiduría. El Espíritu Santo empezó a traer convicción al corazón de esta pobre mujer y entre lágrimas se arrepintió y confesó sus pecados a Cristo y lo aceptó como su único Salvador y Señor. El Espíritu Santo trajo regeneración a esta persona y ella nació de nuevo y su alma fue salva. Después que hizo la oración del pecador y la repitió junto al pastor, él vio que en la mesita al lado de la lámpara, junto a la cama, estaba la foto de una bella joven. El pastor preguntó: ¿Quién es esta linda muchacha? «Es mi hija», contestó la mujer, «la única cosa buena que tuve y la alegría de mi vida».

Dijo el ministro: «Si ella hubiera cometido los mismos pecados que usted y también estuviera pasando por una dura prueba, ¿la perdonaría y continuaría amándola a pesar de todo?». La mujer respondió inmediatamente: «¡Claro que sí!».

Entonces el pastor le dijo: «Quiero que entienda, señora, que Dios también tiene la foto suya allá en el cielo, en marco, en Su mesita al lado de la lámpara…».

¡Alabado sea Dios! Así como esta mujer fue salva al abrir su corazón a Cristo y permitió que el Espíritu Santo trajera convicción a su vida y la llevara a la salvación, nosotros de igual manera fuimos salvos y regenerados por Cristo. ¡Aleluya!

En nuestras cruzadas aquí en los Estados Unidos y también alrededor del mundo, en más de 72 países de todos los continentes donde he predicado, hemos visto a miles de miles de miles de pecadores aceptar a Cristo en sus corazones, permitiendo la convicción del Espíritu Santo en sus mentes, almas y espíritus, y así traer sus vidas a Cristo.

Tenemos muchísimos ejemplos e ilustraciones que pudiéramos contar sobre personas que se convirtieron, pero el tiempo y el espacio no nos lo permiten. Pero tenemos que entender que solamente la operación del Espíritu, en el momento que la Palabra de Dios es predicada, puede traer la convicción al pecador y llevarle a la salvación eterna en el Señor Jesucristo. No hay otra manera. No hay pecador duro o empedernido que el Espíritu no penetre en su corazón si lo anhela. Pero, por otro lado, desafortunadamente, también hay aquellos que después de oír la Palabra de Dios, cierran sus mentes y corazones a la convicción del Espíritu y rechazan voluntaria y públicamente a Cristo, trayendo así condenación eterna a sus vidas, pues dieron las espaldas al ofrecimiento gratuito de la salvación y no valoraron la obra de expiación del Calvario y el gran sacrificio hecho por sus vidas. Nosotros también, los cristianos, necesitamos tener siempre el corazón abierto a la convicción del Espíritu Santo en todas las áreas de nuestras vidas para vivir vidas espirituales victoriosas.

La influencia y la inspiración del Espíritu Santo

En Isaías 33:6 está escrito: «Y reinarán en tus **tiempos** la sabiduría y la ciencia, y abundancia de salvación; el temor de Jehová será su tesoro». La palabra **«tiempos»,** aquí en el hebreo es **«et»**, que es «un tiempo en particular», «una temporada», «una era», «una ocasión», o algún «periodo de tiempo».

También puede significar los tiempos actuales o presentes. En contraste con **«olam»**, que denota lo ilimitado del tiempo, **«et»** se usa para describir un espacio reducido de tiempo. **«Et»** puede ser una temporada, tal como la pascua, la temporada de lluvias o de cosecha, (ver 2 Crónicas 35:17, Jeremías 51:33, Zacarías 10:1). Asimismo, podría referirse a una etapa de la vida, «el tiempo de la vejez», (Salmo 71:9). En el versículo 2 habla de «tiempo de tribulación», también puede ser «tiempo de angustia», «tiempo de amores», y el «tiempo es malo», (Salmo 37:39, Ezequiel 16:8, Amós 5:13).

"Et" se usa 290 veces. Aquí se habla de la fuerza que Dios dispensará a los creyentes, por medio del Espíritu Santo, aun en medio de los tiempos inciertos de la época actual. El Espíritu Santo, Su influencia e inspiración ha actuado siempre, en todos los tiempos, desde la creación y continuará por toda la eternidad. En todos los «tiempos particulares» en nuestras vidas el Espíritu Santo ha estado allí. Sea en una «temporada» de pruebas

y de crecimiento espiritual, el Espíritu siempre nos ha influenciado. En
«una era», en especial, el Espíritu Santo ha inspirado el área espiritual
de nuestra vida. En una «ocasión» específica, el Espíritu ha hablado profundamente en nuestro ser. En un «periodo de tiempo», de maduración
de nuestro carácter, el Espíritu Santo nos ha ayudado. En «tiempos de
tribulación», el Espíritu nos ha fortificado. En los «tiempos de angustia»,
el Espíritu Santo nos ha confortado. En los «tiempos malos», el Espíritu nos ha dado grandes promesas que el Señor no nos abandonará. En
los «tiempos actuales y presentes», el Espíritu Santo nos anima a seguir
victoriosamente adelante. En los «tiempos de bendición», el Espíritu nos
recuerda que Dios es bueno y que Él suplirá todas nuestras necesidades.
Y finalmente en el futuro «tiempo de la vejez» que vendrá a nosotros, el
Espíritu Santo nos dice que el Señor jamás nos dejará y nos acompañará
hasta el final de nuestra existencia. Todo esto es la gloriosa influencia e
inspiración del Espíritu Santo en nuestras vidas.

La palabra «inspirado» o «inspirar» es el adjetivo griego **«theop-
neustos»**, que es ser inspirado por Dios. **«Theos»** es Dios y **«pneo»** es
respirar. Se usa en 2 Timoteo 3:16, de las Escrituras en contraste a escritos no inspirados, donde se traduce «inspirada por Dios» o «inspirada
divinamente».

El verbo **«fero»** se traduce «siendo inspirados» en 2 Pedro 1:21. Significa que fueron «llevados», o «impelidos», por el poder del Espíritu Santo,
no actuando en conformidad con sus propias voluntades, ni expresando
sus propios pensamientos, sino siguiendo la mente de Dios en palabras
dadas y ministradas por Él.

¿EN QUÉ HA INFLUIDO E INSPIRADO EL ESPÍRITU?

De la misma manera, el Espíritu Santo influencia e inspira las obras de
Dios, desde el principio hasta hoy. Por lo tanto el Espíritu trajo y trae
influencia e inspiración en eventos desde el comienzo, tales como:

1. **El Espíritu es el Autor de la creación del universo y del hombre**
    Génesis 1:2 «...y el Espíritu de Dios se movía sobre la faz de las
    aguas».
    Job 26:13 «Su espíritu adornó los cielos, su mano creó la serpiente
    tortuosa».

Job 33:4 «El espíritu de Dios me hizo, y el soplo del Omnipotente me dio vida».

Salmo 33:6 «Por la palabra de Jehová fueron hechos los cielos, y todo el ejército de ellos por el aliento (espíritu) de su boca».

Salmo 104:30 «Envías tu Espíritu y son creados...».

2. El Espíritu revela los misterios de Dios

1 Corintios 2:11 «Así tampoco nadie conoció las cosas de Dios, sino el Espíritu de Dios».

3. El Espíritu revela los misterios de Cristo

Juan 16:14 «El me glorificará, porque tomará de lo mío, y os lo hará saber».

1 Corintios 12:3 «Por tanto, os hago saber que nadie que hable por el Espíritu de Dios llama anatema a Jesús; y nadie puede llamar a Jesús Señor, sino por el Espíritu Santo».

Efesios 3:4,5 «Leyendo lo cual podéis entender cuál sea mi conocimiento en el misterio de Cristo, misterio que en otras generaciones no se dio a conocer a los hijos de los hombres, como ahora es revelado a sus santos apóstoles y profetas por el Espíritu».

4. El Espíritu da testimonio de Cristo

Juan 15:26 «Pero cuando venga el Consolador, a quien yo os enviaré del Padre, el Espíritu de verdad, el cual procede del Padre, él dará testimonio acerca de mí».

Hechos 5:32 «Y nosotros somos testigos suyos de estas cosas, y también el Espíritu Santo, el cual ha dado Dios a los que le obedecen».

1 Juan 4:2 «En esto conoced el Espíritu de Dios: Todo espíritu que confiesa que Jesucristo ha venido en carne, es de Dios».

1 Juan 5:6 «Este es Jesucristo, que vino mediante agua y sangre; no mediante agua solamente, sino mediante agua y sangre. Y el Espíritu es el que da testimonio; porque el Espíritu es la verdad».

5. El Espíritu revela el porvenir

Lucas 2:26 «Y le había sido revelado por el Espíritu Santo, que no vería la muerte antes que viese al Ungido del Señor».

Juan 16:13c «...y os hará saber las cosas que habrán de venir».

Hechos 1:16 «Varones hermanos, era necesario que se cumpliese la Escritura en que el Espíritu Santo habló antes por boca de David...».

Hechos 11:28 «Y levantándose uno de ellos, llamado Agabo, daba a entender por el Espíritu que vendría una gran hambre en toda la tierra habitada; la cual sucedió en tiempo de Claudio».

Hechos 20:23 «Salvo que el Espíritu Santo por todas las ciudades me da testimonio, diciendo que me esperan prisiones y tribulaciones».

Hechos 21:11 «Quien viniendo a vernos, tomó el cinto de Pablo, y atándole los pies y las manos, dijo: Esto dice el Espíritu Santo: Así atarán los judíos en Jerusalén al varón de quien es este cinto, y le entregarán en manos de los gentiles».

1 Timoteo 4:1 «Pero el Espíritu dice claramente que en los postreros tiempos algunos apostatarán de la fe...».

1 Pedro 1:11 «Escudriñando qué persona y qué tiempo indicaba el Espíritu de Cristo que estaba en ellos, el cual anunciaba de antemano los sufrimientos de Cristo, y las glorias que vendrían tras ellos».

6. El Espíritu inspiró a los profetas

Números 11:25 «Entonces Jehová descendió en la nube, y le habló; y tomó del espíritu que estaba en él y lo puso en los setenta varones ancianos; y cuando posó sobre ellos el espíritu, profetizaron, y no cesaron».

1 Samuel 10:10 «Y cuando llegaron allá al collado, he aquí la compañía de los profetas que venía a encontrarse con él, y el Espíritu de Dios vino sobre él con poder, y profetizó entre ellos».

2 Samuel 23:2 «El Espíritu de Jehová ha hablado por mí, y su palabra ha estado en mi lengua».

Ezequiel 11:5 «Y vino sobre mí el Espíritu de Jehová y me dijo: Di: Así ha dicho Jehová Así habéis hablado oh casa de Israel...».

Hechos 19:6 «Y habiéndoles impuesto Pablo las manos, vino sobre ellos el Espíritu Santo; y hablaron en lenguas y profetizaban».

Hechos 28:25 «Y como no estuvieran de acuerdo entre si, al retirarse, les dijo Pablo esta palabra: Bien habló el Espíritu Santo por medio del profeta Isaías a nuestros padres...».

7. El Espíritu convence del pecado

Génesis 6:3 «Y dijo Jehová: No contenderá mi espíritu con el hombre para siempre...».

Nehemías 9:30 «Les soportaste por muchos años, y les testificaste con tu Espíritu por medio de tus profetas, pero no escucharon...».

Zacarías 7:12 «Y pusieron su corazón como diamante, para no oír la ley ni las palabras que Jehová de los ejércitos enviaba por su Espíritu...».

Juan 16:8 «Y cuando él venga (El Espíritu), convencerá al mundo de pecado, de justicia y de juicio».

Hechos 7:51 «¡Duros de cerviz, e incircuncisos de corazón y de oídos! Vosotros resistís siempre al Espíritu Santo; como vuestros padres, así también vosotros».

Gálatas 5:17 «Porque el deseo de la carne es contra el Espíritu, y el del Espíritu es contra la carne; y éstos se oponen entre sí...».

8. El Espíritu obra el arrepentimiento

Zacarías 12:10 «Y derramaré sobre la casa de David, y sobre los moradores de Jerusalén, espíritu de gracia (de arrepentimiento) y de oración; y mirarán a mí, a quien traspasaron, y llorarán como se llora por hijo unigénito, afligiéndose por él como quien se aflige por el primogénito».

9. El Espíritu obra el nuevo nacimiento

1 Samuel 10:6 «Entonces el Espíritu de Jehová vendrá sobre ti con poder... y serás mudado en otro hombre».

(Ver Juan 3:5,6 y Tito 3:5).

10. El Espíritu nos da victoria en nuestra vida espiritual

Ezequiel 37:14 «Y pondré mi Espíritu en vosotros, y viviréis...».

Romanos 8:13 «Porque si vivís conforme a la carne, moriréis; mas si por el Espíritu hacéis morir las obras de la carne, viviréis».

11. El Espíritu produce los nueve dones espirituales

1 Corintios 12:8-10 «Porque a éste es dada por el Espíritu palabra de sabiduría; a otro, palabra de ciencia según el mismo Espíritu; a otro, fe por el mismo Espíritu; y a otro dones de sanidades por el mismo Espíritu. A otro, el hacer milagros; a otro, profecía; a otro discernimiento de espíritus; a otro, diversos géneros de lenguas; y a otro, interpretación de lenguas».

12. El Espíritu santifica

Romanos 1:4 «Que fue declarado Hijo de Dios con poder, según el Espíritu de santidad...».

Romanos 15:16 «...para que los gentiles le sean ofrenda agradable, santificada por el Espíritu Santo».

1 Corintios 6:11 «Y esto erais algunos; mas ya habéis sido lavados, ya habéis sido santificados... en el nombre del Señor Jesús, y por el Espíritu de nuestro Dios».

1 Pedro 1:2 «Elegidos según la presciencia de Dios Padre en santificación del Espíritu...».

1 Pedro 1:22 «Habiendo purificado vuestras almas por la obediencia a la verdad mediante el Espíritu...».

13. El Espíritu nos revela todas las cosas

1 Corintios 2:10 «Pero Dios nos las reveló a nosotros por el Espíritu...».

14. El Espíritu escudriña y sabe todo

1 Corintios 2:10 «...porque el Espíritu todo lo escudriña, aun lo profundo de Dios».

15. El Espíritu enseña todas las cosas.

Juan 14:26 «Mas el Consolador, el Espíritu Santo, a quien el Padre enviará en mi nombre, él os enseñará todas las cosas...».

1 Corintios 2:13 «Lo cual también hablamos, no con palabras enseñadas por sabiduría humana, sino con las que enseña el Espíritu, acomodando lo espiritual a lo espiritual».

1 Juan 2:20,27 «Pero vosotros tenéis la unción del Santo, y conocéis todas las cosas...así como la unción misma os enseña todas las cosas... según ella os ha enseñado, permaneced en él».

16. El Espíritu nos recuerda las palabras de Cristo

Juan 14:26c «...y os recordará todo lo que yo os he dicho».

17. El Espíritu habita en los fieles

Juan 14:17 «El Espíritu de verdad... mora con vosotros y estará en vosotros".

Romanos 8:11 «Y si el Espíritu de aquel que levantó de los muertos a Jesús mora en vosotros...».

1 Corintios 3:16 «¿No sabéis que sois templo de Dios, y que el Espíritu de Dios mora en vosotros?».

1 Corintios 6:19 «¿O ignoráis que vuestro cuerpo es templo del Espíritu Santo, el cual está en vosotros, el cual tenéis de Dios, y que no sois vuestros».

2 Timoteo 1:14 «Guarda el buen depósito por el Espíritu Santo que mora en vosotros».

18. El Espíritu guía

Salmo 143:10 «Enséñame a hacer tu voluntad, porque tu eres mi Dios; tu buen espíritu me guíe a tierra de rectitud».

Juan 16:13 «Pero cuando venga el Espíritu de verdad, él os guiará a toda verdad...».

Romanos 8:14 «Porque todos los que son guiados por el Espíritu de Dios, éstos son hijos de Dios».

Gálatas 5:18 «Pero si sois guiados por el Espíritu, no estáis bajo la ley».

19. El Espíritu fortalece

Hechos 9:31 «Entonces las iglesias tenían paz por toda Judea, Galilea y Samaria; y eran edificadas, andando en el temor del Señor, y se acrecentaban fortalecidas por el Espíritu Santo».

20. El Espíritu comunica el amor de Dios

Romanos 5:5 «Porque el amor de Dios ha sido derramado en nuestros corazones por el Espíritu Santo que nos fue dado».

21. El Espíritu concede la justicia, la paz y el gozo

Hechos 8:39 «...y el eunuco no le vio más, y siguió gozoso su camino».

Hechos 13:52 «Y los discípulos estaban llenos de gozo y del Espíritu Santo».

Romanos 14:17 «Porque el reino de Dios no es comida ni bebida, sino justicia, paz y gozo en el Espíritu Santo».

Gálatas 5:22 «Mas el fruto del Espíritu es amor, gozo, paz...».

1 Tesalonicenses 1:6 «...recibiendo la palabra en medio de gran tribulación con gozo del Espíritu Santo».

22. El Espíritu produce la esperanza

Romanos 15:13 «Y el Dios de esperanza os llene de todo gozo y paz en el creer, para que abundéis en esperanza por el poder del Espíritu Santo».

Gálatas 5:5 «Pues nosotros por el Espíritu aguardamos por fe la esperanza de la justicia».

23. El Espíritu ayuda a los creyentes en la oración.

Romanos 8:26 «Y de igual manera el Espíritu nos ayuda en nuestra debilidad; pues que hemos de pedir como conviene, no lo sabemos, pero el Espíritu mismo intercede por nosotros con gemidos indecibles».

Efesios 6:18 «Orando en todo tiempo con toda oración y súplica en el Espíritu…».

24. El Espíritu da testimonio a los fieles de su adopción.

Romanos 8:16 «El Espíritu mismo da testimonio a nuestro espíritu, de que somos hijos de Dios».

Gálatas 4:6 «Y por cuanto sois hijos, Dios envió a vuestros corazones el Espíritu de su Hijo, el cual clama: ¡Abba, Padre!».

25. El Espíritu unge a los creyentes

1 Juan 2:20,27 «Pero vosotros tenéis la unción del Santo…pero la unción que vosotros recibisteis de él permanece en vosotros…».

26. El Espíritu nos ayuda a hablar

Marcos 13:11 «Pero cuando os trajeren para entregaros, no os preocupéis por lo que habéis de decir, ni lo penséis, sino lo que os fuere dado en aquella hora, eso hablad, porque no sois vosotros los que habláis, sino el Espíritu Santo».

27. El Espíritu nos inspira a hablar

2 Pedro 1:21 «…sino que los santos hombres de Dios hablaron siendo inspirados por el Espíritu Santo».

28. El Espíritu nos enseña a hablar

Lucas 12:12 «Porque el Espíritu Santo os enseñará en la misma hora lo que debáis decir».

29. El Espíritu nos deja saber lo que Dios nos ha concedido

1 Corintios 2:12 «Y nosotros no hemos recibido el espíritu del mundo, sino el Espíritu que proviene de Dios, para que sepamos lo que Dios nos ha concedido».

30. El Espíritu nos da a conocer lo que está dentro de nosotros

1 Corintios 2:11 «Porque ¿Quién de los hombres sabe las cosas del hombre, sino el espíritu del hombre que está en el?».

31. El Espíritu sella a los cristianos para la redención

Efesios 1:13 «...y habiendo creído en él, fuisteis sellados con el Espíritu Santo de la promesa».

Efesios 4:30 «Y no contristéis al Espíritu Santo de Dios, con el cual fuisteis sellados para el día de la redención».

Por lo tanto el Espíritu influye e inspira de varias maneras, tanto los hechos de la creación de Dios como individualmente nuestras vidas. Él estuvo presente en la creación del universo y del hombre; Él revela los misterios de Dios y de Cristo; da testimonio de Cristo; revela el futuro; inspiró a los profetas; convence de pecado; obra el arrepentimiento y el nuevo nacimiento; nos da victoria en nuestra vida espiritual; produce los nueve dones espirituales; nos santifica; nos revela las cosas; nos escudriña y todo sabe; nos enseña todas las cosas; nos recuerda las palabras de Cristo; habita en nosotros; nos guía; nos fortalece; nos concede el amor de Dios; nos da justicia, paz y gozo; produce esperanza; nos ayuda en la oración; nos da testimonio de nuestra adopción; nos unge; nos ayuda, nos inspira y nos enseña a hablar; nos deja saber lo que Dios nos ha concedido; sabe lo que está adentro de nosotros; y nos ha sellado para el día de la redención. Todo esto es la influencia y la inspiración grandiosa del Espíritu Santo en nuestras vidas.

LA INSPIRACIÓN E INFLUENCIA DEL ESPÍRITU EN NUESTRA ESPIRITUALIDAD

Para nosotros entender mejor la influencia y la inspiración del Espíritu Santo, debemos comprender la terminología del adjetivo de la palabra «**espiritual**» que en el griego es la palabra «**pneumatikos**» que siempre connota las ideas de invisibilidad y poder.

Esta palabra no aparece en los Evangelios. De hecho, es una palabra que se usa después de Pentecostés. En el NT se la encuentra de la siguiente manera: **(a)** las huestes angélicas, inferiores a Dios, pero más elevadas en la escala del ser que el hombre en su estado natural, son «huestes espirituales», Efesios 6:12; **(b)** las cosas que tienen su origen en Dios y que, por tanto, están en armonía con Su carácter, como lo está Su ley, son «espirituales», Romanos 7:14; **(c)** «espiritual» se prefija al tipo material a fin de indicar que significa lo que el tipo expone, no el tipo mismo, 1 Corintios 10:3,4; **(d)** los propósitos de Dios revelados en el evangelio por el Espíritu Santo, 1 Corintios 2:13, y las palabras en las que se expresa la revelación, son «espirituales» (v. 13), adecuando, o combinando las cosas espirituales con palabras espirituales o, alternativamente, «interpretando cosas espirituales a hombres espirituales», los «cánticos espirituales» son cánticos cuyo tema son las cosas reveladas por el Espíritu, Efesios 5:19; Colosenses 3:16; la «sabiduría y comprensión espiritual» son sabiduría en, y comprensión de, aquellas cosas, Colosenses 1:9; las personas en Cristo que caminan de forma que agraden a Dios son «espirituales», Gálatas 6:1; 1 Corintios 2:13, pues **reciben la influencia y la inspiración del Espíritu**; **(f)** toda la compañía de aquellos que creen en Cristo es una «casa espiritual», 1 Pedro 2:5; **(g)** las bendiciones que recaen sobre las personas regeneradas en este tiempo presente reciben el nombre de «espiritualidades», Romanos 15:27, 1 Corintios 9:11; «bendiciones espirituales», Efesios 1:3; «dones espirituales», Romanos 1:11; **(h)** las actividades de las personas regeneradas hacia Dios son «sacrificios espirituales», 1 Pedro 2:5; sus actividades designadas en las iglesias reciben también el nombre de «dones espirituales», que literalmente es «espiritualidades», 1 Corintios 12:1, 14:1; **(i)** el cuerpo de resurrección de los muertos en Cristo es «espiritual», esto es, tal que está adecuado al medio celestial, 1 Corintios 15:44; **(j)** todo lo que es producido y mantenido entre los hombres por las operaciones del Espíritu de Dios es «espiritual», 1 Corintios 15:46.

La persona espiritual es aquella que camina en el Espíritu tanto en el sentido de Gálatas 5:16 como en el de 5:25, y que muestra en sus propios caminos el fruto del Espíritu. Según las Escrituras, el estado «espiritual» del alma es normal para el creyente, pero no todos los creyentes llegan a este estado ni siempre se mantienen en él. Así el apóstol, en 1 Corintios 3:1-3, sugiere un contraste entre este estado espiritual y el del recién nacido en Cristo, esto es, el del hombre que debido a su inmadurez e inexperiencia no ha alcanzado aún la espiritualidad, y el del hombre que al admitir celos y las pendencias engendradas por éstos, la ha perdido porque no recibe **la influencia ni la inspiración del Espíritu**. Al estado espiritual se llega por diligencia en la Palabra de Dios y en la oración; se mantiene por la obediencia y el buen juicio de cada uno. Los que son guiados por el Espíritu son espirituales pero, naturalmente, la espiritualidad no es una condición fija ni absoluta, sino que admite desarrollo. En verdad, el crecimiento en «la gracia y el conocimiento de nuestro Señor Jesucristo», 2 Pedro 3:18 es evidencia de la verdadera «espiritualidad». Por lo tanto, como creyentes «espirituales», debemos buscar y mantener la influencia y la inspiración del Espíritu diariamente en nuestras vidas.

CRISTO, EL GRAN CAPITÁN

Se cuenta una historia de que en cierta ocasión los pasajeros de un barco a vapor navegando por el río St. Lawrence, se enojaron mucho porque a pesar de que había una espesa neblina, el barco seguía andando en su máxima velocidad. Al sentir el peligro, fueron hasta un tripulante y reclamaron con fuerza. El joven les contestó con calma y sonriendo: «Oh, no tengan miedo, señores pasajeros, la neblina se encuentra en la parte baja del barco y el capitán está sentado en su cabina por arriba de la neblina, mirando muy bien por donde vamos...».

Querido lector: Cuando usted se sienta tentado a reclamar por cómo Dios está llevando las cosas en su vida, recuerde que el Gran Capitán Jesucristo está sentado por encima de todas las circunstancias y problemas; que lo que usted y yo necesitamos realmente es dejar que Él guíe nuestras vidas por medio de la influencia y la inspiración del Espíritu Santo, sabiendo que Él está en control absoluto de todo.

Podremos navegar tranquilos en medio de la neblina espiritual de este mundo y con certeza saldremos victoriosos porque Cristo, el Gran capitán nos guía a diario hacia la vida eterna. ¡Aleluya!

El Espíritu Santo y su obra en la iglesia

En Hechos 8:1 está escrito: «Y Saulo consentía en su muerte. En aquel día hubo una gran persecución contra **la iglesia** que estaba en Jerusalén; y todos fueron esparcidos por las tierras de Judea y de Samaria, salvo los apóstoles».

La palabra **«iglesia»** aquí en el griego es **«ekklesia»** o también **«ecclesia»**. De ahí viene la palabra eclesiástico. Se usaba en el griego secular para referirse a una asamblea de ciudadanos y, en la Septuaginta, para la congregación de Israel. El Nuevo Testamento utiliza la palabra en el primer sentido de «asamblea» en Hechos 19:32,39,41 y en segundo sentido «congregación» en Hechos 7:38 y Hebreos 2:12. El uso dominante del Nuevo Testamento describe a una «asamblea» o «compañía» de cristianos en las siguientes formas: (1) El cuerpo total de los cristianos; (2) una iglesia local integrada por un grupo de cristianos que se reúnen para adorar, compartir unos con otros y para la enseñanza; y (3) las iglesias de un distrito.

Otros términos que se vinculan al concepto de iglesia son «casa espiritual», «linaje escogido» y «pueblo de Dios». La supervivencia de la Iglesia cristiana frente a todos sus opositores está asegurada en las palabras de Jesús que leemos en Mateo 16:18 que dice: «Y yo también te digo, que tú eres Pedro, y sobre esta roca edificaré mi iglesia; y las puertas del Hades no prevalecerán contra ella».

Por lo tanto la iglesia es esta «asamblea», «reunión» de hermanos juntos y unidos en la «congregación» de los santos, guiados por el Espíritu Santo, alabando al Señor, oyendo la Palabra, predicando el evangelio de Cristo y haciendo la obra de Dios por medio del poder del Espíritu en todas las esferas de la sociedad, para ser impacto local, nacional e internacional.

La iglesia primitiva y el Espíritu

El Espíritu Santo estuvo activo en la Iglesia primitiva desde el principio de Su nacimiento. De hecho fue Él que la fundó de acuerdo a Hechos 2:1-4 que señala: «Cuando llegó el día de Pentecostés, estaban todos unánimes juntos. Y de repente vino del cielo un estruendo como de un viento recio que soplaba, el cual llenó toda la casa donde estaban sentados; y se les aparecieron lenguas repartidas, como de fuego, asentándose sobre cada uno de ellos. Y fueron todos llenos del Espíritu Santo, y comenzaron a hablar en otras lenguas, según el Espíritu les daba que hablasen».

Como ya vimos, la palabra «iglesia», viene del sustantivo griego **«ekklesia»** del verbo **«ek-kaleo»** que quiere decir «llamar afuera de», **«ek»** o «sacado afuera de», y **«klesis»** que es llamamiento, ser llamado. En este caso la Iglesia fue llamada, sacada para afuera del mundo y separada para Cristo. En los estados griegos recibía este nombre la asamblea de los ciudadanos, convocada por un heraldo para tratar y decidir los asuntos. También se traduce como **«ekklesía»** el término hebreo **«kahal»**, que designaba a la asamblea o congregación de Israel.

Este es el sentido en que Esteban habla de «la congregación» —**ekklesía**- que estuvo con Moisés en el desierto, como está escrito en Hechos 7:38 que dice: «Este es aquel Moisés que estuvo en la congregación en el desierto con el ángel que le hablaba en el monte Sinaí, y con nuestros padres, y que recibió palabras de vida que darnos».

La Iglesia fue considerada en primer lugar **proféticamente**. Israel es llamado en el Antiguo Testamento «congregación», igual que «asamblea de pueblo», lo mismo que **«ekklesía»**.

En segundo lugar, la Iglesia es también considerada **históricamente**. La Iglesia empezó en el día del Pentecostés, Hechos capítulo 2, por el Espíritu Santo, de la misma manera que el tabernáculo fue construido y después consagrado por la unción divina, como dice Éxodo 40:34 «Entonces una nube cubrió el tabernáculo de reunión, y la gloria de

Jehová llenó el tabernáculo». El rey David reunió los materiales para la construcción del templo, pero no lo construyó él. Esta tarea fue llevada a cabo por su sucesor, su hijo el rey Salomón.

De la misma manera, Jesús durante su vida y ministerio aquí en la tierra, juntó los materiales humanos necesarios para la fundación de Su Iglesia, pero esta empezó con Su sucesor, el Espíritu Santo, Hechos 2. Esta obra fue hecha por la operación del Espíritu Santo en la vida de los apóstoles, que pusieron los fundamentos por sus enseñanzas, predicaciones y organización. Es por esto que la Biblia dice en Efesios 2:20 «…edificados sobre el fundamento de los apóstoles y profetas, siendo la principal piedra del ángulo Jesucristo mismo».

En esencia, la Iglesia es la comunidad de todos los creyentes del Nuevo Testamento que han sido unidos por el lazo de la fe y de la acción regeneradora del Espíritu Santo por medio de Jesucristo. La Iglesia, en términos espirituales y bíblicos, es el cuerpo de Cristo.

El Rev. Henry W. Beecher dijo: «La Iglesia no es una galería para la exhibición de cristianos eminentes, sino una escuela para la educación de los incultos espirituales, una guardería para cuidar de los débiles y un hospital para la recuperación y sanidad de los enfermos físicos y espirituales por medio de la acción y del poder del Espíritu Santo».

LA ACTUACIÓN DEL ESPÍRITU EN LA IGLESIA PRIMITIVA

Desde el inicio, el Espíritu Santo estuvo actuando en la Iglesia de diferentes maneras, pero Su Presencia no siempre es reconocida y ni bienvenida. La Biblia dice que Jesús estaba en el mundo, y el mundo fue hecho por Él, pero el mundo no le reconoció. Podríamos decir de la misma forma que el Espíritu Santo estaba en la Iglesia, y la Iglesia fue hecha por Él, y la Iglesia no le reconoció… Pero sin embargo Él siempre está presente de una forma u otra, sin importar cual sea la falta de ética hacia Él y la respuesta de la gente hacia Su Persona.

David Read dijo sobre esto: «La comunión del Espíritu Santo no fue una vaga formula teológica inventada por Pablo para impresionar a los místicos y filósofos del primer siglo. Fue la manera de los cristianos de referirse al poder sobrenatural e inspirador de la Presencia de Dios como una unidad interior de la hermandad cristiana. La experiencia pentecostal es decisiva para la Iglesia cristiana».

Por lo tanto, sin ninguna duda podremos decir que el Espíritu Santo fue esencial para la Iglesia primitiva y lo es para nuestros días. Esta obra del Espíritu es fundamental para el crecimiento de la Iglesia, pues este fuego es necesario para inspirar, llamar y capacitar a hombres y mujeres de Dios para la evangelización mundial. Los dones del Espíritu fueron derramados a todos los miembros de la Iglesia de entonces y lo mismo en nuestros tiempos. Hechos capítulo 2 deja en claro que cuando el Espíritu descendió, lo hizo a cada miembro del grupo, como dice Hechos 1:15 «En aquellos días Pedro se levantó en medio de los hermanos (y los reunidos eran como ciento veinte en número)». Y es interesante notar que entre los hermanos estaba María, la madre de Cristo, que juntamente con los demás fue llena del Espíritu Santo de igual manera que todos los hermanos, Hechos 1:14. Con el derramamiento del poder del Espíritu la Iglesia fue capacitada para llevar las buenas nuevas de Cristo a todo el mundo.

Las iglesias pentecostales en Jerusalén y Antioquia, como también las de Asia Menor y del resto del mundo conocido de entonces, se tornaron rápidamente —debido a su crecimiento sobrenatural— en grandes centros de expansión del evangelio a causa del poder del Espíritu y Su obra.

El Espíritu y el crecimiento de la Iglesia hoy

La palabra griega «**plethos**» refiriéndose a la Iglesia hace mención a «crecimiento numérico». Así enfatiza que la Iglesia debe crecer y ser una «multitud», «muchedumbre». «**Plethos**» se traduce por «asamblea» en Hechos 23:7. El propósito de Dios es que ella crezca en cantidad y se torne una Iglesia poderosa que abarque todas las naciones en todos los continentes del mundo.

El crecimiento de la iglesia siempre está en la mente de los líderes de todos los concilios, denominaciones y organizaciones cristianas, y sean cuales sean los métodos y planes para que crezca, esta no se podrá llevar a cabo sin la obra y la Presencia del Espíritu Santo. Ministros de todo el mundo admiten que es difícil explicar con certidumbre porque algunas iglesias crecen y otras no. Todos dicen que cada una es diferente y que no hay un método específico para ser aplicado a todas sino que el crecimiento es algo complejo y relativo de cada ministro y su iglesia.

Podríamos decir que el crecimiento de la iglesia depende de cómo se aplica la obra del Espíritu Santo en la vida de sus líderes y miembros.

Cuando este principio está presente, estas iglesias tienen las siguientes características:

1. **Estas iglesias poseen un liderazgo con capacidad y con visión.**

Proverbios 29:18 «Sin profecía (visión) el pueblo se desenfrena...».

Las iglesias que crecen tienen líderes visionarios y competentes. Estas personas dirigen con optimismo todas las actividades en relación a la visión de Dios para esta congregación y esto produce crecimiento. Estos líderes tienen entusiasmo y son personas abiertas al cambio y saben lo que la iglesia y la comunidad necesitan, y usan los dones de sus miembros para llevar a cabo su propósito. Ellos son entrenadores y hacedores de discípulos.

Algunos estudios de Schwarz muestran que los pastores de congregaciones en crecimiento reconocen el potencial de los laicos. Estos ministros no necesitan ser superestrellas. Apenas basta que sean personas que entrenan a otros creyentes para el servicio. También Kira Hadaway un analista que pesquisa el crecimiento de la iglesia dijo: «No son necesarios dones ni una capacidad extraordinaria para pastorear una iglesia en crecimiento, ni es necesario ser un orador dinámico o un maestro en la administración. Lo que se necesita es un pastor comprometido a ganar los perdidos para Cristo y desarrollar el potencial de los miembros».

Yo diría que todo esto juntamente con la unción y la obra del Espíritu Santo en la vida del ministro y de su iglesia resultará en gran crecimiento, porque la visión le dará el Espíritu y le guiará en todo lo que haga en relación a su ministerio.

2. **Estas iglesias desarrollan ministerios de acuerdo a los dones de sus miembros y el evangelismo de acuerdo a las necesidades de su comunidad**

1 Corintios 7:7 «Quisiera más bien que todos los hombres fuesen como yo; pero cada uno tiene su propio don de Dios, uno a la verdad de un modo, y otro de otro».

(Ver 1 Corintios 1:7, 14:1, 1 Pedro 4:10 y Romanos 12:6).

El Espíritu Santo concede a los miembros de la iglesia de Cristo varios dones espirituales. El papel del líder es sencillamente ayudar a los miembros a que descubran y reconozcan los dones que Dios les dio y que trabajen basados en sus dones. Cuando los creyentes viven en conformidad con sus dones ellos no trabajan según sus propios esfuerzos, sino el Espíritu de Dios opera en ellos. De esta manera cristianos comunes pueden desarrollar obras extraordinarias.

Un estudio reveló que el 68% de los miembros de iglesias en crecimiento dijeron: «Las tareas que desarrollo en la iglesia está de acuerdo a mis dones». En congregaciones estancadas solamente un 9% pudieron dar esta respuesta. El mismo estudio también muestra que en las iglesias en crecimiento los colaboradores voluntarios reciben más entrenamiento que en las estancadas.

Charles Chaney, un perito en crecimiento de iglesias dijo: «Dondequiera que haya ocurrido un crecimiento espontáneo, la razón es que los laicos fueron movilizados y motivados al ministerio de acuerdo a sus dones, y esto tiene fundamento bíblico e histórico».

Robert Schuller, pastor de la Iglesia Catedral de Cristal en Orange, California, ha empleado este principio por más de 35 años. Esta iglesia implementó un programa de evangelismo enfocado a las necesidades en su comunidad a través de más de 150 ministerios. Shuller dice: «El secreto del crecimiento de una iglesia es descubrir la necesidad de la gente y proveer para su satisfacción».

McGavran, otro pionero del movimiento del crecimiento de la iglesia afirma que las congregaciones que crecen tienen un 60% de miembros activos, 20% involucrados directamente en el evangelismo y un 20% envuelto en el trabajo interno en la iglesia, pero enfocado en el desarrollo y crecimiento de ella. Cuando por medio del Espíritu Santo ponemos en práctica todos estos métodos y muchos más, veremos un crecimiento enorme de personas que serán añadidas como miembros en nuestras iglesias evangélicas.

3.   Estas iglesias irradian y contagian a los demás con su testimonio

Mateo 24:14 «Y será predicado este evangelio del reino en todo el mundo, para testimonio a todas las naciones; y entonces vendrá el fin».

El método del Señor Jesucristo para el evangelismo es predicar, esparcir la Palabra por medio de nuestro testimonio con «osadía, valentía e intrepidez». (Ver Hechos 4:13,29,31, 13:46, 14:3, 19:8 y 1 Tesalonicenses 2). Es vergonzoso para nosotros admitir que muchas sectas, religiones y grupos falsos registran un crecimiento elevado de membresía a causa del entusiasmo por esparcir su mensaje «erróneo» pero hecho con dinamismo y alegría. Aquellos que tienen entusiasmo en testificar siempre dirán que están contentos con sus iglesias. Schwarz dijo: «Los miembros de 76% de iglesias prósperas expresan que están entusiasmados y felices con sus iglesias, pero solamente 33% de miembros de iglesias que no crecen hablan de esta manera».

Por medio del Espíritu Santo podremos ser llenos de este entusiasmo, alegría, gozo y disposición para testificar a los demás de Cristo. Esta fue una de las llaves del crecimiento de la iglesia primitiva a través del Espíritu Santo.

4. Estas iglesias tienen sus prioridades basadas en la oración y en la Palabra

Hechos 6:4 «Y nosotros persistiremos en la oración y en el ministerio de la palabra».

Las iglesias que crecen tienen enfocado seriamente el ministerio de la oración y el de la enseñanza de la Palabra de Dios. Esto hace que ellas trabajen manteniendo su relación con Dios, con la membresía local, con el trabajo del evangelismo en alcanzar a los perdidos para Cristo y también con la obra social en su comunidad. Alrededor del mundo he observado que la oración y la predicación de la Palabra, más que cualquier otro método, son responsables por el crecimiento de la Iglesia. Esto lo pude comprobar al haber visitado la iglesia del Dr. Paul (David) Yonggi Cho en Corea del Sur en 1985. El Espíritu Santo unge a una iglesia que persevera en la oración y que tiene ministros que predican y enseñan con sabiduría, poder y humildad la Palabra de Dios en el Espíritu Santo.

5. Estas iglesias adoptan una estructura funcional y no la tradicional y legalista

Hechos 6:7 «Y crecía la palabra del Señor, y el número de los discípulos se multiplicaba grandemente en Jerusalén; también muchos de los sacerdotes obedecían a la fe».

La estructura que una iglesia adopte afectará su crecimiento.

Los especialistas en esta área de crecimiento de la Iglesia dicen que hay dos tipos de estructura: la funcional y la tradicional.

Schwarz observa: «Nuestra pesquisa tuvo éxito en demostrar y atestiguar que el fenómeno enfermizo del tradicionalismo está en relación inversa tanto con el crecimiento como con la calidad de las iglesias que adoptan la estructura funcional».

Hoy, más del 50% de los miembros de nuestras iglesias que van en declinación espiritual y de crecimiento, reconocieron y dijeron: «Considero nuestra iglesia legalista y tradicionalista, por esto no crecemos». Solamente un 8% dijo ser una iglesia de crecimiento que ha eliminado la estructura tradicionalista y establecido la funcional, o sea, la que funciona. Las tradiciones son buenas, pero si están reveladas y basadas en la Palabra de Dios, porque lo que perjudica a la Iglesia no son las tradiciones bíblicas fundamentadas en la Biblia sino el tradicionalismo radical, legalista e ignorante que les impide realizar los cambios necesarios para seguir creciendo.

Lo que yo he visto en todos los continentes del mundo, sea aquí en los Estados Unidos o afuera, en las iglesias pentecostales, es que la mayoría de ellas no crecen porque están ofuscadas y ciegas, determinadas a seguir en su rumbo tradicionalista humano y legalista a pesar de saber y estar conscientes de que no crecen. No hay apertura para el actuar del Espíritu; éstos ministros creen en el énfasis en usos y costumbres, en el duro trato del cuerpo y que en las vestimentas externas de sus miembros reside «el poder de Dios». Eso es absurdo, ridículo y sin base bíblica alguna. Ellos creen que en «los gritos y en el saltar» reside «la unción» del Espíritu y ellos no pueden estar más lejos de la verdad, creyendo que en su legalismo humano y tradicionalista la Iglesia podrá avanzar. ¡Esto jamás va a suceder! Los pecados más grandes e inmorales que he visto están entre los ministros y en la membresía de estas iglesias «pentecostales» y legalistas.

Por esto el apóstol Pablo ya nos decía de éstos en Colosenses 2:20-23 al hablar lamentablemente de esta situación: «Pues si habéis muerto con Cristo en cuanto a los rudimentos del mundo, ¿por qué, como si vivieseis en el mundo, os sometéis a preceptos tales como: No manejes, ni gustes, ni aun toques (en conformidad a mandamientos y doctrinas de hombres), cosas que todas se destruyen con el uso? Tales cosas tienen a la verdad cierta reputación de sabiduría en culto voluntario, en humildad y en duro trato del cuerpo; pero no tienen valor alguno contra los apetitos de la carne».

Dijo Pablo claramente, sin ninguna sombra de dudas, que todo este sistema farisaico humano del tradicionalismo y del legalismo que aún

existe en las iglesias pentecostales son «MANDAMIENTOS Y DOCTRI-
NAS DE HOMBRES», establecidas por «pastores» sin ningún discerni-
miento espiritual y que todo este esfuerzo resulta en que «NO TIENEN
VALOR ALGUNO CONTRA LOS APETITOS DE LA CARNE»

No importa cuánto prediquen desde sus púlpitos mensajes sobre
cómo los demás deben atenerse a sus reglas y tradicionalismo, porque
toda su predicación «NO TIENE NINGÚN VALOR» contra la inmo-
ralidad, porque la santidad no es exterior sino interior, desde adentro
del corazón. Lo contrario de esto es ignorancia porque el pueblo seguirá
pecando, mintiendo, robando a Dios en sus diezmos, fornicando, etc., no
importa cuán duro ellos prediquen...

Es claro y obvio que tanto los hombres como las mujeres deben ves-
tirse y arreglarse con decoro y respeto para alabar al Señor en sus iglesias, sin provocación e insinuación sensual, y soy partidario que deben
hacerlo de manera conservadora, pura y santa. Esta terminología conservadora es que debemos «conservar» nuestros principios internos del
alma, la pureza del espíritu y la sencillez al mismo tiempo. Pero alguien
podrá estar vestido o vestida en contra de lo que estas iglesias legalistas
creen, porque ellos se basan en la APARIENCIA aunque esta persona
viva una vida santa, íntegra y honesta en su familia, iglesia y trabajo.
Pero la persona que ellos creen una «santa», podrá estar vestida como
una monja, de la cabeza a los pies, pero su corazón y pensamientos estar
negros, sucios y llenos de inmundicia y de adulterio. Esta es la verdad, y
la Palabra dice claramente: «...y conoceréis la verdad, y la verdad os hará
libres», Juan 8:32. Y también el propio Cristo dijo en Juan 7:24 que: «No
juzguéis según las apariencias, sino juzgad con justo juicio». Gracias a
Dios que muchísimos ministros, y entre ellos muchos de los que conoz-
co, han abandonado este sistema tradicionalista, farisaico, legalista y
anti-bíblico y sus iglesias han florecido, crecido y abundado en membresía como nunca antes. Así el Señor se ha manifestado en sus vidas
personales y ministerios de una manera increíble.

Considere por un momento la Iglesia primitiva. En Hechos capítulo 6 se nos dice que la urgencia de atender a las viudas hizo que fuera
necesario un cambio estructural al escoger a siete servidores para este
asunto, y así los apóstoles continuarían en la oración y en la Palabra.
¿Cuál fue entonces el resultado de tal cambio que se atrevieron a hacer
estos líderes? La Iglesia creció masivamente como registra Hechos 6:7

que dice: «Y crecía la palabra del Señor, y el número de los discípulos se multiplicaba grandemente en Jerusalén; también muchos de los sacerdotes obedecían a la fe».

Ellos se atrevieron a hacer el cambio. Usted ministro, si desea crecer —y sus métodos no han dado resultado— atrévase con valentía a cambiar; al principio podrá ser difícil pero con la ayuda del Señor lo logrará. Salga del tradicionalismo humano y legalista que no le han dado resultado y verá el derramamiento de la gloria de Dios en su vida y ministerio como nunca antes.

John N. Vaughan declaró que: «Después de estudiar las mayores congregaciones del mundo he encontrado que casi toda iglesia que se tornó grande y bendecida es porque sus líderes y ministros dieron pasos valientes en el sentido de reorganizar sus estructuras y cambiaron de lo tradicional y legalista a la estructura funcional, la manera bíblica y establecida en las Escrituras».

Realmente, si estudiarnos los Evangelios, el libro de los Hechos de los Apóstoles, las epístolas de Pablo, el libro de Hebreos, Santiago, Pedro, Juan, Judas y del Apocalipsis, no encontraremos ninguna evidencia de que el propio Cristo, los apóstoles y todos estos escritores hayan hecho énfasis en tradiciones legalistas. Por el contrario, jamás establecieron algún método o doctrina humana como hoy existen en las iglesias pentecostales.

Todo esto ha pasado porque los fundadores del ayer de «estas tales iglesias» establecieron su forma, su norma, su regla, su pensamiento carnal, ofuscado y falto de sabiduría, al no conocer las Escrituras y por consecuente pasaron su forma de creer a toda la membresía.

El mismo Jesús dijo en Mateo 15:6 estas palabras: «Así habéis invalidado el mandamiento de Dios por vuestra tradición». Y yo diría: (Por vuestra tradición legalista y pentecostal habéis anulado el poder de Dios y el crecimiento de la iglesia). Solamente el Espíritu Santo podrá llevarnos a cancelar las estructuras que no han funcionado y solo el Espíritu podrá darnos sabiduría y discernimiento de cómo cambiar para llegar al nivel espiritual que Dios desea para nuestras vidas y ministerios y para el crecimiento de Su Iglesia.

6. Estas iglesias planean servicios y cultos inspiradores

Hechos 2:47 «Alabando a Dios, y teniendo favor con todo el pueblo. Y el Señor añadía cada día a la iglesia los que habían de ser salvos».

Para que usted tenga el favor de su iglesia, es necesario que haya caído en gracia a los visitantes y miembros. Para caerles en gracia —y que éstos permanezcan en su iglesia— usted debe inspirarlos para que se sientan parte de todo lo que se realiza en ella. De esta manera cada culto y cada fin de semana donde hará servicios, la gente se convertirá y los ya cristianos serán desafiados, inspirados y se sentirán a gusto. La clave son mensajes llenos de poder y de gozo, y de programas dirigidos por el Espíritu Santo que atraerán multitudes.

Los estudios demuestran que las iglesias que crecen tienen servicios inspiradores sin comprometer la Palabra. La cuestión de que si el culto produjo una experiencia inspiradora en la vida de aquellos que estuvieron presentes, se reflejará directamente en el crecimiento de la iglesia tanto cuantitativo como cualitativo.

Las estadísticas revelan que más de 80% de la gente en iglesias que crecen, tuvieron una experiencia inspiradora y edificativa. Esta inspiración no se ve en las iglesias pentecostales, aquellas que son tradicionalistas y legalistas, pues allí el ambiente es fúnebre, sin vida, y apático.

Pero en las iglesias pentecostales que han sido libres de esta atadura, las que han roto con este peso sobre sus hombros impuestos por la tradición humana, sus servicios son de gran alegría, gozo, regocijo y felicidad, con ministros inspiradores y dinámicos. Vea la inspiración de Apolos en Hechos 18:24,25 que dice: «Llegó entonces a Éfeso un judío llamado Apolos, natural de Alejandría, varón elocuente, poderoso en las Escrituras. Este había sido instruido en el camino del Señor; y siendo de espíritu fervoroso...». Dice que él poseía un espíritu fervoroso, inspirador, desafiante. Esto es lo que el Espíritu Santo necesita traer a nuestras iglesias, un espíritu poderoso de inspiración basado en la Palabra de Dios para que la Iglesia del Señor pueda crecer diariamente. ¡Pero tenga cuidado!, y recuerde que sus mensajes no deben ser de motivación intelectualmente humana, porque hay una gran diferencia entre un motivador y un verdadero predicador de la Palabra de Dios.

No confunda predicación con motivación, aunque los sermones puedan motivar al pueblo a orar, ayunar, leer la Palabra, ganar almas, etc., pero una iglesia en crecimiento es un agente de inspiración espiritual por medio de la unción del Espíritu Santo que edifica, corrige, exhorta, redarguye y consuela el pueblo de Dios por medio de la predicación del evangelio.

7. Estas iglesias desarrollan un sistema de células y de pequeños grupos familiares

Hechos 2:46 «Y perseverando unánimes cada día en el templo, y partiendo el pan en las casas, comían juntos con alegría y sencillez de corazón».

Si un punto se destaca, y es uno de los más importantes en cuanto al crecimiento de la iglesia, es el principio de la multiplicación celular. El estudio de Schwarz muestra que cuanto más decisiva es la práctica de los pequeños grupos, más rápido será el crecimiento de la iglesia.

En iglesias prósperas, el 78% de sus miembros dijeron que sus líderes se enfocaban conscientemente en la multiplicación de los pequeños grupos, mientras que en las que no crecen, un 6% dijo que sus líderes deseaban este proceso.

Este método no es nuevo, y nadie ha tenido una «visión» al respecto, porque esto está en las Escrituras desde el tiempo de la Iglesia primitiva, así que nadie puede atribuirse el hecho de haber «creado un nuevo sistema» porque no es cierto.

El mayor milagro del Pentecostés no fue el bautismo de 3 000 personas, sino el hecho de que los nuevos miembros: «...perseveraban en la doctrina de los apóstoles, en la comunión unos con otros, en el partimiento del pan y en las oraciones», Hechos 2:42.

Una de las razones de su perseverancia fue el establecimiento de las «casa-iglesias» en los hogares. Esta iniciativa fue determinante durante el tiempo de la persecución de la Iglesia primitiva, y ella creció grandemente por medio de los pequeños grupos tanto espiritual como numéricos.

El Espíritu Santo es el único que podrá implantar en el corazón de los líderes este método bíblico apostólico que dio gran resultado en el pasado y que en estos momentos muchas iglesias lo están estableciendo con gran vehemencia y crecimiento. Este ha sido el resultado del gran avance del evangelio en Corea del Sur, en la iglesia de las Asambleas de Dios de Paul (David) Yonggi Cho que ha tenido un crecimiento abrumador en los últimos años por medio de la actuación y del poder del Espíritu Santo.

8. Estas iglesias son amigables y amistosas con la gente

Salmo 55:14 «Que juntos comunicábamos dulcemente los secretos, y andábamos en amistad en la casa de Dios».

La amistad es un factor muy importante que afecta el crecimiento de la Iglesia. Su ausencia es causa de declinación y de un espíritu apático. Su presencia, en cambio, causa gozo, felicidad y bienestar entre todos. Esto también es llamado «**koinonia**», o sea, la comunión entre los hermanos, pues esto era la base y el fundamento de la Iglesia primitiva como lo vemos en Hechos 2:46,47 que dice: «Y perseverando unánimes cada día en el templo, y partiendo el pan en las casas, comían juntos con alegría y sencillez de corazón, alabando a Dios, y teniendo favor con todo el pueblo. Y el Señor añadía cada día a la iglesia los que habían de ser salvos».

La amistad es como un magnetismo que atrae a la gente a las reuniones y al oír la Palabra sus corazones son cambiados y alcanzan la salvación haciendo que la iglesia crezca de una manera asustadora. Acercarse a las personas con una sonrisa, saludándolas con amabilidad y cariño, produce un impacto tremendo en el corazón. Iglesias decadentes y sin crecimiento son aquellas donde no hay un espíritu de amistad y compañerismo que hace la diferencia. Donde está la alegría y el buen humor, donde sus miembros sonríen a los demás, son iglesias que crecen un 68% más que aquellas que no lo hacen, pues en las iglesias en decadencia solamente un 33% dice sonreír a los visitantes.

He visitado miles de iglesias alrededor del mundo en más de 28 años de ministerio, y les diré que éste es uno de los factores más importantes del crecimiento. He visto personas quedarse en una iglesia por el único motivo de haberse sentido bien, aceptada, y que alguien le dio la bienvenida como en ningún otro lugar en su vida. Pero tristemente también he visto muchas personas que jamás regresan porque nadie notó que alguna vez estuvieron allí; nadie la saludó ni le estrechó la mano y vinieron y se fueron como si nunca hubieran estado allí.

Se cuenta que cierta vez un predicador acababa de hablar sobre el reconocimiento de los amigos en el cielo a los cuales algún día iríamos a ver nuevamente. Cuando descendió del púlpito y se fue por el pasillo, una señora le dio la mano saludándolo y le habló: «Yo le agradezco mucho por su sermón de que iremos a ver nuestros amigos en el cielo, pero también me gustaría que usted algún día predicara sobre el reconocimiento de los amigos aquí en la tierra, pues he venido a esta iglesia por muchísimo tiempo y nadie jamás se ha acercado a mí para saludarme».

Necesitamos que los líderes entiendan por medio del Espíritu Santo que esta área de la amistad y de la relación con los visitantes es muy

importante, de otra manera la iglesia no crecerá nunca. Desafortunadamente he visto a lo largo de tantos años que muchas iglesias no crecen,
y siempre que las visito para predicar está la misma gente, excepto los
niños que han nacido. Debemos pedir al Espíritu sabiduría sobre cómo
tratar a los visitantes pues he recibido el testimonio de muchas personas
que se han quedado en iglesias gracias al saludo amable y sonriente del
portero que las recibió en la puerta.

9. **Estas iglesias hacen discípulos y no solamente miembros**
Hechos 6:1 «En aquellos días, como creciera el número de los discípulos...».
La transformación de miembros en discípulos en la Iglesia es muy
importante, pues es la oveja la que reproduce a la oveja. En la Iglesia primitiva se dice que crecía el número de los discípulos y no de sus miembros... Ellos se habían convertido, bautizado, se hicieron discípulos por
mano de los apóstoles, fueron entrenados para alcanzar a sus familiares
y a otros. De esta manera la Iglesia crecía grandemente.

Cuanto más una iglesia tiene un programa de discipulado eficiente,
más crecerá. No importa el método mientras sea bíblico, sano y eficaz y
motivado por amor y servicio hacía Dios y para Su gloria. La metodo-
logía evangelizadora más eficiente es plantar nuevas iglesias y hacer de
ellas verdaderos discípulos de Cristo.

He predicado en cruzadas en todos los continentes, y se han convertido miles de miles de miles de personas, pero después de un tiempo
regreso a un mismo evento solamente para descubrir que los pastores
y sus líderes que llevaron a cabo el programa, y los demás pastores que
apoyaron la campaña, no hicieron el trabajo del discipulado. Aquellas
personas que se convirtieron al Señor jamás fueron visitadas, y con
tristeza he visto que todo el trabajo fue en vano porque estas iglesias
no poseían un departamento de discipulado adecuado y no estaban
preparadas para un magno evento como lo es el de una cruzada a nivel
ciudad.

Estos ministros necesitan entender por la convicción del Espíritu
Santo que la iglesia local y su liderazgo deben llevar a cabo la tarea del
discipulado con eficacia y sabiduría. Esto se llama «la conservación de
los frutos», pues sin esto la iglesia no crecerá nunca, no importa cuantos
eventos y cruzadas se hagan.

10. Estas iglesias valorizan a toda su membresía sin importar la nacionalidad de cada uno

Mateo 28:19 «Por tanto, id, y haced discípulos a todas las naciones...».

La gente se siente más cómoda al no tener que enfrentar barreras raciales, culturales y lingüísticas después de haber recibido a Cristo. Las iglesias que más han crecido alrededor del mundo son aquellas que aceptan gente de cualquier nacionalidad, sin importar su raza, trasfondo, cultura o lengua. Estas iglesias valorizan todos los grupos étnicos y sociales al mismo nivel, sin ningún problema racial de superioridad o inferioridad y comparten un sistema de igualdad sin ningún problema.

La Iglesia primitiva evitó de una manera muy sabia este problema desde el principio al aplicar las palabras de Cristo literalmente haciendo discípulos de todas las naciones. Valorizar todos los grupos humanos con sus culturas, lenguas y costumbres fue crucial para el crecimiento de la Iglesia primitiva y lo debe ser también para nuestros días. El racismo no tiene lugar en la verdadera Iglesia de Cristo, aunque hasta hoy existe este problema en muchas partes del mundo. La cuestión no es si tenemos iglesias homogéneas o heterogéneas; el punto es que debemos promover el crecimiento de ella con el énfasis en la aceptación de quien sea y de donde venga.

La Iglesia es para todos

La historia del Pentecostés del siglo veinte sirve para recordarnos que el cristianismo es para todas las naciones y para todas las familias humanas. Su universalidad se ve en la inclusión de todos aquellos en la comunidad de la fe que desean estar bajo al señorío de Cristo. El Señor mostró una preocupación especial por los despreciados, los desamparados, aquellos discriminados por la sociedad, leprosos, recaudadores de impuestos, samaritanos, mujeres, niños, pobres. Su evangelio fue tan poderoso y transformador que Pablo pudo escribir en Gálatas 3:28 «Ya no hay judío ni griego; no hay esclavo ni libre; no hay varón ni mujer; porque todos vosotros sois uno en Cristo Jesús».

El Pentecostés continuó y aceleró este espíritu de inclusión de todas las naciones y no de exclusividad que era solamente el acercamiento de los judíos a Dios. La penetración del Espíritu Santo en la Iglesia primitiva y apostólica no conoció barreras sociales, económicas, raciales o nacionales. Los judíos tenían prejuicios muy antiguos contra los samaritanos en particular y contra los gentiles en general. Pero la obra del Espíritu Santo en la Iglesia después del Pentecostés sirvió para derribarlas.

La muerte del mártir Esteban avivó las llamas de la Iglesia en todas las direcciones, y Felipe el evangelista fue enviado por el Espíritu Santo a Samaria (Hechos 8). Muchos allí fueron salvos y bautizados. Después muchos gentiles recibieron el don del Espíritu Santo al imponer las manos los apóstoles. Cosa similar le pasó a Cornelio y a los de su casa (Hechos 10). Mientras Pedro predicaba, el Espíritu descendió sobre todos los de la familia de Cornelio. Los judíos cristianos que estaban con Pedro quedaron atónitos de que también sobre los gentiles se derramase el don del Espíritu Santo, (Hechos 10:45). Desde este momento, los judíos cristianos se dieron cuenta de que ya que los gentiles habían recibido el mismo don que ellos, entonces Dios ya no tenía parcialidad exclusiva con los judíos como en el A.T.

Hechos 14:27 dice lo que pasó: «Y habiendo llegado, y reunido a la iglesia, refirieron cuán grandes cosas había hecho Dios con ellos, y cómo había abierto la puerta de la fe a los gentiles». Realmente el Espíritu estaba siendo derramado sobre «toda carne» según la profecía de Joel 2:28. Ya no había distinciones sociales de ninguna clase entre judíos y gentiles, ricos y pobres, hombres y mujeres, blanco y negro u otras divisiones raciales, culturales y lingüísticas. Ahora somos uno en Cristo, y no hay diferencia de razas y de nacionalidades delante de Su presencia.

EL MODELO DEL CRECIMIENTO DE LA IGLESIA PRIMITIVA POR EL ESPÍRITU

En relación al crecimiento de la Iglesia, lo que he visto alrededor del mundo y aprendido por experiencia, se los dejo saber. Por lo tanto cualquier iglesia o congregación que desea crecer no debe ignorar estos diez puntos ya mencionados, pues todas estas congregaciones tienen algo en común:

1. Estas iglesias poseen un liderazgo capaz y de visión.

2. Estas iglesias desarrollan ministerios de acuerdo a los dones de sus miembros y el evangelismo de acuerdo a las necesidades de su comunidad.

3. Estas iglesias irradian y contagian a los demás con su testimonio.

4. Estas iglesias tienen sus prioridades basadas en la oración y en la Palabra.

5. Estas iglesias adoptan una estructura funcional y no la tradicional y legalista.

6. Estas iglesias planean servicios y cultos inspiradores.

7. Estas iglesias desarrollan un sistema de células y de pequeños grupos familiares.

8. Estas iglesias son amigables y amistosas con la gente.

9. Estas iglesias hacen discípulos y no solamente miembros.

10. Estas iglesias valorizan a toda su membresía sin importar la nacionalidad de cada uno.

Si nosotros estudiamos cuidadosamente el libro de los Hechos, podremos decir sin sombras de dudas, que la Iglesia primitiva poseía estas diez características. En un rápido vistazo sobre el crecimiento sobrenatural de la Iglesia primitiva, concluimos que:

1. Hechos 2:41

«Así que, los que recibieron su palabra fueron bautizados; y se añadieron aquel día como tres mil personas».

Tres mil convertidos en un solo día.

2. Hechos 4:4

«Pero muchos de los que habían oído la palabra, creyeron; y el número de los varones era como cinco mil».

Más cinco mil convertidos en otro día.

3. Hechos 5:14

«Y los que creían en el Señor aumentaban más, gran número así de hombres como de mujeres».

Más multitudes de convertidos.

4. Hechos 6:1

«En aquellos días, como creciera el número de los discípulos...»

Mucha más gente era añadida a la Iglesia.

5. Hechos 6:7

«Y crecía la palabra del Señor, y el número de los discípulos se multiplicaba grandemente en Jerusalén; también muchos de los sacerdotes obedecían a la fe».

No solamente crecían, se multiplicaban asustadoramente y también muchos líderes judíos se convertían a Cristo.

6.   Hechos 9:31

«Entonces las iglesias tenían paz por toda Judea, Galilea y Samaria; y eran edificadas, andando en el temor del Señor, y se acrecentaban fortalecidas por el Espíritu Santo».

Crecían, se acrecentaban y eran fortalecidas por el Espíritu.

7.   Hechos 12:24

«Pero la palabra del Señor crecía y se multiplicaba».

Seguía aún más el crecimiento en la Iglesia.

8.   Hechos 16:5

«Así que las iglesias eran confirmadas en la fe, y aumentaban en número cada día».

No crecían solamente cada año, o cada mes, o cada semana, crecían a cada día…

9.   Hechos 19:20

«Así crecía y prevalecía poderosamente la palabra del Señor».

No solamente la Iglesia primitiva crecía, ella crecía de una manera poderosa.

Tengamos pues como ejemplo el crecimiento de la Iglesia primitiva, pues ellos estaban conscientes de que el crecimiento venía de Dios. Colosenses 2:19 confirma: «En virtud de quien todo el cuerpo, nutriéndose y uniéndose por las coyunturas y ligamentos, crece con el crecimiento que da Dios».

El crecimiento proviene de Dios, tanto en nuestra vida espiritual como en la membresía. Pastores y ministros sabios saben que hay muchos otros métodos por los cuales la iglesia puede crecer, y es muy posible que no esté entre estos diez puntos que he hablado. Lo principal es que no hay un factor único que determine y resulte en que una iglesia crezca. Cada liderazgo, de cada hombre y mujer de Dios, es distinto y la aplicación es diferente en sus métodos que deben estar de acuerdo con el país, cultura y pueblo en el que está ministrando. Pero todos podemos coincidir con las palabras del apóstol Pablo que dijo en 1 Corintios 3:6 lo siguiente en relación a la Iglesia primitiva. «Yo planté, Apolos regó; pero el crecimiento lo ha dado Dios».

Ministros dedicados y ministerios bien realizados saben que solamente Dios puede dar el crecimiento. Nadie más, pues si Él no da Su favor, bendición y sabiduría para llevar a cabo Su obra, todos nuestros métodos, por más excelentes que sean, serán infructíferos, ineficaces y sin poder.

El planeamiento, estudio y actividad humana tiene su lugar, pero solamente Dios puede hacer crecer a Su iglesia. El crecimiento natural de la Iglesia continuará siendo una obra sobrenatural como el de una planta, y la Iglesia crecerá solamente por medio del poder y de la unción del Espíritu Santo en la vida de sus líderes y miembros.

En resumen, de todo lo relacionado con la Iglesia y nosotros es esto: «Y el Señor os haga crecer y abundar en amor unos para con otros y para con todos, como también lo hacemos nosotros para con vosotros», 1 Tesalonicenses 3:12, pues Cristo mismo prometió que Su iglesia iría de avance en avance y de gloria en gloria y que nadie la destruiría, Mateo 16:18 «Y sobre esta roca edificaré mi iglesia; y las puertas del Hades no prevalecerán contra ella». ¡Aleluya!

El Espíritu es quien levanta y respalda los ministerios

William Booth (1829-1912), fundador del Ejército de Salvación, nació en la pobreza en la ciudad de Nottingham, Inglaterra. Mirar la extrema pobreza en que vivía él y los que estaban a su alrededor, fue lo que moldeó su carácter para su futuro llamado y ministerio. A los quince años, entregó su corazón a Cristo y fue llamado al ministerio de evangelismo. Él imitó a su gran héroe, John Wesley, al predicar para los pobres entre los más pobres. Un domingo por la mañana William trajo su «ganga» de mendigos a la Capilla Wesleyana y los sentó en los mejores asientos. Inmediatamente fueron llevados para atrás de la iglesia y los sentaron en los rudos bancos de madera, lejos de la vista de la congregación.

Después de ser ordenado un ministro metodista, William fue despedido por ser considerado un «reformador». Juntamente con su esposa, Catherine Mumford, empezaron a conducir reuniones de evangelismo. Catherine era una mujer profundamente espiritual y una devota cristiana con un hambre insaciable por las Escrituras. Creía en la igualdad de los sexos y fue una poderosa ayuda y apoyo para su esposo en el ministerio. Alrededor del año 1865 ella recibió muchas demandas e invitaciones para predicar y empezó a ministrar en zonas de avivamiento en el este de Londres. Ese mismo año los Booth, bajo la dirección y guía del Espíritu Santo, fundaron una iglesia y la llamaron Misión Cristiana del Este de Londres, que más tarde cambiaron para Ejército de Salvación.

Esta iglesia, dirigida por la pasión y visión de William y la organización de Catherine, ministró a miles de personas alrededor del mundo. Después de la muerte de Catherine en 1890, William continuó como evangelista, visionario y guía espiritual de miles. A medida que la influencia del Ejército de Salvación se esparció por todo el mundo, también aumentaron las invitaciones para que William ministrara por toda Europa y hasta Japón. Cuando William Booth partió con el Señor en 1912, el Ejército de Salvación había crecido poderosamente en la unción del Espíritu Santo a más de 9 415 congregaciones mundiales. Su entrega, pasión, amor y misericordia por los perdidos lo llevaron a establecer uno de los más grandes movimientos cristianos en la historia del evangelio.

William Booth dijo estas profundas palabras antes de fallecer: «Esto es lo que creo que constituye la verdadera esencia de la religión, no meramente saber, escuchar, pensar o desear sobre algo, sino HACERLO». Esta es la tarea de la Iglesia bajo el poder del Espíritu Santo: ministrar a los demás en el alma, cuerpo y espíritu. Por lo tanto, así como Dios hizo con William y Catherine Booth, es el Espíritu quien levanta y respalda los ministerios. Lo hizo ayer, lo hace hoy y hará por siempre hasta la venida de Cristo.

El Espíritu Santo es llamado Consolador

En Juan 15:26 está escrito: «Pero cuando venga el **Consolador**, a quien yo os enviaré del Padre, el Espíritu de verdad, el cual procede del Padre, él dará testimonio acerca de mí». Esta palabra «**Consolador**» en el griego es «**parakletos**», que quiere decir: de, para, «junto a», y «**kaleo**», que es «llamar». De ahí viene el concepto: «Llamado a estar a nuestro lado». La palabra indica un intercesor, confortador, ayudador, abogado y consejero. En la literatura no bíblica, «**parakletos**» designaba a un abogado que acude a la corte en representación del otro. Significa básicamente alguien llamado a estar al lado de otro con el propósito de ayudarlo. En la antigua Grecia, en los procesos legales, era costumbre en los tribunales antiguos, que ambas partes llegaban delante del juez asistidas por uno o más amigos prestigiosos, esto en el griego se llama «**parakletos**», en latín es «**advocatus**» y en español es «**paracletos**».

Para nosotros, el Espíritu Santo guía a los creyentes a una mayor comprensión de las verdades del evangelio y además de una ayuda y una guía, también concede fortaleza y poder para soportar la hostilidad de los sistemas humanos contrarios a la Palabra de Dios.

PRUEBAS Y TRIBULACIONES QUE TODOS ENFRENTAMOS

Todos enfrentamos crisis, problemas, pruebas y tribulaciones en nuestras vidas porque, aunque somos cristianos, no estamos exentos de las tormentas y tempestades de la vida ya que somos humanos como cualquiera. En un determinado tiempo u otro, todos tendremos aflicciones y conflictos en nuestro diario vivir. Ya Cristo nos decía en Juan 16:33: «En el mundo tendréis aflicción…». Todos podemos aconsejar a alguien en necesidad e intentar ayudar a esta persona en algún área determinada, pero hay ciertas personas cristianas profesionales, capacitadas en esto, que actúan como «ayudadores temporales» por medio del Espíritu Santo.

Estos profesionales cristianos son terapeutas, doctores en psicoanálisis y psicólogos que están capacitados para ayudar a sanar las heridas del alma, los traumas del pasado y del presente, sean los que sean, tales como el dolor de la muerte de un ser querido, la triste experiencia de una infidelidad conyugal o de un divorcio, una violación sexual, un maltrato y abuso físico y verbal, etc., etc. Estos «ayudadores temporales» que actúan por medio del Espíritu Santo, son justamente lo que la palabra sugiere e indica, «temporales», porque la ayuda de toda una vida solamente podrá venir del Señor y de Su Palabra. Pero estos «ayudadores» pueden darle a la persona necesitada un incentivo, una salida, una guía para salir del pozo de la desesperación, aunque sea de forma temporal. En verdad y aunque esto resulte difícil de entender o de aceptar, tan solo el Espíritu Santo de Dios conoce en profundidad las heridas emocionales de todas las personas, pues Él es el creador de la misma, y quién mejor que el Espíritu para ahondar adentro de nosotros y escudriñar nuestro corazón para darnos una salida en todo aquello que confunde nuestro ser interno.

Solamente El Padre, el Hijo y el Espíritu, y después nosotros, sabemos lo que nos aqueja tal como señala la Escritura en Proverbios 20:27 «Lámpara de Jehová es el espíritu del hombre, la cual escudriña lo más profundo del corazón».

Dios se compadece de nosotros

El Señor Jesucristo entiende y se compadece de aquellos que sufren, lloran y son víctimas de injusticias humanas, pues Mateo 5:4 y 6 dice: «Bienaventurados los que lloran, porque ellos recibirán consolación. Bienaventurados los que tienen hambre y sed de justicia, porque ellos serán saciados».

Por lo tanto el Señor y Su Espíritu que es llamado «consolador», es el consolador personal de usted, y nadie puede suplir lo que Él puede hacer por su vida, consolarle, sanarle y restaurarle cuerpo y alma de una forma total e integral.

Cristo dijo en Juan 14:18 «No os dejaré huérfanos; vendré a vosotros». Él dijo que no nos desampararía. El Espíritu Santo que está en nuestros corazones es la promesa que Jesús hizo cuando Él ascendió al cielo después de Su resurrección para reunirse con Su Padre. Nosotros tenemos la presencia de la comunión con Dios diariamente en nuestras vidas, aun más cuando le alabamos y le adoramos en nuestros servicios. El Espíritu siempre se manifestará de alguna manera en la vida de cada creyente que lo busque de todo su corazón. Quien mantenga esta comunión íntima con el Espíritu, tendrá Su presencia particularmente en momentos de necesidad, aunque los demás no lo entiendan o perciban, principalmente los no cristianos. La Palabra de Dios dice en 1 Corintios 2:14 «Pero el hombre natural no percibe las cosas que son del Espíritu de Dios, porque para él son locura, y no las puede entender, porque se han de discernir espiritualmente». Pero aun así, y a pesar de que tenemos al «Consolador» con nosotros, a veces nos resulta muy difícil confiar en Dios completamente. En medio de situaciones desesperadas, todos nos hemos sentido desalentados, solos, tristes y desanimados, porque los problemas nos anegan, nos superan, nos abruman, y aunque sepamos que Él vela por nosotros, como humanos, a veces titubeamos y flaqueamos.

Pero Dios es el sanador del corazón quebrantado, pues Él entiende y se compadece de nosotros. El Salmo 147:3 cita: «Él sana a los quebrantados de corazón, y venda sus heridas». Entre los ministerios de Cristo estuvo el de sanar a los corazones, traer libertad a los cautivos y dejar libres los oprimidos, pues Lucas 4:18 habla: «El Espíritu del Señor está sobre mí, por cuanto me ha ungido para dar buenas nuevas a los pobres; me ha enviado a sanar a los quebrantados de corazón; a pregonar libertad a los cautivos, y vista a los ciegos; a poner en libertad a los oprimidos». Nuestro Dios Todopoderoso sana y restaura todo lo malo que el hombre ha causado, pues en Eclesiastés 3:15 está la promesa. «...y Dios restaura lo que pasó».

Aunque los «ayudadores temporales» se dispongan a extender una mano al que lo necesite en esto de los sentimientos del alma, siempre hay aquellos inmaduros espirituales que creen que obtendrán respuestas rápidas a sus problemas y culpan a estos restauradores del alma de incompetentes porque no los pudieron ayudar en lo que esperaban.

Lo que ellos olvidan es que muchos de los problemas y tristezas de sus almas son consecuencia de las malas decisiones y de pecados que cometieron y cuyos resultados están pagando ahora. Ningún siervo o sierva de Dios tiene el poder de cambiar a alguien; esta obra es solamente de Dios y del Espíritu Santo, pero sí tenemos que estar agradecidos de los ministros y hermanos que intentan ayudar a estas personas en sus tristezas y desalientos.

EL CONSUELO EN EL SUFRIMIENTO

De la misma manera que humanamente todo cristiano sabio y entendido puede ayudar y consolar a personas en necesidad, juntamente con ministros y también estos profesionales creyentes, uno de los ministerios del Espíritu Santo es consolar divinamente, Él es llamado «Consolador». El verbo «**parakaleo**» es «consolación» y tiene una variedad de significados que corresponden al nombre, Mateo 2:18; 1 Tesalonicenses 3:7; 4:18: «alentaos». Se traduce con el verbo consolar en Mateo 5:4; Lucas 16:25; Hechos 15:32; 16:40; 20:12; 2 Corintios 1:4, dos veces; v. 6; 2:7; 7:6,7,13; 13:1; Efesios 6:22; Colosenses 2:2; 1 Tesalonicenses 3:7. Otro verbo, «**paramutheomai**» es «aliviar, consolar y alentar». Se traduce en Juan 11:19: «consolarlas»; v. 31: «consolaban»; 1 Tesalonicenses 2:12: «consolábamos»; 5:14: «que alentéis». El nombre «**paraklesis**» significa llamamiento al lado de uno (*para*, al lado; «**kaleo**», llamar); de ahí, ya bien exhortación, consuelo, ruego, Lucas 2:25. Aquí, «esperaba la consolación de Israel» es equivalente a esperar la venida del Mesías; 6:24; Hechos 9:31; Romanos 15:4,5; 1 Corintios 14:3: «exhortación»; 2 Corintios 1:3-7; 7:4,13; Filipenses 2:1; 2 Tesalonicenses 2:16; Filemón 7; Hebreos 6:18. También «**paramuthia**» es primariamente hablar a cualquiera (*para*, cerca); «**muthus**» es habla; denota por ello consolación de una manera más entrañable, 1 Corintios 14:3. Y como ya vimos, «**parakletos**» es literalmente ser llamado al lado de uno, en ayuda de uno, es principalmente un adjetivo verbal y sugiere la capacidad o adaptabilidad para prestar ayuda. Se usaba en las cortes de justicia para denotar a un asistente legal, un defensor, un abogado; de ahí, generalmente, el que aboga por la causa de otro, un intercesor, abogado, como en 1 Juan 2:1, del Señor Jesús. En su sentido más amplio, significa uno que socorre, que consuela. Cristo fue esto para sus discípulos, por la implicación de sus palabras al hablar del Espíritu Santo, Juan 14:16 «otro Consolador», «**allos**», otro de la misma clase, del mismo nivel y rango, no la palabra «**diafonía**» que es otro «diferente», no el mismo, «no igual». En Juan 14:26; 15:26; 16:7 le llama «el Consolador». De igual manera esta palabra «Consolador» se condice con el nombre «**Mehahem**» que dan los hebreos al Mesías.

EL SEÑOR ES NUESTRA ROCA Y FORTALEZA

Si usted visita la ciudad de Corregidor en Batan, Filipinas, encontrará un túnel muy profundo. Fue edificado para almacenar armas y municiones. Este túnel llamado Malinta fue una fortaleza, un refugio seguro donde las bombas y la astucia de los enemigos no pudieron penetrar. Este lugar también fue el cuartel principal del General Douglas McArthur y de las tropas americanas y filipinas durante la Segunda Guerra Mundial. Igualmente si usted visita Saipán en el Sur de Corea, encontrará en la profundidad de las rocas muchas fortalezas. Y si está en Europa, hallará lo mismo, fortalezas en minas, cuevas, túneles y rocas.

Las fortalezas no son invenciones nuevas; una de las más complejas fue Masada, que fue edificada por Herodes en una roca que mira al Mar Muerto. Cuando estuve en Israel, quedé maravillado al ver la estructura, la forma y el planeamiento de aquellos que la construyeron. Masada fue tomada por los zelotes durante la revolución judía, que se tornó en algo virtualmente impenetrable por lo menos durante tres años hasta que los romanos construyeron rampas de acceso.

Todas estas grandes fortalezas de la historia humana eventualmente han sido invadidas y destruidas. No obstante fueron importantes porque dieron un sentido de seguridad inmediata y de protección.

Durante los muchos años que David fue perseguido y se escondió de Saúl andando como fugitivo, este hombre a quien Dios escogió para ser el rey de Israel, durante todo este tiempo de tribulación, se escondió en las fortalezas del Néguev, un lugar desolado que ofrecía poca protección del sol, de la sed, y más importante aún, de los enemigos.

También en Israel pude visitar la cueva de En-gadi, uno de los lugares en que David se refugió y se escondió de Saúl. Es un manantial y oasis ubicado en el desierto de Judá (Josué 15:62), por la ribera occidental del Mar Muerto, 55 km al sudeste de Jerusalén. Como su clima es caluroso, allí florece una vegetación tropical. En tiempos bíblicos, En-gadi se conocía por sus excelentes dátiles, uvas y bálsamo (Cantares 1:14). Los montes que se elevan detrás del oasis son muy áridos y están llenos de

CUEVAS. El manantial está situado a ciento veinticinco metros sobre el nivel del oasis en un rincón hermoso. Fue el terreno escabroso de Engadi donde David buscó refugio cuando huía de Saúl. 1 Samuel 23:29 cita: «Entonces David subió de allí y habitó en los lugares fuertes de Engadi». También 1 Samuel 24:1 dice. «Cuando Saúl volvió de perseguir a los filisteos, le dieron aviso, diciendo: He aquí David está en el desierto de En-gadi». Durante todos estos años de desesperación, David aprendió que: **«LA SEGURIDAD NO ES LA AUSENCIA DEL PELIGRO, SINO ES LA CERTEZA DE LA PROTECCIÓN DE LA PRESENCIA DEL SEÑOR»**. Repetidamente David se refirió al Señor como su FORTALEZA, su torre fuerte, su roca, su castillo, su refugio, y el Salmo 18:1 y 2 haciendo alusión a 2 Samuel capítulo 22 dice: «Te amo, oh Jehová, fortaleza mía. Jehová, roca mía y castillo mío, y mi libertador; Dios mío, fortaleza mía, en él confiaré; mi escudo, y la fuerza de mi salvación, mi alto refugio».

David al hablar muchas veces de su angustia, de los peligros de la muerte, de la ira de sus enemigos que sofocaba su alma decía que él clamaba al Señor y le pedía por Su ayuda. David llegó a conocer profundamente a Dios como su Consolador en los momentos más difíciles de su vida.

Nosotros lo podemos conocer también. Pero nunca conoceremos a Dios como nuestro refugio y fortaleza a menos que corramos hacía a Él y descansemos en Sus misericordias y le clamemos; Dios, ayúdame, protégeme, se tú mi ayuda, mi castillo y mi torre fuerte. Dios sabe de nuestras necesidades y nos socorre en el tiempo oportuno, usando Su Palabra, la vida de los ministros y a Su pueblo, la Iglesia, para consolar y ser consolada.

DIOS ACTÚA COMO NUESTRO CONSOLADOR

1. **Dios usa a Sus siervos para consolarnos.**

Hechos 15:30-32 «Así, pues, los que fueron enviados descendieron a Antioquía, y reuniendo a la congregación, entregaron la carta; habiendo leído la cual, se regocijaron por la consolación. Y Judas y Silas, como ellos también eran profetas, consolaron y confirmaron a los hermanos con abundancia de palabras».

2. **Dios nos consuela en contra de nuestros adversarios.**

Salmo 86:17 «Haz conmigo señal para bien, y véanla los que me aborrecen, y sean avergonzados; porque tú, Jehová, me ayudaste y me consolaste».

3. **Dios siempre nos consolará.**

Salmo 71:21 «...y volverás a consolarme».

4. **Dios consuela a Su pueblo.**

Isaías 40:1 «Consolaos, consolaos, pueblo mío, dice vuestro Dios».

5. **Dios consuela a nosotros Su iglesia.**

Isaías 49:13 «Cantad alabanzas, oh cielos, y alégrate, tierra; y prorrumpid en alabanzas, oh montes; porque Jehová ha consolado a su pueblo, y de sus pobres tendrá misericordia».

6. **Dios consuela a Su pueblo Israel.**

Isaías 52:9 «Cantad alabanzas, alegraos juntamente, soledades de Jerusalén; porque Jehová ha consolado a su pueblo, a Jerusalén ha redimido».

7. **Dios consolará a Sión.**

Isaías 51:3 «Ciertamente consolará Jehová a Sión; consolará todas sus soledades, y cambiará su desierto en paraíso, y su soledad en huerto de Jehová; se hallará en ella alegría y gozo, alabanza y voces de canto».

8. **Dios consolará a Su ciudad Jerusalén.**

Isaías 66:13 «Como aquel a quien consuela su madre, así os consolaré yo a vosotros, y en Jerusalén tomaréis consuelo».

9. **Dios quitará nuestro dolor y nos consolará.**

Jeremías 31:13 «Entonces la virgen se alegrará en la danza, los jóvenes y los viejos juntamente; y cambiaré su lloro en gozo, y los consolaré, y los alegraré de su dolor».

10. **Dios nos traerá el bien y la consolación.**

Zacarías 1:17 «Clama aún, diciendo: Así dice Jehová de los ejércitos: Aún rebosarán mis ciudades con la abundancia del bien, y aún consolará Jehová a Sión, y escogerá todavía a Jerusalén».

11. Dios nos consolará y nos dará la vida eterna.

Lucas 16:25 «Pero Abraham le dijo: Hijo, acuérdate que recibiste tus bienes en tu vida, y Lázaro también males; pero ahora éste es consolado aquí, y tú atormentado».

12. Dios usa a nuestros amigos para consolarnos.

Juan 11:19 «Y muchos de los judíos habían venido a Marta y a María, para consolarlas por su hermano».

13. Dios nos usa para que aun durante las pruebas consolemos a los demás.

Hechos 16:40 «Entonces, saliendo de la cárcel, entraron en casa de Lidia, y habiendo visto a los hermanos, los consolaron, y se fueron».

14. Dios usa a Sus ministros para consolar a Su Iglesia.

Efesios 6:21,22 «Para que también vosotros sepáis mis asuntos, y lo que hago, todo os lo hará saber Tíquico, hermano amado y fiel ministro en el Señor, el cual envié a vosotros para esto mismo, para que sepáis lo tocante a nosotros, y que consuele vuestros corazones».

15. Dios usa a Sus siervos para instruirnos en la Palabra y para consolarnos.

Colosenses 2:1,2 «Porque quiero que sepáis cuán gran lucha sostengo por vosotros, y por los que están en Laodicea, y por todos los que nunca han visto mi rostro; para que sean consolados sus corazones, unidos en amor, hasta alcanzar todas las riquezas de pleno entendimiento, a fin de conocer el misterio de Dios el Padre, y de Cristo».

16. Dios nos dará reposo y consuelo de aquellos que nos persiguen.

2 Tesalonicenses 1:6,7 «Porque es justo delante de Dios pagar con tribulación a los que os atribulan, y a vosotros que sois atribulados, daros reposo con nosotros, cuando se manifieste el Señor Jesús desde el cielo con los ángeles de su poder».

17. Dios siempre busca consolarnos aunque algunos lo rechacen.

Job 15:11 «¿En tan poco tienes las consolaciones de Dios, y las palabras que con dulzura se te dicen?».

18. Dios también usa Su Palabra para consolarnos.

Romanos 15:4,5 «Porque las cosas que se escribieron antes, para nuestra enseñanza se escribieron, a fin de que por la paciencia y la consolación de las Escrituras, tengamos esperanza. Pero el Dios de la paciencia y de la consolación os dé entre vosotros un mismo sentir según Cristo Jesús».

19. Dios nos consuela para que también consolemos a los demás de todo dolor, prueba y tribulación.

2 Corintios 1:3-7 «Bendito sea el Dios y Padre de nuestro Señor Jesucristo, Padre de misericordias y Dios de toda consolación, el cual nos consuela en todas nuestras tribulaciones, para que podamos también nosotros consolar a los que están en cualquier tribulación, por medio de la consolación con que nosotros somos consolados por Dios. Porque de la manera que abundan en nosotros las aflicciones de Cristo, así abunda también por el mismo Cristo nuestra consolación. Pero si somos atribulados, es para vuestra consolación y salvación; o si somos consolados, es para vuestra consolación y salvación, la cual se opera en el sufrir las mismas aflicciones que nosotros también padecemos. Y nuestra esperanza respecto de vosotros es firme, pues sabemos que así como sois compañeros en las aflicciones, también lo sois en la consolación».

20. Dios, por medio de Cristo, también nos consuela.

Filipenses 2:1 «Por tanto, si hay alguna consolación en Cristo, si algún consuelo de amor, si alguna comunión del Espíritu, si algún afecto entrañable, si alguna misericordia».

21. Dios y Cristo juntamente nos consuelan y nos fortalecen.

2 Tesalonicenses 2:16,17 «Y el mismo Jesucristo Señor nuestro, y Dios nuestro Padre, el cual nos amó y nos dio consolación eterna y buena esperanza por gracia, conforte vuestros corazones, y os confirme en toda buena palabra y obra».

22. Dios espera que podamos ayudar a los demás.

Salmo 69:20 «El escarnio ha quebrantado mi corazón, y estoy acongojado. Esperé quien se compadeciese de mí, y no lo hubo; y consoladores, y ninguno hallé».

23. Dios nos consuela y reafirma que no temamos al hombre.

Isaías 51:12 «Yo, yo soy vuestro consolador. ¿Quién eres tú para que tengas temor del hombre, que es mortal, y del hijo de hombre, que es como heno?».

24. Dios nos consuela con Sus palabras animadoras.

Zacarías 1:13 «Y Jehová respondió buenas palabras, palabras consoladoras, al ángel que hablaba conmigo».

25. Dios entiende que todos a veces sufrimos desánimos.

Job 10:20 «¿No son pocos mis días? Cesa, pues, y déjame, para que me consuele un poco».

26. Dios nos consolará aun después que Él haya permitido pruebas sobre nosotros.

Ezequiel 14:22 «Y veréis su camino y sus hechos, y seréis consolados del mal que hice venir sobre Jerusalén, de todas las cosas que traje sobre ella».

27. Dios nos usará como Sus siervos para consolar a los demás.

2 Corintios 7:6 «Pero Dios, que consuela a los humildes, nos consoló con la venida de Tito».

28. Dios sabe que al consolar, nosotros seremos consolados también.

2 Corintios 7:13 «Por esto hemos sido consolados en vuestra consolación; pero mucho más nos gozamos por el gozo de Tito, que haya sido confortado su espíritu por todos vosotros».

29. Dios usa a Su iglesia para la consolación mutua entre los hermanos.

1 Tesalonicenses 3:7 «Por ello, hermanos, en medio de toda nuestra necesidad y aflicción fuimos consolados de vosotros por medio de vuestra fe».

Sir Thomas Drake, el explorador inglés del siglo XVI que navegó por todo el mundo, cierta vez estaba cruzando el río Támesis cuando una violenta tormenta amenazó con volcar su barco. Entonces él clamó y dijo: «Oh Dios, ¿Acaso yo, que he soportado las tormentas de los océanos, voy ahogarme en una zanja?».

Recuerden mis amados hermanos, traigan a la memoria las luchas, pruebas y tribulaciones del ayer, y cómo Dios les dio la victoria sobre enfermedades, necesidades financieras, problemas en su trabajo, con su familia, esposa e hijos, recuerde cuán grandes desafíos usted enfrentó y salió victorioso. ¿Acaso ahora, delante de esta prueba claudicará y caerá sofocado por el peso de la angustia y del sufrimiento? ¿Acaso usted que ya ha llegado tan lejos en su vida cristiana o ministerio, caerá delante de esta prueba que le asecha? ¡No! Levántese en fe y camine. Dios está con usted, no se desanime, no flaquee. Si pecó o cedió a la tentación, levántese en el nombre del Señor Jesucristo. Pida perdón, arrepiéntase y siga caminando hacia delante, en oración, ayuno, con la Palabra, pero siga. Encontrará que Dios irá a consolarle en todo momento de su vida. Él entiende, sabe y se preocupa por usted. ¡Sea victorioso! Los mejores años de su vida todavía están por venir. Vívalos en la presencia de Dios recibiendo Su consuelo y ayuda diariamente. Cuando venimos a Dios, podemos entender también el papel del Espíritu Santo como nuestro Consolador y recibir ayuda inmediata de Él, de acuerdo a las Escrituras.

El Espíritu Santo actúa como nuestro Consolador

1. El Consolador fue predicho y prometido.

Juan 14:26 «Mas el Consolador, el Espíritu Santo, a quien el Padre enviará en mi nombre, él os enseñará todas las cosas, y os recordará todo lo que yo os he dicho».

2. El Consolador procede de Dios.

Juan 15:26 «Pero cuando venga el Consolador, a quien yo os enviaré del Padre, el Espíritu de verdad, el cual procede del Padre…».

3. El Consolador es para nosotros los creyentes.

Juan 16:7 «Pero yo os digo la verdad: Os conviene que yo me vaya; porque si no me fuera, el Consolador no vendría a vosotros; mas si me fuere, os lo enviaré».

4. El Consolador fue enviado por el Padre.

Juan 14:16 «Y yo rogaré al Padre, y os dará otro Consolador, para que esté con vosotros para siempre».

5. **El Consolador fue enviado por Dios en el nombre de Cristo.**
Juan 14:26 «Mas el Consolador, el Espíritu Santo, a quien el Padre enviará en mi nombre».

6. **El Consolador también fue enviado por Cristo de parte del Padre.**
Juan 15:26 «Pero cuando venga el Consolador, a quien yo os enviaré del Padre...».

7. **El Consolador vino por la intercesión de Cristo.**
Juan 14:16 «Y yo rogaré al Padre, y os dará otro Consolador...».

8. **El Consolador nos enseña todas las cosas.**
Juan 14:26 «Mas el Consolador, el Espíritu Santo, a quien el Padre enviará en mi nombre, él os enseñará todas las cosas».

9. **El Consolador nos recuerda las palabras de Cristo.**
Juan 14:26c «...y os recordará todo lo que yo os he dicho».

10. **El Consolador es Espíritu de verdad y nos guía a toda verdad.**
Juan 16:13 «Pero cuando venga el Espíritu de verdad, él os guiará a toda la verdad...».

11. **El Consolador nos hará conocer nuestro futuro.**
Juan 16:13c «... y os hará saber las cosas que habrán de venir».

12. **Al Consolador el mundo no lo puede recibir porque no lo conoce.**
Juan 14:17 «el Espíritu de verdad, al cual el mundo no puede recibir...».

13. **El Consolador será conocido por nosotros.**
Juan 14:17 «...pero vosotros le conocéis...».

14. **El Consolador mora y estará con nosotros.**
Juan 14:17c «...porque mora con vosotros, y estará en vosotros».

15. **El Consolador nos concede el gozo.**
Hechos 13:52 «los discípulos estaban llenos de gozo y del Espíritu Santo».

1 Tesalonicenses 1:6 «Y vosotros vinisteis a ser imitadores de nosotros y del Señor, recibiendo la palabra en medio de gran tribulación, con gozo del Espíritu Santo».

16. El Consolador nos concede paz.

Romanos 14:17 «Porque el reino de Dios no es comida ni bebida, sino justicia, paz y gozo en el Espíritu Santo».

17. El Consolador nos concede esperanza.

Romanos 15:13 «Y el Dios de esperanza os llene de todo gozo y paz en el creer, para que abundéis en esperanza por el poder del Espíritu Santo».

18. El Consolador nos concede paciencia y fe.

Gálatas 5:5 «Pues nosotros por el Espíritu aguardamos por fe la esperanza de la justicia».

19. El Consolador nos concede el amor de Dios.

Romanos 5:5 «Porque el amor de Dios ha sido derramado en nuestros corazones por el Espíritu Santo que nos fue dado».

20. El Consolador da testimonio de Cristo a nosotros.

Juan 15:26 «Pero cuando venga el Consolador… él dará testimonio acerca de mí».

Hechos 5:32 «Y nosotros somos testigos suyos de estas cosas, y también el Espíritu Santo, el cual ha dado Dios a los que le obedecen».

LA ARENA EN LOS ZAPATOS

Puedo imaginar cuán difícil serían los obstáculos que tendría que superar una persona si intentara caminar desde la ciudad de Nueva York hasta San Francisco, en California. A un hombre que logró hacer esta hazaña le preguntaron cuál fue su mayor dificultad. Respondió que la parte más difícil del viaje no fue subir las montañas ni cruzar los calurosos, secos y estériles trechos del desierto. «Lo que casi me derrota fue la arena en los zapatos», concluyó el hombre.

Mis estimados lectores, esto nos recuerda que podemos ser derrotados espiritualmente si no sacamos «la arena» de nuestro vivir y caminar diario con Cristo. Quizás esta «arena» sea que estemos desanimados y sin apoyo ni consuelo. Todos necesitamos consuelo cuando estamos en medio de pruebas, luchas y tribulaciones, cuando llegan las «arenas» de las lágrimas de sufrimiento; cuando nos sentimos solos, cuando otros no vuelven y nos dan la espalda; cuando nos critican, cuando no nos comprenden, cuando somos traicionados por alguien de confianza; cuando muere algún familiar, cuando hay mucha carga en el ministerio, cuando cometemos una equivocación, cuando estamos abatidos, desanimados y desalentados, etc.

Éstas son «arenas» que pueden impedir nuestro caminar con Cristo. Por esto necesitamos del Espíritu Santo como nuestro Consolador, ayudador, para que podamos seguir caminando y sacando los obstáculos, paredes, piedras de tropiezo, dificultades y todo embate que el enemigo nos pueda traer.

Uno de los muchos ministerios del Espíritu Santo es ser nuestro Consolador, pues Dios mismo sabe que todos enfrentaremos circunstancias y percances durante nuestro largo y arduo caminar con Cristo desde la tierra hasta llegar a la ciudad celestial, y que en algún momento necesitaremos del Consolador. Por esta razón ahí está el Espíritu Santo, para ayudarnos y consolarnos diariamente. ¡Vengamos, pues a Él!

El Espíritu Santo
y la oración

En Juan 14:16 está escrito: «Y yo rogaré al Padre, y os dará **otro** Consolador, para que esté con vosotros para siempre». La palabra **«otro»** en el griego es **«allos»**, que es alguien que está junto a uno, otro de la misma clase. La palabra alude a similitudes, pero también pone de manifiesto diversidad de funciones y ministerios del Espíritu Santo. Uno de estos ministerios es que el Espíritu Santo intercede por nosotros por medio de Cristo. El uso que Jesús hace de **«allos»** es para referirse a otro Consolador que equivale a «uno junto a mí, además de mí y en adición a mí, aunque exactamente igual a mí, que en mi ausencia hará lo que yo haría si estuviera físicamente presente con ustedes».

Cristo y el Espíritu son nuestros intercesores

La venida del Espíritu asegura la continuidad de lo que Jesús hizo y enseñó, e incluye el ministerio de la oración por medio de la ayuda del Espíritu Santo. En 1 Juan 2:1 cita: «Hijitos míos, estas cosas os escribo para que no pequéis; y si alguno hubiere pecado, abogado tenemos para con el Padre, a Jesucristo el justo».

La Biblia dice que Cristo aboga, nos defiende, intercede por nosotros ante el Padre. Si le hemos fallado, Él nos perdona, nos restaura y nos lleva nuevamente limpios ante Dios. Primeramente Cristo intercede por nosotros, pues Romanos 8:34 nos confirma esto: «¿Quién es el que condenará? Cristo es el que murió; más aun, el que también resucitó, el que además está a la diestra de Dios, el que también intercede por nosotros». Por lo tanto el Señor Jesucristo en los cielos vive continuamente en intercesión por nosotros ante el trono de la gracia. Hebreos 7:25 también nos habla: «Por lo cual puede también salvar perpetuamente a los que por él se acercan a Dios, viviendo siempre para interceder por ellos». Aquí está la promesa, que si nos acercamos a Dios y obedecemos Su palabra somos salvos y redimidos, Cristo intercede por nosotros y aboga nuestra causa ante el Padre. Hebreos 9:24 también hace la referencia: «Porque no entró Cristo en el santuario hecho de mano, figura del verdadero, sino en el cielo mismo para presentarse ahora por nosotros ante Dios». Esta claro entonces que Cristo nos representa en el cielo e intercede por cada creyente delante de Dios y, juntamente con el Espíritu Santo que nos ayuda a orar, llevan a cabo este gran ministerio de intercesión. Romanos 8:26,27 nos dice: «Y de igual manera el Espíritu nos ayuda en nuestra debilidad; pues qué hemos de pedir como conviene, no lo sabemos, pero el Espíritu mismo intercede por nosotros con gemidos indecibles. Mas el que escudriña los corazones sabe cuál es la intención del Espíritu, porque conforme a la voluntad de Dios intercede por los santos». Dice: «Y de igual manera», porque Cristo intercede primeramente por nosotros, después el Espíritu Santo también cumple Su papel y nos ayuda a orar en el Espíritu para que nuestras oraciones tengan efecto ante Dios en los cielos. Dice bien claro que el Espíritu «de acuerdo a la voluntad de Dios intercede por los santos».

La oración en el Antiguo y Nuevo Testamento

En mi libro anterior, el quinto, llamado, «El secreto de la oración eficaz», hablé ampliamente sobre lo que es la oración y los efectos poderosos cuando oramos con la ayuda del Espíritu Santo. Hablando de nuevo sobre la oración, el verbo «palal» en hebreo es «orar, interceder y mediar». Este verbo, que se encuentra tanto en hebreo bíblico como moderno, aparece 84 veces en el Antiguo Testamento hebreo. El término se usa 4 veces en la modalidad intensiva; los 80 casos restantes se encuentran en la forma reflexiva o recíproca en la que la acción generalmente vuelve al sujeto. En la forma intensiva «palal» expresa la idea de «mediar, colocarse entre dos partes», refiriéndose siempre a seres humanos. Por eso, «si un hombre peca contra otro, Dios mediará: "intercederá" por él», 1 Samuel 2:25.

«Mediar» requiere «formarse un criterio», como en Ezequiel 16:52 que dice: «Has hecho que el juicio fuese favorable para tus hermanas».

En los dos casos restantes en que se usa la forma intensiva del verbo, «palal» expresa en Génesis 48:11 «expectativas, dar por sentado», igual que en el Salmo 106:30 que es «intervenir».

La primera vez que aparece **«palal»** en el Antiguo Testamento es en Génesis 20:7, donde la forma reflexiva o recíproca del verbo expresa la idea de «interceder u orar» por alguien: «Y orará por ti».

Es frecuente en el Antiguo Testamento esta clase de oración intercesora: Moisés «ora» por el pueblo para que Dios los libre de las serpientes venenosas, Números 21:7; «ora» por Aarón, Deuteronomio 9:20; y Samuel «intercede» continuamente por Israel, 1 Samuel 12:23. Muchas veces se ora a Yahveh para que actuara en contra del enemigo: «he escuchado lo que me has pedido en oración acerca de Senaquerib, rey de Asiria», 2 Reyes 19:20.

No queda bien claro por qué, precisamente, se usa esta modalidad del verbo para expresar la acción de «orar», puesto que esta forma verbal, en sentido reflexivo, revierte la acción al sujeto. Lo que se quiere, quizás, es enfatizar el papel que tiene dentro de la oración la persona que ora. A la vez que la misma forma verbal puede indicar una acción recíproca entre sujeto y predicado; con esto, tal vez se quiere señalar que la oración es fundamentalmente una comunicación que, para ser genuina, siempre tiene que ser de doble vía entre Dios y la persona y viceversa.

El nombre hebreo **«tpillah»** es «oración». Este vocablo, se encuentra 77 veces en el hebreo y es el término hebraico más común para expresar «oración». Aparece por primera vez en 1 Reyes 8:28: «Con todo, tú atenderás a la oración de tu siervo, y a su plegaria». La casa de Dios será una casa de «oración» para todos los pueblos, Isaías 56:7 y a esta casa vendrán todas las naciones para adorar a Dios. El término puede referirse tanto a una «oración» litúrgica y poética como a las oraciones del pueblo de Dios. En el primer caso, **«tpillah»** se usa como título de 5 salmos y la oración de Habacuc 3:1. En estos usos **«tpillah»** se refiere a una oración para cantarse durante un servicio litúrgico formal.

En el Salmo 72:20 el vocablo describe todos los salmos y «oraciones» de Salmos 1–72, aunque solo uno lleva el nombre específico de «oración»

Sal 17:1. El verbo griego «**eucomai**», es «orar a Dios". Se utiliza con este significado en 2 Corintios 13:7,9; Santiago 5:16; 3 Juan 2 que es «deseo o anhelar algo de bueno». Incluso cuando, como en este último pasaje, y en Hechos 26:29; Hechos 27:29; Romanos 9:3, se traduce denotando deseo, la indicación es que la oración está implicada en ello.

El griego «**proseucomai**» es «orar». Se utiliza siempre como oración a Dios, y es el término más frecuente para ello, especialmente en los Sinópticos y en Hechos; una vez en Romanos 8:26; en Efesios 6:18; en Filipenses 1:9; en 1 Timoteo 2:8; en Hebreos 13:18; en Judas 20, principalmente traducido con el verbo orar, pero también en alguna ocasión como «pedir».

El griego «**deomai**» es «rogar». Se traduce «orando» en Lucas 21:36, «como hubieron orado», Hechos 4:31; «oraba» 10:2; «orando», 1 Tesalonicenses 3:10.

El griego «**parakaleo** es llamar en ayuda de uno»; se traduce con el verbo «orar» en Mateo 26:53. El nombre «**proseuque**» es «oración»; se traduce en forma verbal en Lucas 6:12: «orando» o «oración», literalmente: «en la oración de Dios». El nombre «**euque**», denota una «oración», Santiago 5:15; un voto, Hechos 18:18 y 21:23. El nombre «**proseuque**» denota: (**a**) oración a Dios. Es el término más frecuente, Mateo 21:22; Lucas 6:12, donde la frase no debe ser tomada literalmente, como si significara «la oración de Dios» (genitivo subjetivo), sino objetivamente, «oración a Dios». En Santiago 5:17: «oró fervientemente» es literal «oró con oración», (una forma hebraísta, traducida como «rogó con oración»). Este término se usa en los siguientes pasajes: Ef. 6:18; Filipenses 4:6; 1 Timoteo 2:1; 5:5; (**b**) «un lugar de oración», Hechos 16:13; un lugar fuera de la muralla de la ciudad. El nombre «**doesis**» en el griego es primariamente «una necesidad», luego, «petición, ruego y súplica».

En el NT se dirige siempre a Dios y se traduce principalmente «oración», Lucas 1:13; 2:37; 5:33; Romanos 10:1; 2 Corintios 1:11; 9:14; Filipenses 1:4,19; 2 Timoteo 1:3; Santiago 5:16; y 1 Pedro 3:12. El griego «**enteuxis**», denota en principio posarse sobre y encontrarse relacionado con «**entuncano**»; luego expone la idea de «conversación y petición», que es un significado frecuente en los papiros. Es un término técnico para allegarse a un rey en intercesión. Se traduce «oración» en 1 Timoteo 4:2, en forma plural en 2:1: «peticiones», esto es, «intercesión», buscando la presencia y audiencia de Dios a favor de otros.

Resumiendo entonces, **«proseuque»** se utiliza para la oración en general; **«doesis»** destaca el sentimiento de necesidad; se utiliza en ocasiones de una petición de hombre a hombre. En los papiros, **«enteuxis»** es el término regular para una petición a un superior. El sinónimo **«aitema»** es «petición», y **«jiketeria»**, es «súplica», Hebreos 5:7.

LA ORACIÓN ES AL PADRE EN EL NOMBRE DE CRISTO Y CON LA AYUDA DEL ESPÍRITU

La oración se dirige apropiadamente a Dios el Padre, Mateo 6:6; Juan 16:23; Efesios 1:17; 3:14, y al Hijo, Hechos 7:59; 2 Corintios 12:8. La oración debe ser ofrecida en el Nombre del Señor Jesús, Juan 14:13, esto es, la oración tiene que estar en armonía con Su carácter, y debe ser presentada en el mismo espíritu de dependencia y sumisión que le señalo a Él, Mateo 11:26 y Lucas 22:42. El **Espíritu Santo**, siendo el único intérprete de las necesidades del corazón humano, hace Su intercesión por ellas; y por cuanto es imposible al hombre la oración aparte de su ayuda, Romanos 8:26, a los creyentes se les exhorta a orar siempre en el Espíritu, Efesios 6:18; Judas 20 y Santiago 5:16, cuya última cláusula debería probablemente leerse: «la súplica obrada internamente (esto es, por parte del Espíritu Santo) de un justo puede mucho» o, «prevalece grandemente», es la palabra griega **«iscuo»** como en Hechos 19:16,20. No por ello tiene que estar el entendimiento menos involucrado en la oración, 1 Corintios 14:15, y la voluntad, Colosenses 4:12; Hechos 12:5; donde «sin cesar» es, literalmente «extendida» como en Lucas 22:44. La fe es esencial para la oración, Mateo 21:22; Marcos 11:24; Santiago 1:5-8, porque la fe es el reconocimiento de que encomendamos a nosotros mismos y nuestros asuntos a la fidelidad de Dios. En relación al lugar físico donde la iglesia primitiva oraba y donde los judíos eran numerosos, como en Tesalónica, tenían generalmente una sinagoga, Hechos 17:1, cuando eran pocos, como en Filipos, tenían meramente un **«proseuque»**, o sea, un «lugar de oración», de dimensiones mucho más pequeñas, y generalmente construido junto a un río para poder disponer del agua necesaria para las abluciones preliminares prescritas por la tradición rabínica, Hechos 16:13,16. Por lo tanto nosotros los creyentes debemos orar al Padre, en el nombre del Señor Jesucristo, con la ayuda del Espíritu Santo, en cualquier lugar, sea en nuestras iglesias o en el privado de nuestro hogar. Cuando oramos en el Espíritu nuestra oración obtendrá fuerza, poder y entendimiento y podremos ser partícipes de las grandes bendiciones reservadas para nosotros por medio de la oración.

La comunión con la Trinidad

Cuando en Juan 4:34 Jesús dijo: «Mi comida es que haga la voluntad del que me envió, y que acabe su obra», el Señor rehusó el alimento ofrecido por sus discípulos y declaró, "Yo tengo una comida que comer, que vosotros no sabéis" (v. 32). Pero Él no estaba diciendo que el hambre y la sed físicos eran pecaminosos (posteriormente Él hizo del comer y el beber señales sacramentales como en la Santa Cena). Sin embargo, Su hambre espiritual tenía prioridad sobre los apetitos físicos. Él encontró la satisfacción en una comunión profunda con Dios y en hacer la voluntad de Su Padre. **El aplauso y las adquisiciones materiales pueden alimentar la vanidad y nutrir la ambición, pero no dan sustento al espíritu del hombre**.

Una búsqueda de Dios en oración nos conducirá al hallazgo de nuestro alimento, de nuestra fortaleza espiritual y a la satisfacción de hacer la voluntad de Dios. Como Jesús, descubriremos la voluntad de Dios a través de la comunión diaria con Él. Y así recibiremos la fresca unción del Espíritu Santo en lo que logremos. 1 Juan 5:14,15 nos afirma: «Y esta es la confianza que tenemos en él, que si pedimos alguna cosa conforme a su voluntad, él nos oye. Y si sabemos que Él nos oye en cualquiera cosa que pidamos, sabemos que tenemos las peticiones que le hayamos hecho». Podremos estar seguros que Él responderá nuestras oraciones. Está escrito y Su Palabra no falla. Si oramos y mantenemos esta comunión con el Espíritu Santo viviendo una vida cristiana recta, íntegra y en el centro de la voluntad de Dios, ciertamente Él irá contestando, pues es Su deleite hacerlo.

1 Juan 3:24 dice: «Y el que guarda sus mandamientos, permanece en Dios, y Dios en él. Y en esto sabemos que él permanece en nosotros, por el Espíritu que nos ha dado». Si vivimos rectamente y oramos a Él, sabemos que Él permanece en nosotros, y nos ha concedido el Espíritu Santo para ayudarnos en la intercesión. Esta es la certeza que tenemos, que Él nos oirá y nos contestará cuando le invoquemos con un corazón sincero y una voluntad rendida hacía a Él. También 1 Juan 4:13 cita: «En esto conocemos que permanecemos en él, y él en nosotros, en que nos ha dado de su Espíritu». ¡Alabado sea Dios! Tenemos Su Espíritu adentro

de nosotros, nuestro «Ayudador y Consolador», el que nos sostiene y nos esfuerza al fortalecernos diariamente en nuestro vivir con Cristo, el que ora e intercede juntamente con nosotros y pide por nosotros delante del Padre, por medio de Cristo.

EL PAPEL DEL ESPÍRITU SANTO EN LA ORACIÓN

Romanos 8:26,27 nos dice: «Y de igual manera el Espíritu nos ayuda en nuestra debilidad; pues qué hemos de pedir como conviene, no lo sabemos, pero el Espíritu mismo intercede por nosotros con gemidos indecibles. Mas el que escudriña los corazones sabe cuál es la intención del Espíritu, porque conforme a la voluntad de Dios intercede por los santos».

Para que podamos entender mejor estos versículos, vamos a dividirlos por partes y hacer énfasis en ellos para una clara y sencilla interpretación y entendimiento de lo que Pablo nos dice.

1. Y DE IGUAL MANERA EL ESPÍRITU NOS AYUDA EN NUESTRA DEBILIDAD...

Nosotros los creyentes estamos expuestos a toda clase de tentaciones posibles, por la flaqueza y debilidad de nuestra carne, pues ella es inclinada al pecado y nos hace vivir en una lucha constante a diario entre nuestra naturaleza caída, entre la carne y el Espíritu.

La palabra empleada aquí por «ayuda» en el griego es «sunantilambanomai» y quiere decir «compartir la carga entre dos personas, asistir a alguien en su flaqueza y debilidad, sea en ámbito físico, espiritual, moral o social». Esta palabra griega expresa la ayuda del Espíritu pero también requiere nuestra oración hacía a Él. Entonces el Espíritu Santo «comparte, ayuda, asiste» en nuestras debilidades, decaimientos, desánimos, desalientos, y podremos estar seguros que no estamos solos.

Por lo tanto el Espíritu Santo nos ayuda en nuestras «flaquezas y debilidades», sean físicas, espirituales, mentales o morales, en otras palabras, en todas las áreas de nuestras vidas. La palabra griega traducida como **ayuda** se usa comparada a Lucas 10:40, donde Marta le pide a María que le «ayude». El término no indica que el Espíritu va a orar en lugar nuestro, sino que se nos une para hacer más efectivas nuestras débiles oraciones.

Y es a través de una oración hecha en el Espíritu, una oración intensa, espiritual, entregada y persistente que podremos obtener la victoria y sostenernos ante los peligros existentes y actuales que amenazan nuestras vidas espirituales. También estar firme contra todo intento del diablo en contra de las enseñanzas bíblicas en esta sociedad contrarias a lo que Dios ha establecido. Todos somos tentados de una manera u otra, a veces cedemos a la tentación, un pensamiento, una palabra, una actitud, pues somos humanos. Nosotros podemos vencer la tentación, pues la promesa de Dios está dicha en 1 Corintios 10:13: «No os ha sobrevenido ninguna tentación que no sea humana; pero fiel es Dios, que no os dejará ser tentados más de lo que podéis resistir, sino que dará también juntamente con la tentación la salida, para que podáis soportar». Aunque Dios ha provisto la salida, el escape a la tentación, en caso de que sucumbamos a ella, y hemos pecado, también está la promesa bíblica de la restauración. La tentación en sí no es pecado; pecado es ceder, pero cuando fallamos a Dios en alguna área de nuestras vidas, porque no hay cristiano ni ministro infalible, regresamos a Él en arrepentimiento, confesión y humildad, rogándole Su perdón y misericordia, y nos levantamos y seguimos adelante.

Todos nosotros creyentes, y de igual manera ministros, de alguna manera u otra hemos experimentado derrotas, recaídas, renuncias, sufrido un revés, hemos resbalado diciendo alguna mala palabra, haciendo lo incorrecto, etc.

Eso no significa que hemos caído de la gracia, sino que le hemos fallado al Señor en un determinado momento. Y quien diga lo contrario está mintiendo, sea un cristiano secular o ministro, porque la Palabra de Dios dice que todos hemos pecado. Pero aquí está la promesa de restauración. La Biblia dice que abogado tenemos en el cielo para con el Padre, Jesucristo el justo. Además 1 Juan 1:9,10 nos afirma que Él nos restaura: «Si confesamos nuestros pecados, él es fiel y justo para perdonar nuestros pecados, y limpiarnos de toda maldad. Si decimos que no hemos pecado, le hacemos a él mentiroso, y su palabra no está en nosotros».

2. PUES QUÉ HEMOS DE PEDIR COMO CONVIENE, NO LO SABEMOS...

Las Escritura dice en 1 Corintios 14:15 «¿Qué, pues? Oraré con el espíritu, pero oraré también con el entendimiento; cantaré con el espíritu, pero cantaré también con el entendimiento».

Aquí el Apóstol Pablo deja en claro que tenemos que orar CON EL Espíritu. En Efesios 6:18 dice que hay que orar EN EL Espíritu: «Orando en todo tiempo con toda oración y súplica en el Espíritu». Y en Judas 20 está escrito que igualmente debemos orar EN EL Espíritu: «Pero vosotros, amados, edificándoos sobre vuestra santísima fe, orando en el Espíritu Santo». Entonces oramos CON el Espíritu y EN EL Espíritu, o sea, juntamente CON Él, como en un común acuerdo o asociación CON Él y también EN ÉL. Debemos entender que Él está adentro de nosotros y nos ayuda EN su dirección, EN ÉL, guiándonos a cómo orar eficazmente, con sabiduría, entendimiento y poder, porque solamente el Espíritu sabe lo que nos conviene, pues no sabemos pedir, no sabemos orar, no sabemos interpretar las profundidades espirituales escondidas en el Espíritu.

Por esto es que al orar, necesitamos del Espíritu Santo al orar CON ÉL y también necesitamos orar EN ÉL, pues ÉL es que nos guía, convence, nos enseña, nos habla, nos redarguye, nos exhorta y nos lleva al trono de la gracia de Dios.

El Espíritu Santo es el gran director de la oración y solamente la oración hecha CON Él y EN Él es aceptada y respondida. Él examina y prueba nuestros motivos cuando pedimos algo. Él conoce lo más profundo de nuestro ser. Él entiende todo el maravilloso proceso y misterio de la oración que proviene del profundo de nuestra alma y es dirigida por Él. Él entiende la voluntad de Dios para nosotros y los planes del Todopoderoso para nuestras vidas y el trabajo y el servicio que nosotros podremos ofrecerle. Para nosotros la hora siguiente y el día siguiente podrá estar encubierto, pero no para Él, por lo tanto el Espíritu anhela y desea tener el control de nuestros pensamientos y deseos porque solo Él sabe lo que debemos pedir como conviene. Nosotros no lo sabemos. Es la mediación de Cristo con el Padre y del Espíritu Santo por nosotros que nos da el gran honor y privilegio de orar en el nombre de Jesús.

Ya que el Espíritu «toma parte en nuestra debilidad», en nuestro lugar, como alguien agachándose para tomar un fardo, una carga de leñas y levantarla, así el Espíritu nos ayuda a levantar «esta carga», a llevarla. Esta palabra «como conviene», literalmente quiere decir «en la dirección de la voluntad de Dios y de Su eterno propósito en nuestras vidas». Y si el apóstol Pablo, humildemente decía que «no sabemos orar», «no sabemos pedir como conviene», «lo que rogamos según se debe, no lo sabemos», si este gran hombre decía estas palabras, ¿qué de nosotros?

La palabra «**pedir**» aquí en el griego es «**huperentugchano**», que quiere decir «ponerse en el lugar de la persona por la cual está intercediendo». Cuando usted ora CON el Espíritu y EN EL Espíritu, Él está ayudándonos a orar, a interceder.

3. PERO EL ESPÍRITU MISMO INTERCEDE POR NOSOTROS CON GEMIDOS INDECIBLES...

Dice la Escritura que el «Espíritu» intercede, pues Él es la tercera Persona de la Santísima Trinidad. Como ya vimos anteriormente en el capítulo cuatro sobre la «divinidad del Espíritu», hemos concluido que el Espíritu:

A. Él es llamado Dios.

Hechos 5:3,4 «Y dijo Pedro: Ananías, ¿por qué llenó Satanás tu corazón para que mintieses al Espíritu Santo, y sustrajeses del precio de la heredad? Reteniéndola, ¿no se te quedaba a ti? Y vendida, ¿no estaba en tu poder? ¿Por qué pusiste esto en tu corazón? No has mentido a los hombres, sino a Dios»

B. Él es llamado Señor.

2 Corintios 3:18 «Por tanto, nosotros todos, mirando a cara descubierta como en un espejo la gloria del Señor, somos transformados de gloria en gloria en la misma imagen, como por el Espíritu del Señor».

C. Él es integrante de la Santísima Trinidad.

Mateo 28:19 «Por tanto, id, y haced discípulos a todas las naciones, bautizándolos en el nombre del Padre, y del Hijo, y del Espíritu Santo».

Efesios 4:4-6 «Un cuerpo, y un Espíritu, como fuisteis también llamados en una misma esperanza de vuestra vocación; un Señor, una fe, un bautismo, un Dios y Padre de todos, el cual es sobre todos, y por todos, y en todos».

D. Y los Tres son Uno.

1 Juan 5:7 «Porque tres son los que dan testimonio en el cielo: el Padre, el Verbo y el Espíritu Santo; y estos tres son uno».

Por lo tanto el Espíritu Santo como Dios que es, como Señor que es, y como parte de la Trinidad que es, Él tiene el poder y la autoridad de interceder juntamente con nosotros, ayudándonos a llevar nuestra oración al Padre cuando oramos CON Él y EN Él.

Igualmente como ya vimos en el capítulo cinco, sabemos que el Espíritu posee una *personalidad,* tiene intelecto, inteligencia, pues Él habla, enseña, guía, intercede, convence, testifica, llama al ministerio, juzga, aboga, revela, comunica, adopta y reparte.

También vimos que el Espíritu tiene *sentimientos,* sensibilidad, pues Él gime, ama, se entristece, clama, ayuda, consuela; Él puede ser rechazado, resistido, tentado, puede ser apagado, afrontado, se blasfema contra Él y se puede pecar contra Él.

De igual manera usted leyó que el Espíritu tiene *voluntad propia,* determinación, pues Él orienta, impide, habita, regenera, invita, protesta, reprende, ordena, aviva, santifica, sella y purifica. Si desea vuelva a leer el capítulo y consulte los versículos de respaldo allí citados para entender que el Espíritu es cada uno de lo citado arriba.

La Biblia dice que «el Espíritu mismo intercede por nosotros con gemidos indecibles». La palabra «**gemidos**» empleada aquí en el griego es «**stenagmos**», que quiere decir «gemidos del corazón, de las entrañas de uno mismo», con dolor y con sacrificio. Esta palabra «**stenagmos**» se cita solo dos veces en las Escrituras: en Romanos 8:26,27 y en Hechos 7:34 que dice: «Ciertamente he visto la aflicción de mi pueblo que está en Egipto, y he oído su gemido, y he descendido para librarlos. Ahora, pues, ven, te enviaré a Egipto».

Claro que sobre esta palabra «gemidos» hay muchas otras interpretaciones teológicas. Algunos teólogos interpretan los **gemidos** como emitidos por el Espíritu Santo, debido a que el texto dice que el Espíritu los usa para interceder por nosotros. Otros consideran que Pablo se refiere a «gemidos» nuestros, debido a varias razones: el v. 23 dice que nosotros «gemimos».

Tales «gemidos», que parecen indicar cierto grado de desesperación y angustia, se entienden en el caso de las criaturas (vv. 22,23), no del Creador. Esta afirmación explica el v. 26, el cual dice que el Espíritu nos «ayuda», no que nos reemplaza en nuestras oraciones. La expresión **indecible** no necesariamente significa «silente», sino que más bien quiere decir «imposible de poner en palabras». Si el v. 26 se refiere a los "gemidos" del Espíritu Santo, que no podemos escuchar, entonces simplemente ofrece aliento afirmando que el Espíritu ora por nosotros, y lo hace con efectividad cuando nosotros no sabemos hacerlo. Pero, si como parece más probable, el versículo se refiere a nuestros «gemidos» en la oración, entonces significa que esos signos, gemidos, llantos y lágrimas, (ver Hebreos 5:7), son tomados por el Espíritu Santo y convertidos en efectiva intercesión delante del trono de Dios.

Pablo está hablando en este versículo, en términos generales, de la vida de oración de los cristianos. No discute específicamente la cuestión de hablar en lenguas. Sin embargo, hay similitud entre ambas experiencias. El hablar en lenguas a menudo es orar o adorar emitiendo sonidos que no comprende la persona que los emite, 1 Corintios 14:2, y ambas modalidades del lenguaje se deben a la actividad del Espíritu Santo, Hechos 2:4; 1 Corintios 12:10,11,14,15; Efesios 6:18 y Judas 20.

Así de esta manera oró Cristo, EN EL Espíritu y CON EL Espíritu. Después oraron los discípulos, los apóstoles y los padres de la Iglesia primitiva y después los grandes hombres y mujeres de Dios del pasado y de hoy. Ellos oraron con la ayuda y los «gemidos» del Espíritu delante del Padre en una intercesión profunda dirigida y guiada por el Espíritu Santo.

Solamente citemos a algunos de los más sobresalientes, tales como Timón y Parmenas, Ignacio, Clemente de Alejandría, Policarpo, Papías, Ireneo, Orígenes, Tertuliano, Andrónico, Eusebio, Jerónimo, Agustín, Arnoldo de Brescia, Juan Wyclif, Savonarola, Juan Hus, Martín Lutero, Nicolao Ridley, Julio Palmer, Juan Peary, Dietrich Bonhoeffer, Richard Wurnbrand, Mary Mitchell Slessor, Smith Wigglesworth, Nettleton, George Whitefield, Robert Murray Mccheyne, Corrie Ten Boom, Charles Thomas Studd, Tanna Collins, Nicholaus Zinzendorf, Robert Moffat, Francis Asbury, James Chalmers, Phoebe Palmer, Amanda Smith, Catherine & William Booth, John Bunyan, Jonathan Edwards, David Brainerd, William Carey, Christmas Evans, Evan Roberts, Enrique Martin, Adoniram Judson, Charles Finney, George Muller, David Livingstone, John Patton, Hudson Taylor, Charles Spurgeon, Pastor Hsi, Dwight L. Moody, Jonathan Goforth, Billy Sunday, Gipsy Smith, Oswald Smith, Floyd Banker, Samuel Brengle, J. R. Mott, Oswald Chambers, John Wesley, C. T. Pike, Ebenezer Erskine, Barclay Buxton, John Milton, J. D. Drysdale, G. C. Bevington, Adán Clarke, John Sung, William Bramwell, John Elliot, George Fox, Joseph Alleine, G. H. Lang, Charles Simeón, J. Charles Stern, Samuel Rutherford, E. H. Divan, John Fletcher, Gerardo Tersteegen, etc. Y muchos y muchos más que cambiaron el mundo para Cristo por sus predicaciones y sus oraciones, a quienes Dios usó grandemente en sus respectivas generaciones y épocas. Nos basta leer sus biografías y ver cómo Dios se glorificó en ellos de una manera muy especial por medio de la oración en las madrugadas, y durante todo el día por medio de la oración en el Espíritu con «gemidos indecibles».

4. MAS EL QUE ESCUDRIÑA LOS CORAZONES SABE CUÁL ES LA INTENCIÓN DEL ESPÍRITU.

Sabemos que aquí, en particular, es Cristo que escudriña los corazones, pero además de ÉL, Dios y el Espíritu también lo hacen porque constituyen el TODO de la Trinidad.

A. Dios el Padre escudriña.

1 Crónicas 28:9 «Y tú, Salomón, hijo mío, reconoce al Dios de tu padre, y sírvele con corazón perfecto y con ánimo voluntario; porque Jehová escudriña los corazones de todos, y entiende todo intento de los pensamientos. Si tú le buscares, lo hallarás; mas si lo dejares, él te desechará para siempre».

Jeremías 17:10 «Yo Jehová, que escudriño la mente, que pruebo el corazón, para dar a cada uno según su camino, según el fruto de sus obras».

B. Dios el Hijo escudriña.

Apocalipsis 2:23 «Y a sus hijos heriré de muerte, y todas las iglesias sabrán que yo soy el que escudriña la mente y el corazón; y os daré a cada uno según vuestras obras».

C. Y Dios Espíritu escudriña.

1 Corintios 2:10 «Pero Dios nos las reveló a nosotros por el Espíritu; porque el Espíritu todo lo escudriña, aun lo profundo de Dios».

El Espíritu Santo dirige nuestros pensamientos al Dios de la verdad y amor. Cristo escudriña nuestro ser, y de acuerdo a la intención del Espíritu, somos guiados por Él. Es Él quien nos presta socorro en medio de nuestras debilidades y cuando nos sentimos apagados, en el último resto de ardor de nuestras oraciones… Entonces el Espíritu Santo habla a Dios, del fondo de su ser, con «gemidos indecibles», es decir, en un lenguaje que ninguna palabra humana podría entender, contener, hablar o expresar.

Cristo, sabiendo la intención del Espíritu al escudriñar nuestros corazones, muestra el sello de aprobación de una intercesión y oración hecha, dirigida y consumada en el Espíritu Santo. Esta es la definición clásica de la omnisciencia de Dios. Él conoce los detalles más íntimos de nuestra vida y todo lo demás que necesitamos de Él.

5. PORQUE CONFORME A LA VOLUNTAD DE DIOS INTERCEDE POR LOS SANTOS.

El Espíritu ora por los santos (nosotros) según Dios, y según la voluntad de Dios y lo que es agradable a Él. Todas las oraciones que hacemos **en el** Espíritu y **con** el Espíritu, obran para un mismo fin, pues no están separadas del Espíritu, sino son hechas **en ÉL, con ÉL y por ÉL**. La palabra **«voluntad»** aquí en el griego es **«entugchano»** que es «interceder según la voluntad de Dios».

La intercesión debe considerarse como limitada al ministerio en que uno se pone entre Dios y su prójimo. Es una oración a favor de otros. Bajo tales condiciones, no sabemos cómo orar como se debe, pero el Espíritu ayuda a nuestra flaqueza, o sea, ÉL INTERCEDE POR NOSOTROS.

En sí mismo el creyente está menos preparado para orar por otros que cualquier otra cosa, pero la intercesión por sus semejantes es uno de los ministerios más grandes que le han sido encomendados a los hijos de Dios. Muy pocos cristianos han experimentado este maravilloso ministerio de orar, interceder por los demás y de ver los grandes milagros que Dios hace al contestar dichas oraciones.

Por lo tanto, la oración e intercesión verdadera hecha CON el Espíritu y EN EL Espíritu es compuesta de cuatro elementos importantes que son:

A. Súplica.

Mateo 7:7 «Pedid, y se os dará; buscad, y hallaréis; llamad, y se os abrirá».

2 Samuel 7:27 «Porque tú, Jehová de los ejércitos, Dios de Israel, revelaste al oído de tu siervo, diciendo: Yo te edificaré casa. Por esto tu siervo ha hallado en su corazón valor para hacer delante de ti esta súplica».

2 Samuel 24:25 «Y edificó allí David un altar a Jehová, y sacrificó holocaustos y ofrendas de paz; y Jehová oyó las súplicas de la tierra, y cesó la plaga en Israel».

Salmo 55:1 «Escucha, oh Dios, mi oración, y no te escondas de mi súplica».

Salmo 66:19 «Mas ciertamente me escuchó Dios; atendió a la voz de mi súplica».

Salmo 119:58 «Tu presencia supliqué de todo corazón; ten misericordia de mí según tu palabra».

1 Timoteo 5:5 «Mas la que en verdad es viuda y ha quedado sola, espera en Dios, y es diligente en súplicas y oraciones noche y día».

B. Confesión.

1 Juan 1:9 «Si confesamos nuestros pecados, él es fiel y justo para perdonar nuestros pecados, y limpiarnos de toda maldad».

Isaías 6:5 «Entonces dije: ¡Ay de mí! Que soy muerto; porque siendo hombre inmundo de labios, y habitando en medio de pueblo que tiene labios inmundos, han visto mis ojos al Rey, Jehová de los ejércitos».

Proverbios 28:13 «El que encubre sus pecados no prosperará; mas el que los confiesa y se aparta alcanzará misericordia».

C. Agradecimiento.

Efesios 5:20 «Dando siempre gracias por todo al Dios y Padre, en el nombre de nuestro Señor Jesucristo».

1 Tesalonicenses 5:18 «Dad gracias en todo, porque esta es la voluntad de Dios para con vosotros en Cristo Jesús».

Filipenses 4:6 «Por nada estéis afanosos, sino sean conocidas vuestras peticiones delante de Dios en toda oración y ruego, con acción de gracias».

D. Adoración.

1 Crónicas 29:10-13 «Asimismo se alegró mucho el rey David, y bendijo a Jehová delante de toda la congregación; y dijo David: Bendito seas tú, oh Jehová, Dios de Israel nuestro padre, desde el siglo y hasta el siglo. Tuya es, oh Jehová, la magnificencia y el poder, la gloria, la victoria y el honor; porque todas las cosas que están en los cielos y en la tierra son tuyas. Tuyo, oh Jehová, es el reino, y tú eres excelso sobre todos. Las riquezas y la gloria proceden de ti, y tú dominas sobre todo; en tu mano está la fuerza y el poder, y en tu mano el hacer grande y el dar poder a todos. Ahora pues, Dios nuestro, nosotros alabamos y loamos tu glorioso nombre».

Romanos 11:33 «¡Oh profundidad de las riquezas de la sabiduría y de la ciencia de Dios! ¡Cuán insondables son sus juicios, e inescrutables sus caminos!».

Por lo tanto oramos al Padre, en el nombre de Cristo y con la ayuda y la intercesión del Espíritu Santo que, como el Hijo, también ora por nosotros. Recuerde que en relación al Espíritu Santo, nosotros oramos CON ÉL y EN ÉL. De esta manera nuestras oraciones serán eficaces y poderosas.

Es mi oración que podamos entrar en un nuevo nivel, escalón y dimensión espiritual al entender que el Espíritu está a nuestra disposición como «ayudador», aquel que está a «nuestro lado» y que es nuestro «asistente», llevando nuestras plegarias al trono de la gracia para obtener «socorro oportuno» cuando lo necesitamos.

Que el Señor nos dé la sabiduría para orar EN EL Espíritu y CON EL Espíritu para el avance y crecimiento de nuestras vidas espirituales. ¡Oremos, pues, en el nivel del Espíritu!

Dios contesta la oración

Se cuenta que hace muchos años, en el estado de Connecticut aquí en los Estados Unidos, hubo una gran sequía. El agua desapareció de las montañas y los hacendados llevaron su ganado hacía los valles. También allí los ríos empezaron a secarse y eran insuficientes para todo el ganado de la región. Cuando un cierto hombre de Dios trajo su ganado para beber juntamente con los demás animales, los moradores le dijeron: «No traiga más aquí su rebaño…»

Cuando regresó a la casa, el creyente reunió a la familia y todos se arrodillaron delante de Dios pidiéndole con lágrimas al Señor que no permitiera que todo el rebaño muriera por falta de agua.

Ellos derramaron sus corazones y clamaron por la «ayuda» del Espíritu Santo mientras oraban y confiaron en que Cristo contestaría sus oraciones. Al día siguiente, mientras el hombre caminaba por las montañas y pasaba por un lugar donde había estado ya muchas veces, percibió que la tierra estaba oscura y húmeda. Al excavar un poco con la mano se dio cuenta que el agua brotaba en abundancia del suelo. Inmediatamente salió corriendo y dio las nuevas en su casa con mucha alegría y agradecimiento a Dios. Donde todos se regocijaron y alabaron al Señor por haber contestado sus oraciones.

Salieron y llevaron sus animales a beber abundantemente. Después hicieron unos vallados, unas pequeñas zanjas y el agua fluyó hasta la casa.

Queridos hermanos: Este es el maravilloso Señor que cuando oramos a Él, en el nombre de Jesús y con la ayuda del Espíritu Santo, responde nuestras plegarias trayéndonos alegría y satisfacción al ver nuestros deseos cumplidos y hechos realidad.

Dios es bueno, Él contesta nuestros ruegos; Él conoce nuestras necesidades; Él sabe lo más íntimo de nuestros corazones y está siempre dispuesto a bendecirnos, desde el momento mismo en que nos presentamos delante de Él en oración, con humildad, dependencia y seguridad de que responderá.

EL ESPÍRITU SANTO
Y EL AYUNO

En Hechos 14:23 está escrito: «Y constituyeron ancianos en cada igle-sia, y habiendo orado con **ayunos,** los encomendaron al Señor en quien habían creído».

La palabra **«ayuno»** aquí en el griego es **«nesteia»**, que es «ayuno» (de **«ne»**, prefijo negativo, y **«esthio»** que es «comer»). Se usa: **(a)** para absti-nencia voluntaria de comer, Lucas 2:37 y mencionada en Hechos 14:23. Algunos asocian esta palabra en Mateo 17:21 y Marcos 9:29. El ayuno se había hecho una práctica común entre los judíos, y fue seguido por los cristianos, Hechos 27:9. «El ayuno» se refería al Día de la Expiación, Leví-tico 16:29; **(b)** de abstinencia involuntaria (quizá se incluya la voluntaria), como consecuencia de circunstancias adversas en 2 Corintios 6:5 y 11:27.

La palabra **«nestis»** es «no comer» y se usa para carencia de comida, Mateo 15:32: «en ayunas»; «ayunos»; Marcos 8:3: «en ayunas». La palabra **«asitia»** en Hechos 27:21, significa «sin comida» (no debido a falta de víveres), esto es haciendo referencia a «abstinencia de comer».

El verbo **«nesteuo»**, es «ayunar, abstenerse de comer». Se usa para ayunar voluntariamente, Mateo 4:2; 5:16,17,18; 9:14,15; Marcos 2:18,19,20; Lucas 5:33,34,35; 18:12 y Hechos 13:2,3. Algunos de estos pasajes mues-tran que los maestros que eran seguidos por discípulos daban instruc-ciones especiales en cuanto a ayunar.

Cristo enseñó la necesidad de pureza y de simplicidad de motivos. Las respuestas de Cristo a las preguntas de los discípulos de Juan y de los fariseos revelan todo Su propósito y método. Es indudable que Él y Sus seguidores observaban ayunos tales como el del Día de la Expiación, pero Él no impuso además otros ayunos frecuentes. Lo que enseñó es apropiado al cambio de carácter y de propósito que Él dispuso para Sus discípulos. Su afirmación de ser el esposo, Mateo 9:15, y la referencia allí a la no práctica del ayuno, implica visualmente la afirmación de su condición de Mesías al referirse a Zacarías 8:19. También aparece este verbo en Hechos 10:30. El adjetivo «asitos», es estar sin alimento, de «a» negativo y «sitos», que es grano, alimento. Se usa en Hechos 27:33 por «ayunas».

En mi libro anterior, el sexto, llamado, «La vida espiritual victoriosa», hablo extensamente en el capítulo nueve sobre áreas específicas que las que aprendí a ayunar y vencer a lo largo de estos 29 años de grandes batallas espirituales. Ahí mencioné la poderosa arma disponible que es el ayuno en nuestro arsenal espiritual cuando es usado adecuadamente, resultando en grandes victorias. Escribí ahí que bajo el poder del Espíritu por medio del ayuno, he predicado en más de 72 países en todos los continentes y he visto grandes milagros al ser la Palabra entregada con poder y autoridad. También explico sobre el porqué de ayunar; de la victoria que tuvimos contra una hechicera en nuestra ciudad; de la guía espiritual del ayuno y de las grandes conquistas que podremos obtener al ayunar en el centro de la voluntad de Dios. Y añadiría en este capítulo de este nuevo libro, que todo aquello hecho bajo el poder y la dirección del Espíritu resultarán en bendiciones a nuestras vidas como nunca antes, si solamente dependemos de la actuación del Espíritu Santo en nuestro ayuno personal.

Imagínese estas dos armas usadas juntas a nuestro favor, el ayuno y el poder del Espíritu. Si son usados de la manera adecuada, Su poder destrozará el poder del enemigo, traerá respuesta a nuestras oraciones, nos usará para orar por los enfermos y ver grandes milagros y sanidades que jamás hemos visto, predicaremos la Palabra como nunca antes y seremos testigos de multitudes convertirse a Cristo por medio de nuestros ministerios.

Por lo tanto, es importante ayunar bajo la guía y la dirección del Espíritu, con Su ayuda y asistencia, pues de esta forma haremos todo bajo la aprobación y la bendición de Dios y recibiremos lo que hemos pedido y anhelado, sea en el área familiar, personal o ministerial.

LOS TRES TIPOS DE AYUNO

Para entender con sabiduría lo que es ayunar con precisión y hacerlo con efectividad, tenemos que conocer primero los tres tipos de ayuno y ser guiados por el Espíritu para saber cual de ellos nos indica practicar, ya que hay variados motivos para ayunar, por diferentes números de días para distintas necesidades y diferentes propósitos.

Los tres tipos de ayuno bíblico son:

1. **El ayuno parcial**

Daniel 1:12 «Te ruego que hagas la prueba con tus siervos por diez días, y nos den legumbres a comer, y agua a beber».

Este ayuno es obtenerse de ciertos alimentos bajo la dirección del Espíritu y hacerlo por un largo periodo de tiempo según la necesidad.

2. **El ayuno normal**

Mateo 4:2 «Y después de haber ayunado cuarenta días y cuarenta noches, tuvo hambre».

Es ayunar solamente con agua. Este es el ayuno más popular y fue el que Jesús hizo. La Biblia dice que al final Él tuvo «hambre», pero no «sed».

3. **El ayuno absoluto**

Éxodo 34:28 «Y él estuvo allí con Jehová cuarenta días y cuarenta noches; no comió pan, ni bebió agua; y escribió en tablas las palabras del pacto, los diez mandamientos».

(Ver Deuteronomio 9:9).

Esdras 10:6 «Se levantó luego Esdras de delante de la casa de Dios, y se fue a la cámara de Johanán hijo de Eliasib; e ido allá, no comió pan ni bebió agua, porque se entristeció a causa del pecado de los del cautiverio».

Ester 4:16 «Ve y reúne a todos los judíos que se hallan en Susa, y ayunad por mí, y no comáis ni bebáis en tres días, noche y día; yo también con mis doncellas ayunaré igualmente, y entonces entraré a ver al rey, aunque no sea conforme a la ley; y si perezco, que perezca».

Hechos 9:8,9 «Entonces Saulo se levantó de tierra, y abriendo los ojos, no veía a nadie; así que, llevándole por la mano, le metieron en Damasco, donde estuvo tres días sin ver, y no comió ni bebió».

Este es el ayuno más completo y poderoso en las Escrituras, sin comer y sin beber agua. Es el ayuno que obra milagros y mueve la mano de Dios. Normalmente se hace por tres días solamente, o por algunos días más, ya que es muy difícil y peligroso no tomar agua pues las paredes del estómago podrían cerrarse causando un gran daño al cuerpo. Si alguien lo va hacer por un largo tiempo, es necesario buscar el consejo, la guía y el cuidado de un médico, además de poseer una palabra directa del Señor por medio del Espíritu Santo. De lo contrario podría tener un serio daño físico y ver afectada su salud.

Damaris y yo hemos obtenido grandes victorias personales, familiares y ministeriales en dos tipos de estos ayunos, el normal, con agua solamente y el absoluto o completo, pues el parcial nunca lo hemos hecho. No hay armas más poderosas que el ayuno, la Palabra y el poder del Espíritu Santo. Nosotros hemos vencido ataques feroces del enemigo en contra de nuestras vidas, nuestros hijos y ministerios. Hemos vencido a brujas, hechiceros y satanistas juntamente con todos los opositores al evangelio. Ellos han sucumbido, han caído y sido avergonzados delante de estas tres armas poderosas que están a nuestra disposición en el arsenal espiritual de Dios. El diablo, sus demonios y todas las huestes del infierno no pueden resistir uno de estos ayunos dirigido por el poder del Espíritu Santo. El Señor respalda Su Palabra cuando lo hacemos con los motivos y razones correctas y sinceras para traer a Él la honra y gloria debida a Su Nombre. La Escritura dice en Lucas 4:1,2 lo siguiente: «Jesús, lleno del Espíritu Santo, volvió del Jordán, y fue llevado por el Espíritu al desierto por cuarenta días, y era tentado por el diablo. Y no comió nada en aquellos días, pasados los cuales, tuvo hambre». Dice que Cristo fue «lleno del Espíritu» y que después fue «llevado por el Espíritu» a ayunar por cuarenta días. Por lo tanto nosotros debemos estar «llenos del Espíritu» en nuestras vidas espirituales y ser «llevados, guiados y dirigidos por el Espíritu» al AYUNAR CORRECTAMENTE en el tiempo de Dios y de la manera de Dios. De este modo seremos bendecidos grandemente como nunca lo hemos experimentado.

Nuestros hijos Kathryn y Joshua también han aprendido ya hace mucho tiempo sobre el poder del ayuno y periódicamente separan días para ayunar y orar por sus estudios, para que Dios les conceda los grados más altos.

LOS BENEFICIOS DEL AYUNO EN EL ESPÍRITU

¿Y cuáles son algunos de los beneficios del ayuno? Necesitamos conocer, recibir y desfrutar de estos beneficios y ayunar en el centro de la voluntad de Dios, en el nombre de Cristo y con la guía y la ayuda del Espíritu. Hay muchos beneficios, aquí solamente menciono algunos:

1. **Nos lleva a reconocer que hemos pecado.**

   2 Samuel 12:13-17 «Entonces dijo David a Natán: Pequé contra Jehová. Y Natán dijo a David: También Jehová ha remitido tu pecado; no morirás. Mas por cuanto con este asunto hiciste blasfemar a los enemigos de Jehová, el hijo que te ha nacido ciertamente morirá. Y Natán se volvió a su casa. Y Jehová hirió al niño que la mujer de Urías había dado a David, y enfermó gravemente. Entonces David rogó a Dios por el niño; y ayunó David, y entró, y pasó la noche acostado en tierra. Y se levantaron los ancianos de su casa, y fueron a él para hacerlo levantar de la tierra; mas él no quiso, ni comió con ellos pan».

   (El ayuno hace que reconozcamos que hemos fallado al Señor).

2. **Nos lleva al arrepentimiento.**

   Jonás 3:5-10 «Y los hombres de Nínive creyeron a Dios, y proclamaron ayuno, y se vistieron de cilicio desde el mayor hasta el menor de ellos. Y llegó la noticia hasta el rey de Nínive, y se levantó de su silla, se despojó de su vestido, y se cubrió de cilicio y se sentó sobre ceniza. E hizo proclamar y anunciar en Nínive, por mandato del rey y de sus grandes, diciendo: Hombres y animales, bueyes y ovejas, no gusten cosa alguna; no se les dé alimento, ni beban agua; sino cúbranse de cilicio hombres y animales, y clamen a Dios fuertemente; y conviértase cada uno de su mal camino, de la rapiña que hay en sus manos. ¿Quién sabe si se volverá y se arrepentirá Dios, y se apartará del ardor de su ira, y no pereceremos? Y vio Dios lo que hicieron, que se convirtieron de su mal camino; y se arrepintió del mal que había dicho que les haría, y no lo hizo».

   En el tiempo bíblico, **cilicio** era una vestimenta tipo saco hecha de tela gruesa y usada como símbolo de luto o arrepentimiento. Y la **ceniza** también era signo de luto y de arrepentimiento.

   (El ayuno además de hacernos reconocer que hemos pecado, nos lleva al arrepentimiento).

3. Nos lleva a la confesión.

Daniel 9:3-6 «Y volví mi rostro a Dios el Señor, buscándole en oración y ruego, en ayuno, cilicio y ceniza. Y oré a Jehová mi Dios e hice confesión diciendo: Ahora, Señor, Dios grande, digno de ser temido, que guardas el pacto y la misericordia con los que te aman y guardan tus mandamientos; hemos pecado, hemos cometido iniquidad, hemos hecho impíamente, y hemos sido rebeldes, y nos hemos apartado de tus mandamientos y de tus ordenanzas. No hemos obedecido a tus siervos los profetas, que en tu nombre hablaron a nuestros reyes, a nuestros príncipes, a nuestros padres y a todo el pueblo de la tierra».

(El ayuno, juntamente con el reconocimiento de la falta y al arrepentirnos, nos lleva a confesar lo que hemos hecho).

4. Abre nuestro entendimiento y nos da dirección.

Esdras 8:21 «Y publiqué ayuno allí junto al río Ahava, para afligirnos delante de nuestro Dios, para solicitar de él camino derecho para nosotros, y para nuestros niños, y para todos nuestros bienes».

(El ayuno nos concede la sensibilidad espiritual y nos guía a hacer lo correcto).

5. Nos revela grandes cosas.

Jeremías 33:3 «Clama a mí, y yo te responderé, y te enseñaré cosas grandes y ocultas que tú no conoces».

(El ayuno nos dará las revelaciones profundas y escondidas en Dios).

6. Nos lleva a la humildad.

Isaías 22:12 «Por tanto, el Señor, Jehová de los ejércitos, llamó en este día a llanto y a endechas, a raparse el cabello y a vestir cilicio».

(El ayuno hace que andemos en sencillez evitando el orgullo y la arrogancia espiritual).

7. Nos debilita físicamente pero nos fortifica espiritualmente.

Salmo 109:24 «Mis rodillas están debilitadas a causa del ayuno, y mi carne desfallece por falta de gordura».

(El ayuno, aunque enflaquece nuestro físico, nos torna fuertes en el nivel espiritual).

8. Nos ayuda a disciplinar nuestro estómago.

Proverbios 23:1,2 «Cuando te sientes a comer con algún señor, considera bien lo que está delante de ti, y pon cuchillo a tu garganta, si tienes gran apetito».

(El ayuno coordina nuestro cuerpo en relación al consumo de alimentos).

9. Nos lleva a vivir una vida espiritual disciplinada.

1 Corintios 9:27 «Sino que golpeo mi cuerpo, y lo pongo en servidumbre, no sea que habiendo sido heraldo para otros, yo mismo venga a ser eliminado».

(El ayuno nos hace comportarnos de una manera madura en el crecimiento espiritual).

10. Nos hace buscar más de la Palabra de Dios.

Jeremías 36:6 «Entra tú, pues, y lee de este rollo que escribiste de mi boca, las palabras de Jehová a los oídos del pueblo, en la casa de Jehová, el día del ayuno; y las leerás también a oídos de todos los de Judá que vienen de sus ciudades».

(El ayuno nos dará una sed de búsqueda y deseo de conocer más de la Palabra del Señor).

11. Nos hace reconocer cuán débil es nuestra carne.

Mateo 26:41 «Velad y orad, para que no entréis en tentación; el espíritu a la verdad está dispuesto, pero la carne es débil».

(El ayuno deja claro que debemos cuidarnos de no confiar en nuestra carne pues es débil).

12. Nos lleva a tener compasión por los demás y sus necesidades.

Isaías 58:5-7 «¿Es tal el ayuno que yo escogí, que de día aflija el hombre su alma, que incline su cabeza como junco, y haga cama de cilicio y de ceniza? ¿Llamaréis esto ayuno, y día agradable a Jehová? ¿No es más bien el ayuno que yo escogí, desatar las ligaduras de impiedad, soltar las cargas de opresión, y dejar ir libres a los quebrantados, y que rompáis todo yugo? ¿No es que partas tu pan con el hambriento, y a los pobres errantes albergues en casa; que cuando veas al desnudo, lo cubras, y no te escondas de tu hermano?».

(El ayuno hace que amemos a nuestro prójimo como a nosotros mismos).

13. Nos lleva a la negación y a la renuncia de nuestro «yo».

Salmo 69:10 «Lloré afligiendo con ayuno mi alma...».

(El ayuno nos hace tomar la cruz diariamente y seguir a Cristo en renuncia de nosotros).

14. Nos lleva a sentir el dolor por el pecado de nuestra nación.

Deuteronomio 9:18 «Y me postré delante de Jehová como antes, cuarenta días y cuarenta noches; no comí pan ni bebí agua, a causa de todo vuestro pecado que habíais cometido haciendo el mal ante los ojos de Jehová para enojarlo».

(El ayuno nos hace suplicar y pedir a Dios por un cambio del estado espiritual del país donde vivimos).

15. Nos lleva a presenciar en acción la mano de Dios a nuestro favor.

Ester 4:16; 7:10; 8:17, 9:1,18,22 «Ve y reúne a todos los judíos que se hallan en Susa, y ayunad por mí, y no comáis ni bebáis en tres días, noche y día; yo también con mis doncellas ayunaré igualmente, y entonces entraré a ver al rey, aunque no sea conforme a la ley; y si perezco, que perezca. Así colgaron a Amán en la horca que él había hecho preparar para Mardoqueo; y se apaciguó la ira del rey. Y en cada provincia y en cada ciudad donde llegó el mandamiento del rey, los judíos tuvieron alegría y gozo, banquete y día de placer. Y muchos de entre los pueblos de la tierra se hacían judíos, porque el temor de los judíos había caído sobre ellos. En el mes duodécimo, que es el mes de Adar, a los trece días del mismo mes, cuando debía ser ejecutado el mandamiento del rey y su decreto, el mismo día en que los enemigos de los judíos esperaban enseñorearse de ellos, sucedió lo contrario; porque los judíos se enseñorearon de los que los aborrecían. Pero los judíos que estaban en Susa se juntaron el día trece y el catorce del mismo mes, y el quince del mismo reposaron y lo hicieron día de banquete y de regocijo... como días en que los judíos tuvieron paz de sus enemigos, y como el mes que de tristeza se les cambió en alegría, y de luto en día bueno; que los hiciesen días de banquete y de gozo...»

(El ayuno hará que Dios actué y mueva su favor hacía nosotros en tiempos de crisis).

16. Nos lleva a ser llamados al ministerio y a ser enviados por el Espíritu.

Hechos 13:2-4 «Ministrando éstos al Señor, y ayunando, dijo el Espíritu Santo: Apartadme a Bernabé y a Saulo para la obra a que los he llamado. Entonces, habiendo ayunado y orado, les impusieron las manos y los despidieron. Ellos, entonces, enviados por el Espíritu Santo, descendieron a Seleucia, y de allí navegaron a Chipre».

(El ayuno hace que seamos partícipes en el trabajo de la viña del Señor al servirle).

Entre los muchos beneficios del ayuno, aquí particularmente vemos la obra del ayuno y del Espíritu Santo juntos. Pablo y Bernabé oraron y ayunaron. Los dos hicieron su parte, pero después vemos que fue el Espíritu que les envió a predicar. Este fue un ayuno en la dirección del Espíritu. Lo mismo debe suceder con nosotros. Oremos y ayunemos, y el Espíritu por medio de Su poder nos llevará a recibir estos grandes beneficios mencionados antes, y aún más de acuerdo a nuestras necesidades espirituales o físicas, sea en el ámbito familiar, personal o ministerial.

EL ARMA PODEROSA DEL AYUNO A NUESTRA DISPOSICIÓN

Se cuenta que durante la Segunda Guerra Mundial, un pelotón de soldados americanos combatiendo en Alemania necesitaba cruzar un campo minado. El comandante presentó un plan: Uno de los hombres tendría que atravesar el campo dejando marcas bien visibles para que los demás pudieran seguir. En caso que pisara una mina, otro hombre tendría que empezar de nuevo por un lugar diferente hasta que alguien cruzara todo el terreno para que los demás siguieran sus pasos. Con el corazón acelerado los jóvenes estuvieron de acuerdo con el plan pero, ¿quién sería el primero en cruzar?

Para sorpresa de todos, el comandante dijo que él sería el primero en avanzar por medio de las minas. Dijo que por ser el líder del pelotón, deseaba arriesgar su vida por sus compañeros. Y para alegría de todos, el comandante consiguió llegar sano y salvo al otro lado. Luego todos los demás pudieron cruzar también con plena seguridad.

Estimados lectores: Nosotros también estamos en el ejército del Señor y hay muchas minas peligrosas que tendremos que enfrentar durante nuestro caminar con Cristo. Pero Dios ha hecho un plan y una manera con la cual podemos vencer. Él ha dado la estrategia de combatir el enemigo por medio del ayuno y esta gran arma está a nuestra disposición en Su arsenal. Cristo fue el hombre y nuestro comandante que primero atravesó el campo minado por el enemigo. Él ayunó cuarenta días y cuarenta noches para vencer las fuerzas del mal y lo hizo por nosotros. Él nos dio su ejemplo y venció al llegar al otro lado del sufrimiento y del dolor por medio de Su muerte y resurrección. Ahora nosotros seguimos sus pasos, y así como Él venció el campo minado de pecados que el enemigo le puso al tentarle durante toda Su vida y ministerio, nosotros podemos vencer igualmente y llegar al otro lado, eso es, alcanzar la salvación eterna ofrecida por Él.

Tenemos que conocer del peligro de las minas espirituales durante nuestro andar con el Señor. Existen muchos peligros dispuestos por el diablo para ayer, hoy y mañana en nuestras vidas. Las minas de la desobediencia, de la tentación, del pecado, del dinero, del sexo, del poder, del orgullo, de vivir fuera de la voluntad de Dios, etc., etc. Todas estas minas podrán derrumbarnos. Pero ¿cómo podremos vencerlas? **POR MEDIO DEL AYUNO EN EL PODER DEL ESPÍRITU SANTO**.

Mientras escribo estas líneas estoy en casa y en ayuno, pues separamos este día para ayunar y estar en la Presencia de Dios por varios motivos y razones que Él conoce, y estamos seguros que alcanzaremos nuestro propósito al hacerlo en el poder del Espíritu.

Les digo, mis hermanos, que el ayuno en la dirección del Espíritu es poderoso y cuando es hecho con sinceridad, humildad y en la autoridad de Cristo y de Su Palabra, obrará grandes resultados para nuestras vidas. ¡Volvamos, pues, al ayuno en el poder del Espíritu Santo!

El Espíritu Santo y la Palabra

En Hechos 19:20 está escrito: «Así crecía y prevalecía poderosamente la **palabra** del Señor».

La palabra griega «**palabra**», aquí es «**logos**» que es una «transmisión» de pensamiento, comunicación, una palabra de explicación, un pronunciamiento, discurso, revelación divina, declaración, instrucción, un oráculo, promesa divina, doctrina divina y una declaración divina.

Jesús es el «**logos viviente**», Juan 1:1, «En el principio era el Verbo, y el Verbo era con Dios, y el Verbo era Dios».

La Biblia es el «**logos escrito**», Hebreos 4:12 «Porque la palabra de Dios es viva y eficaz, y más cortante que toda espada de dos filos; y penetra hasta partir el alma y el espíritu, las coyunturas y los tuétanos, y discierne los pensamientos y las intenciones del corazón».

El ESPÍRITU SANTO pronuncia el «**logos hablado**», 1 Corintios 2:13 «Lo cual también hablamos, no con palabras enseñadas por sabiduría humana, sino con las que enseña el Espíritu, acomodando lo espiritual a lo espiritual». Entonces «**logos**» denota la expresión del pensamiento; no el mero nombre de un objeto formando una concepción o idea, como en Lucas 7:7; 1 Corintios 14:9,19. Es un dicho o afirmación: **(1)** de Dios, Juan 15:25; Romanos 9:9,28, una «sentencia» o «palabra», Gálatas 5:14; Hebreos 4:12; **(2)** de Cristo, Mateo 24:35, plural; Juan 2:22; 4:41; 14:24, plural; 15:25.

En relación con **(1)** y **(2)** la frase «la palabra del Señor», esto es, la voluntad revelada de Dios, muy frecuente en el AT, se utiliza de una revelación directa dada por Cristo, 1 Tesalonicenses 4:15; del evangelio, Hechos 8:25; 13:49; en este contexto constituye el mensaje procedente del Señor, entregado con Su autoridad y hecho eficaz por Su poder, Hechos 10:36 y en relación al evangelio, Hechos 13:26.

En ocasiones se usa del conjunto de las declaraciones de Dios, Marcos 7:13; Juan 10:35; Apocalipsis 1:2,9. Es un discurso, plática, dicho de instrucción, etc., Hechos 2:40; 1 Corintios 2:13. Se traduce «palabras» en todos los anteriores pasajes, Hebreos 6:1: «rudimentos», «palabra» y «doctrina», Mateo 13:20; Colosenses 3:16.

La palabra **«logos»** refiriéndose a Jesús en lo personal, es el Verbo, título aplicado al Hijo de Dios. Esta identificación queda establecida por las afirmaciones de doctrina en Juan 1:1-18, declarando en los versículos. 1 y 2: **(1)** Su personalidad distintiva y superfinita; **(2)** Su relación en el seno de la Deidad, no meramente compañía, sino la más íntima comunión; **(3)** Su Deidad; en el versículo 3 en su poder creativo; en el versículo 14 Su encarnación «se hizo carne», lo que expresa un acto voluntario; Su gloria fue la de la **«shequiná»** en abierta manifestación; en el v. 18 se consuma la identificación: «El unigénito Hijo, que está en el seno del Padre, Él le ha dado a conocer», cumpliéndose así el significado del título **«logos»**, el Verbo, la manifestación personal, no de una parte de la naturaleza divina, sino de la Deidad plena.

La palabra griega **«jrema»**, denota aquello que es hablado, lo que es expresado de palabra o por escrito; en singular, una palabra, Mateo 12:36; 27:14; 2 Corintios 12:4; 13:1. En Hebreos 12:19, «la voz que hablaba», que es literalmente «la voz de palabras»; en plural, dicho, discurso «palabras», como en Juan 3:34; 8:20; Hechos 2:14; 6:11,13; 11:14; 13:42. Se usa como evangelio en Romanos 10:8, dos veces, 17: «la palabra de Dios»; 10:18; 1 Pedro 1:25, dos veces. De una afirmación, mandato, instrucción, Mateo 26:75. En Lucas 1:37: «nada hay imposible para Dios»; se traduce «ninguna cosa es imposible para Dios»; literalmente es, «no será imposible para Dios toda palabra»; versículo 38; Hechos 11:16: «lo dicho», «las palabras»; Hebreos 11:3. Es bueno tener presente estas citas bíblicas para utilizarlas en tiempo de necesidad. Para ello es necesario el hábito de la lectura y memorización de las Escrituras. Acerca de los tres términos anteriores, la palabra **«logos»** es un «discurso razonado»;

la palabra «**jrema**» es una «declaración, un pasaje individual y específico
de las Escrituras que el Espíritu Santo trae a nuestro corazón en algún
tiempo de necesidad», como en Efesios 6:17 usando «la espada del Espíritu que es la palabra de Dios», y la palabra «**epos**» es la «expresión articu-
lada de un pensamiento». Y el griego «**logion**» también es una palabra,
narración y declaración. Aquí en particular se denota una respuesta o
declaración divina, un oráculo. Se utiliza de: (**a**) el contenido de la ley
de Moisés, Hechos 7:38; (**b**) todas las declaraciones escritas de Dios por
medio de los escritores del AT, Romanos 3:2; (**c**) el contenido de la doctrina cristiana, Hebreos 5:12; y (**d**) las declaraciones de Dios por medio
de maestros cristianos, 1 Pedro 4:11.

Por lo tanto todas estas palabras griegas en relación a las Escrituras, denotan que la Palabra fue «inspirada por el Espíritu Santo», como
está escrito en 2 Pedro 1:19-21 que dice: «Tenemos también la palabra
profética más segura, a la cual hacéis bien en estar atentos como a una
antorcha que alumbra en lugar oscuro, hasta que el día esclarezca y el
lucero de la mañana salga en vuestros corazones; entendiendo primero
esto, que ninguna profecía de la Escritura es de interpretación privada,
porque nunca la profecía fue traída por voluntad humana, sino que los
santos hombres de Dios hablaron siendo INSPIRADOS POR EL ESPÍ-
RITU SANTO».

LOS CRISTIANOS Y LA PALABRA

Después que hubo el derramamiento del Espíritu Santo en Hechos capítulo dos y fue fundada la Iglesia, los seguidores de Cristo más tarde
fueron conocidos como cristianos, como está escrito en Hechos 11:26
que cita: «...y a los discípulos se les llamó cristianos por primera vez
en Antioquia». Al principio, los cristianos de la Iglesia primitiva fueron
fundados en la Palabra de Dios, bajo la guía del Espíritu y la enseñanza de los apóstoles, como nos dice en Efesios 2:20 que cita: «Edificados
sobre el fundamento de los apóstoles y profetas...».

Los cristianos primitivos de los siglos dos y tres habían heredado
un depósito de fe y normas de vida de los apóstoles el cual se remon-
taba hasta las enseñanzas de Cristo. Estas doctrinas y normas de vida
tomaron su autoridad suprema de las Escrituras del Antiguo y del Nuevo Testamento, las cuales eran conocidas y estuvieron disponibles desde el siglo segundo. Pero los cristianos y los líderes de la Iglesia en los

siglos tercero y cuarto, y siguientes, fueron abandonando y perdiendo el uso de las Escrituras. Cuando Constantino oficializó la Iglesia como del Estado, la iglesia romana con el pasar de los siglos y de una vez abolió la Palabra y prohibió a los cristianos su lectura. La iglesia romana había abandonado por completo la autoridad de las Escrituras y había impuesto la autoridad papal y humana como la única autoridad espiritual existente. Por los abusos del clero romano, muchos cristianos de la época empezaron a exigir una REFORMA, un cambio radical en relación a la autoridad abusiva que había eliminado la Biblia como la única regla de fe y de autoridad.

La Reforma Protestante

Hubo muchos precursores de la reforma protestante, hasta que nació Martin Lutero de padres pobres en Eisleben, Alemania en 1843. Él ingresó a la Universidad de Erfurt en 1501 para estudiar leyes pero en 1505 decidió bruscamente internarse en un monasterio. Fue monje ejemplar, sumamente religioso y practicó todas las formas de ayunos y azotes conocidas e inventó otras maneras nuevas. Durante dos años soportó lo que él nombra «angustias que ningún bolígrafo podrá escribir». Cierto día, en 1508, mientras estudiaba la epístola de Pablo a los Romanos, de momento sus ojos y entendimiento fueron abiertos al leer que «el justo por la fe vivirá». Fue entonces que el Espíritu Santo le dio la revelación de que la salvación es por Cristo solamente y por la confianza en Él, y no por obras, ritos, sacramentos y penitencias a que la iglesia romana obligaba. A medida que Lutero estudiaba las Escrituras, particularmente Romanos y Gálatas, encontró que el evangelio de la gracia que enseñaba Pablo ERA TOTALMENTE CONTRARIO al que la iglesia católica romana tenía sobre el sacramento de penitencia. El mensaje de Pablo se centraba en el hecho de que el pecador es justificado solo por gracia, mediante la fe. LAS OBRAS HUMANAS NO AÑADEN NADA A LA GRACIA DE DIOS. Esto le cambió la vida por completo y también el curso de la historia humana religiosa. Lo que le molestó a Lutero era lo dañina que esta doctrina podía ser psicológicamente. Él mismo había batallado por años con la noción de que podía satisfacer a Dios de alguna manera y estar en buena relación con Él, si acaso trabajaba arduamente. El resultado final de sus esfuerzos había sido frustración total. Su desesperación por la justicia por obras, como un medio de justificación, condujo a Lutero a las Escrituras y a la teología paulina sobre la gracia.

En 1508 Lutero entró como profesor en la Universidad de Wittenberg, cátedra que ocupó hasta su muerte en 1546. En el año 1511 viajó a Roma y quedó horriblemente impresionado al ver la corrupción de la corte papal. Volvió a Wittenberg donde sus sermones empezaron a atraer estudiantes de toda Alemania.

Perplejo, Lutero se enteró que en 1229 la iglesia romana había PROHIBIDO AL PUEBLO LA LECTURA DE LA BIBLIA (prohibición que se terminó con Juan XXIII y el Concilio Vaticano II, entre 1962 y 1965), pero lo que lo llevó a romper con la iglesia de Roma fue la venta de indulgencias por un clérigo dominico llamado Johannes **Tetzel**.

Una «indulgencia era una disminución de los dolores del purgatorio» ofrecida a las pobres almas como remisión del castigo del pecado». Según la enseñanza católica, «el purgatorio» se parecía mucho al infierno, solamente que no duraba tanto tiempo aunque todos debían pasar por allí. El papa decía tener la autoridad para «disminuir» estos «sufrimientos» y aun de «perdonar» todos los pecados de alguna persona a su discreción.

Fue así como se llegó al completo abandono de la PALABRA DE DIOS, LA BIBLIA por medio de la autoridad papal, lo que había empezado con el Papa Pascual I en los años 817-824 y Juan VIII en 872-882. Las indulgencias papales resultaban un negocio sumamente lucrativo y fueron puestas a disposición de todos. Eran ofrecidas como incentivo y se tornaron muy atractivas a los Cruzados, en las guerras, en contra de un hereje o también en contra de algún rey a quien el papa quería castigar. Cuando alguien iba a ser quemado vivo, ellos ofrecían la «indulgencia» al pobre penitente con la posibilidad de que si la compraba, «salvaría su alma». Por último, también fue usada en la peregrinación a Roma para promover cualquier empresa pública o privada con fines de lucro del poder autoritativo, absoluto y totalitario del clero romano.

El Papa Sixto IV en 1476 fue el primero en aplicar las indulgencias a las «almas que ya estaban en el purgatorio». Las indulgencias se contrataban por cantidades para después ser revendidas. Esto de «vender el privilegio de pecar», llegó a ser una de las principales fuentes de ganancia papal.

En 1517 Johannes Tetzel, autorizado por la iglesia romana, recorría toda Alemania vendiendo «certificados firmados por el papa» que «ofrecían a sus compradores, amigos y familiares», el perdón de todo pecado sin la necesidad de confesión, arrepentimiento, penitencia o de ser absuelto por un sacerdote.

Tetzel decía al pueblo que «tan rápido como el oír del sonido y al caer su dinero en la caja fuerte, el alma de sus amigos y familiares se elevaban desde el purgatorio hasta el cielo». Esta práctica enojó muchísimo a Lutero y el día 31 de octubre de 1517 puso en la puerta de la iglesia de Wittenberg sus 95 Tesis donde hablaba de las indulgencias y del desvío absoluto de la iglesia católica romana y papal de la verdad de las ESCRITURAS.

Estas declaraciones se esparcieron rápidamente por toda Europa y fueron reproducidas en latín para los eruditos y en alemán para el pueblo común. En 1520 el Papa emitió una bula (declaración) que excomulgaba a Martin Lutero y declaraba que si no se retractaba dentro de 60 días recibiría «la pena debida a su herejía» y que sería condenado a muerte.

Cuando Lutero recibió la bula del Papa el 10 de diciembre de 1520, la quemó públicamente desafiando a todo el poderío «religioso y abusivo del clero de Roma».

Ese mismo día se inició la Reforma Protestante la cual todos conocemos y de la que somos parte. La causa principal fue el completo abandono de parte de la iglesia católica romana de las Escrituras, de la Biblia, de la Palabra de Dios, por lo cual el Señor Jesucristo levantó a Lutero por medio del Espíritu Santo para traer luz, relevación y cambio por medio de la Reforma Protestante.

Es apropiado y sabio aquí aclarar y esclarecer, que la **palabra protestante** es de carácter y término positivo y no negativo. Proviene del latín **«protestari»**, que significa «testificar a favor de» o «afirmar» alguna convicción sostenida fuertemente.

«Solo la Escritura»

Martin Lutero había hablado valientemente contra los abusos de la iglesia católica romana y de la necesidad de volver a la Biblia, cosa que jamás, hasta el día de hoy, ha sucedido. Anteriormente a él hubo hombres de profundas convicciones que también hablaron contra los errores del clero, pero fueron silenciados, ignorados, perseguidos, ahorcados y quemados vivos. Algunos de estos reformadores (protestantes) fueron

Pedro Valdo, Juan Wyclif, Juan Hus, Jerónimo Savonarola, Guillermo Tyndale y después entonces vinieron Lutero, Juan Calvino y Zwinglio que hicieron un coro de protesta a favor de las grandes verdades evangélicas de la Palabra de Dios. El clamor y el grito de guerra de todos los reformadores fue de que la iglesia debería volver, retornar, regresar a las bases de la Biblia como única fuente de autoridad. Reclamaban ellos que la iglesia, por respetar más las tradiciones, se había tornado en una autoridad igual a la de la Escritura, con el resultado de alejarse del evangelio de Cristo.

La tradición católica anuló la autoridad de las Escrituras por la elevación gradual del papado y del clero. Desde el tiempo de Gregorio el Grande (590-604 d.C.), la silla de Pedro aumentó en poder y autoridad sobre las Escrituras hasta el punto que Bonifacio VIII (1294-1303 d.C.) dio el paso fatal. Comparó su poder al del sol y declaró inequívocamente en una bula papal (Unam Sanctam, 1302 d.C.), que «LA SUJECIÓN AL PONTÍFICE ROMANO ES ABSOLUTAMENTE NECESARIA PARA LA SALVACIÓN DE TODAS LAS CRIATURAS HUMANAS». ¡Esto era absurdo! La salvación es solamente por Cristo y nadie más, dice la Palabra de Dios.

Lo anterior llevó a los reformadores a levantar un clamor de protesta en contra de la iglesia romana. Cabe aquí hacer otra observación, que aún después de la Reforma, la Iglesia Católica romana en el Concilio del Vaticano de 1870 d.C. definió la doctrina de la infalibilidad papal, la cual declara que cuando el papa habla (ex cátedra), o sea, (desde el asiento de autoridad), él posee «LA INFALIBILIDAD CON LA CUAL EL REDENTOR DIVINO (Cristo) QUISO QUE SU IGLESIA FUERA INVESTIDA, PARA DEFENDER LA DOCTRINA CON RELACIÓN A FE O MORALIDAD». ¡Otro absurdo! pues solamente Dios el Padre, Dios el Hijo y el Dios Espíritu Santo son infalibles y perfectos. Todos los demás, incluyendo papas, obispos y sacerdotes, son humanos, fallos y pecadores como todos los seres humanos, pues así lo declara la Biblia en Romanos 3:22-24: «La justicia de Dios por medio de la fe en Jesucristo, para todos los que creen en él. Porque no hay diferencia, por cuanto todos pecaron, y están destituidos de la gloria de Dios, siendo justificados gratuitamente por su gracia, mediante la redención que es en Cristo Jesús».

Debido a la tradición, la iglesia romana había anulado COMPLETAMENTE la autoridad de las Escrituras, y en su lugar elevó el poder y la autoridad humana del hombre, y la igualó al poder y a la autoridad de Dios. Decían los reformadores que la iglesia tendría que decidir si oiría la voz de la tradición romana o la voz de Dios por medio de las Escrituras. ¿Continuaría la iglesia oyendo solo su monólogo interno y se conformaría a sus propias tradiciones e intereses creados por el sistema papal y autoritario humano, u oiría la voz del Señor a través de su Palabra? Los reformadores protestantes reconocieron que uno de los más graves errores de la Iglesia católica romana había sido convertirse a sí misma en maestra. Al investir toda la autoridad de enseñanza en los obispos y delegando TODA la autoridad a los papas, Roma despreció la importancia del testimonio del Espíritu y la iluminación de la Palabra de Dios en los creyentes. Los reformadores intentaron corregir este error retornando al Espíritu Santo como el único Maestro verdadero e infalible. Dios usa la Escritura para hacer conocer Su voluntad, pero el Espíritu Santo da vida y significado a las palabras. Fue en este trasfondo que los reformadores protestantes afirmaron e insistieron el principio de «**sola Scriptura**», que es «solo la Escritura», como la única base verdadera para la doctrina y la moralidad. Este principio protestante repudia la idea de que la Escritura requiere de cualquier otra autoridad, pues el apóstol Pablo ya nos decía en Gálatas 1:8,9 lo siguiente: «Mas si aun nosotros, o un ángel del cielo, os anunciare otro evangelio diferente del que os hemos anunciado, sea anatema. Como antes hemos dicho, también ahora lo repito: Si alguno os predica diferente evangelio del que habéis recibido, sea anatema».

EL RECONOCIMIENTO DE LOS REFORMADORES

Es muy importante tomar en cuenta, y no pasar por alto, que los reformadores NUNCA devaluaron la importancia del testimonio de la tradición católica, y jamás menospreciaron los logros obtenidos al comienzo de su lucha por la fe y por el evangelio de Cristo. ¿Cómo podían olvidar el testimonio de los mártires de la Iglesia o la manera valerosa en que los primeros apologistas defendieron la fe?

Ellos, los reformadores, JAMÁS pasaron por alto la contribución que los monasterios y las abadías hicieron a la educación, o el hecho de que los primeros concilios ecuménicos habían luchado con la controversia de la Trinidad que fue valientemente defendida en el Concilio de (Nicea, 325 d.C.), después del problema de las dos naturalezas de Cristo (Calcedonia 551 d.C.).

De NINGUNA MANERA se olvidaron de los logros intelectuales de grandes teólogos como Agustín, Anselmo, Buenaventura, Lombardo, Abelardo y Aquino. NO OLVIDARON la devoción mística de Bernardo de Clairvaux, Francisco de Asís, Catarina de Siena y Tomás à Kempis y muchos otros fieles católicos que habían tratado de reformar la iglesia, pero cuya voces fueron silenciadas, pero de NINGUNA MANERA olvidadas.

El problema que los reformadores tenían con la iglesia romana no era nada de lo mencionado, sino que la iglesia se había apartado, alejado, dejado las Escrituras como la única fuente de inspiración y de revelación divina, y habían honrado más a sus tradiciones que a la Palabra de Dios. Por esta razón los reformadores esperaban que algún día la sangre de los mártires que habían sembrado en dolor y en sufrimiento diera su fruto.

Esperaban fielmente que el espíritu de la Reforma brotara una y otra vez, y que en este ambiente el Espíritu Santo trajera convicción y cambio a la iglesia romana. Con la Escritura como fuente y prueba de fe, estimularon a que la Iglesia siguiera el principio de «**Ecclesia reformata sed semper reformanda**», que quiere decir «**la iglesia reformada, pero siempre sujeta a reforma**».

Calvino escribió en cuanto a esto: «Dondequiera que veamos la Palabra de Dios predicada y oída con sinceridad, dondequiera que veamos los sacramentos administrados de acuerdo a la institución de Cristo, no tendremos ninguna duda de que allí existe la Iglesia de Dios, debido a que Su promesa no puede fallar, pues Él dijo que «allí donde están dos o tres congregados en mi nombre, allí estoy yo en medio de ellos».

Los reformadores hicieron el evangelio de Cristo central a todas las demás cosas. Ellos se propusieron REFORMAR la antigua iglesia por la PALABRA DE DIOS.

Martin Lutero y Juan Calvino fueron grandes eruditos, al igual que predicadores y reformadores. Lutero tradujo la Biblia de los idiomas originales al alemán vernáculo, de manera que «todo muchacho de escuela», dijo él, «pudiera estar armado con la Escritura». Juan Calvino publicó su primera edición de los «Institutos» cuando apenas tenía 26 años. Él habló de su gran trabajo en teología como una Biblia de ayuda para los estudiantes en la lectura de las Escrituras. Lutero y Calvino conocieron el significado de amar a Dios tanto con la mente como con el corazón. Su erudición fue motivada por estar conscientes de la necesidad que todo creyente tiene de estudiar y aprender la PALABRA DE DIOS.

Las diferentes opiniones acerca de la Biblia

Es sabio aquí aclarar en qué están de acuerdo y en desacuerdo los católicos y protestantes en la cuestión de la autoridad bíblica. Ambos sostienen que la Biblia contiene una revelación sobrenatural y que constituye autoridad para todos los cristianos. El punto más importante de desacuerdo se refiere a cómo nos relacionamos con Dios. Los católicos afirman que debido a que las Escrituras fueron depositadas en la Iglesia a favor del pueblo, la Iglesia debe mediar y autenticar estas enseñanzas mediante su testimonio. Podríamos llamar a esto «un sistema divino-humano de administración, representado y efectuado por la administración (eclesiástica) de la iglesia».

Por otro lado, los protestantes sostienen que la única autoridad máxima para los cristianos es el mensaje del evangelio, y este mensaje puede ser dirigido directamente a los individuos a través de las Escrituras, sin la mediación de la iglesia. Así que los protestantes ofrecieron una relación personal con Dios, basada solamente en el mensaje de que la gracia de Dios acepta al pecador en Cristo Jesús sin la intervención de la iglesia. La reforma protestante nació de las experiencias espirituales de Lutero directamente con Dios, por el Espíritu Santo, las cuales él encontró sin la intervención o mediación de la iglesia. Cuando él se volvió a la BIBLIA no encontró la autoridad de la iglesia romana en ella. En su lugar encontró la libertad de la vida cristiana a través de la doctrina paulina de la justificación solo por la fe. Para Lutero la BIBLIA era la norma a la cual toda razón, experiencia, tradición y doctrina de la Iglesia se tiene que conformar. Solo se debe creer y confiar en las ESCRITURAS. Él dijo que el ESPÍRITU no reside en papas, en la ley del canon ni en los concilios, pues el ESPÍRITU ESTÁ INSEPARABLEMENTE UNIDO A LA PALABRA. Llegó a decir también que en los momentos de mayores pruebas, su «conciencia estaba cautiva por la Palabra de Dios». Pero Lutero encontró más que una regla o fuente de autoridad en la Escritura. Él encontró una fe viva, y creyó que el ESPÍRITU reside en la PALABRA y no puede haber una fe viva sin el ESPÍRITU SANTO.

¿QUÉ CREEMOS ACERCA DE LA BIBLIA?

Debido a que la autoridad de la Escritura es el principio formativo sobre el cual se edifica la teología protestante, entonces, ¿qué creemos nosotros los protestantes acerca de la Biblia?

Primero: *Nosotros los protestantes creemos que la autoridad de las Escrituras está establecida sobre la Iglesia o cualquier otra autoridad delegada.* La Iglesia no dio a luz a las Escrituras, antes bien, la Palabra de Dios y en especial el evangelio, formó la Iglesia. La Iglesia no se da a sí misma la Palabra de Dios; ella solamente puede reconocer y confesar la inspiración y autoridad divina inherentes en la Palabra. Es la Palabra de Dios la que nutre, alimenta y sostiene a la Iglesia. La Iglesia puede muy bien ser el guardián de la Escritura, pero la Escritura es la que gobierna al guardián y no el guardián quien gobierna a la Escritura. La Iglesia no debe ser el señor y dueño de la Escritura, sino que la Escritura debe ser la que guarda y enseña a la Iglesia.

Segundo: *Nosotros los protestantes cuando hablamos de las Escrituras, no incluimos los llamados libros apócrifos o la pseudoepígrafa como parte del canon del Antiguo Testamento.* Incluimos solamente aquellos libros que comprenden el canon judío del Antiguo Testamento. Nosotros no descartamos los otros libros porque reconocemos su valor histórico y cultural, aunque no creemos que estos libros apócrifos posean el mismo nivel de inspiración que los 39 libros que comprenden el canon judío de la Escritura. Los libros apócrifos incluyen aquellos libros recibidos por la Iglesia primitiva como parte de la versión griega del Antiguo Testamento, pero que no están incluidos en la Biblia hebrea.

La pseudoepígrafa se refiere a aquellos escritos adscritos a alguien más que el autor real, con el propósito de aumentar su autoridad. El término tiene especial referencia a aquellas obras judías seudónimas, que datan de los siglos inmediatamente antes y después de los inicios de la era cristiana. Estas obras de los libros apócrifos no fueron incluidas en el canon hebreo del Antiguo Testamento porque NO son consideradas inspiradas por Dios.

Tercero: *Nosotros los protestantes sostenemos que las Escrituras contienen su propia autenticidad y claridad.* La Biblia no es la Palabra de Dios porque la Iglesia así lo diga o declare, sino porque la Palabra tiene valor en sí misma. Así como el rugido del león valida el hecho de que el león es león, el poder y la majestad de la Palabra le dan autenticidad de parte de Dios y ella tiene el poder en sí misma, pues nadie necesita defenderla; ella se defiende por sí sola. De manera similar a lo que hemos dicho, la Palabra lleva dentro de sí misma su propia autoridad, claridad y autenticidad. Calvino en particular, colocó gran énfasis en la autenticidad que la Escritura hace de sí misma. Los teólogos reformados usaron frecuentemente el término «**autopistas**», que es «creíble en sí mismo» y «**axiopistos**», que es «digno de creer por su dignidad inherente», para describir la majestad de la Palabra.

El Espíritu Santo y la Palabra

Lutero creía en que uno puede conocer la autoridad y el significado literal de la Escritura aplicando correctamente los principios de gramática y una sana interpretación por medio del ESPÍRITU SANTO. Sin embargo la erudición humanista no es suficiente. Uno debe entender la espiritualidad o claridad, la autenticidad interna de la Escritura por medio de la obra del Espíritu. La claridad temática de la Escritura, insistía Lutero, es Jesucristo. Él es la unidad, armonía y sustancia de la Escritura misma hacia la cual se dirigen todas las cosas. La Escritura es completa en sí misma y los versículos que son obscuros deben ser entendidos a la luz de la enseñanza total de la Escritura en cualquier tema. De esta manera ninguna parte de la Escritura puede chocar con la enseñanza del todo. Los reformadores protestantes reconocían que uno de los más graves errores de la Iglesia Católica romana había sido convertirse a sí misma en la maestra. Al investir toda la autoridad de enseñanza en los obispos, Roma despreció la importancia del testimonio interno del ESPÍRITU SANTO y la iluminación de la Palabra en los creyentes. Los reformadores intentaron corregir este error retornando al ESPÍRITU SANTO como el único Maestro verdadero e infalible. Dios usa la Escritura para hacer conocer Su voluntad, pero el Espíritu Santo da vida y significado a las Palabras de esta Escritura. Sin embargo, hubo una posición extrema en este asunto que fue igualmente peligrosa. Hubo algunos reformadores radicales cuyo énfasis extremo en sus experiencias con el Espíritu Santo, les llevaron a creer que no necesitaban de autoridades o maestros externos. Muchos sintieron que no necesitaban a la Iglesia del todo, o aun la Palabra escrita, porque decían tener el Espíritu para enseñarles y que esto les bastaba. Sus reclamos de interpretación privada y guía espiritual llevaron a estos ultra-protestantes a despreciar todas las autoridades, y la necesidad de la enseñanza y clara doctrina. Fue el extremo opuesto que los verdaderos reformadores también estuvieron listos a combatir. Porque decir que no necesitamos de instructores de la Palabra no es correcto. Es igual a que un cristiano hoy salga de su iglesia alegando que ya no necesita de pastores que lo enseñen o le prediquen porque según el tal «tiene el Espíritu» y es suficiente. La Reforma puso importancia en el aprendizaje y en el papel del maestro. Pero el entendimiento de este papel fue grandemente modificado por los principios protestantes. Ahora ya el maestro o instructor bíblico no era más considerado como un intérprete infalible, como el magisterio de la iglesia católica. El maestro era un creyente conocedor y capaz de hacer la exégesis bíblica y una aplicación de las enseñanzas de la Escritura. El maestro no tiene el derecho de una interpretación privada, sino más bien el deber de examinar y enseñar constantemente las doctrinas de la Iglesia. Los reformadores decían que la enseñanza y tradición de la Iglesia deben ser examinadas constantemente a la luz de las Escrituras. La Reforma nunca termina; es una actividad continua en la vida de la Iglesia. Debemos enfatizar la importancia del estudio y del conocimiento de la Palabra escrita y también recibir el poder del testimonio interno del Espíritu, pues esta es la unión inseparable de la PALABRA y del ESPÍRITU.

EL SACERDOCIO DE TODOS LOS CREYENTES

En el Nuevo Testamento, la palabra «laicos» en el griego, **«laos»,** no significa los miembros de la Iglesia que no son del clero. Significa «todos». La palabra griega **«kléros»,** que es «clero», no significa miembros de la Iglesia QUE SON DE UNA CATEGORÍA O CLASE ESPECIAL. Significa TODOS. Ambas palabras son usadas en el Nuevo Testamento, pero son usadas para describir A LA MISMA GENTE, la totalidad del pueblo, de la Iglesia del Señor.

Si examinamos una de las palabras del Nuevo Testamento para «ministerio», **«diakonía»,** somos llevados a una conclusión similar. Originalmente **«diakonía»,** que es de donde se deriva nuestra palabra «diácono», significa «atender las mesas» (ver Lucas 17:8). Gradualmente esta palabra vino a significar «uno que sirve a otros, uno que ministra».

En la Iglesia primitiva, todo lo que llevaba a la edificación de la comunidad cristiana era **«diakonía»,** o sea, servicio y ministerio. Por lo tanto todos los cristianos participaban en esta «**diakonía**», así que «cada creyente» era un «siervo» y «ministraban a los demás».

Sobre las base de estos sanos principios bíblicos, los reformadores protestantes establecieron principios prácticos claves para gobernar su doctrina de «**sola Scriptura**». Son los siguientes:

1. Una consideración saludable para la mente y la razón, así como el testimonio interno del Espíritu Santo;

2. La necesidad de maestros, predicadores y laicos doctos que puedan entender y difundir correctamente la Palabra de Dios;

3. Una imperiosa necesidad de una teología sana en la vida de la Iglesia y

4. Una necesidad permanente en la Iglesia para el examen constante y consejo sabio. Al aceptar «**solo la Escritura**», como la única regla de fe, Lutero encontró que podía apoyar su experiencia en contra de las autoridades eclesiásticas de la Iglesia de su tiempo. Juntos, el testimonio de la Escritura y la experiencia podían establecer la verdad de Cristo que la iglesia institucional había perdido.

Lo que llevó a Lutero a romper con la autoridad de la iglesia romana no fue solo el hecho de la Biblia, sino el mensaje de Cristo que encontró cuando se volvió solamente a la Biblia. La certidumbre de la fe y la Escritura ofrecían una certeza aún mayor que la que cualquier iglesia institucional pudiera proveer. Cuando los reformadores dijeron que todos los cristianos eran sacerdotes, y tenían acceso a Dios por medio del gran Sumo Sacerdote que es Jesucristo, y que no solamente tenían este privilegio los que eran parte del sacerdocio de la iglesia romana y del clero papal, estaban basados en la Palabra que dice en Hebreos 4:14-16 y que afirma: «Por tanto, teniendo un gran sumo sacerdote que traspasó los cielos, Jesús el Hijo de Dios, retengamos nuestra profesión. Porque no tenemos un sumo sacerdote que no pueda compadecerse de nuestras debilidades, sino uno que fue tentado en todo según nuestra semejanza, pero sin pecado. Acerquémonos, pues, confiadamente al trono de la gracia, para alcanzar misericordia y hallar gracia para el oportuno socorro». Argumentaban que la Palabra dice: «Acerquémonos…» y no dice «que se acerquen solamente los sacerdotes romanos y la corte papal». No, DICE: «Acerquémonos», no declara a quien en particular, sino a todos, cualquier cristiano, usted y yo, podemos tener acceso directo con Dios en cualquier momento que quisiéramos…

Con esta afirmación los reformadores abrieron la puerta para «el sacerdocio de todos», pues cualquiera podía ir a Dios en oración, ayunos y ruegos ya que la puerta a Dios había sido abierta por Jesucristo mismo. Inevitablemente, esto cambió la imagen de la Iglesia y de su operación. Los reformadores removieron la jerarquía y reemplazaron el oficio sacerdotal en el concepto del «SACERDOCIO DE TODOS LOS CREYENTES».

Por esta causa, en relación con nuestras iglesias protestantes, continuamos llamando y buscando a pastores y maestros que sean dotados para ocupar los cargos de la Iglesia. Continúa la búsqueda de hombres y mujeres capaces y que estén propiamente adiestrados para sus tareas, pero la ordenación al ministerio dejó de tener un significado sacramental, o ser una posición exaltada y exclusiva como en la tradición católica.

Para nosotros, el ministro, líder o pastor, o evangelista, o maestro, o misionero, es visto simplemente como un siervo de la Palabra que él proclama y su principal responsabilidad es vivir una vida recta, íntegra, de buen testimonio y ser un predicador dotado de dones dados por el Espíritu Santo y fiel administrador de los bienes del Señor.

Dios en Su misericordia, usó a estos hombres reformadores bajo el poder del ESPÍRITU SANTO que trajeron un enorme y gran cambio espiritual en la vida de millones de millones y de millones de personas hasta el día de hoy por medio de la Reforma Protestante.

LOS PENTECOSTALES, LA PALABRA Y EL ESPÍRITU SANTO

Siglos después de la Reforma, cuando Dios volvió a derramar de su Espíritu en los años 1700, 1800 y 1900, trayendo los primeros avivamientos de los siglos 18, 19 y 20, aquellos que habían recibido el bautismo del Espíritu Santo con la evidencia del hablar en otras lenguas fueron conocidos y llamados como «pentecostales».

Estos primeros hermanos «pentecostales» estaban ardientemente preocupados por tener una doctrina sólida basada en la Palabra de Dios y estructuras institucionales, aunque ninguna de estas cosas era su interés primordial.

Lo que sí era importante para ellos era su experiencia con la presencia y el poder del Espíritu Santo en sus vidas, y la convicción de que el

Espíritu estaba repitiendo lo que había hecho en la Iglesia apostólica de Hechos capítulo dos.

Nuestros hermanos pentecostales del comienzo eran cristianos serios, humildes y entregados a Cristo, con hambre y sed de una espiritualidad profunda con Dios y de oír y de predicar la Palabra bajo la autoridad del Espíritu. Para ellos, espiritualidad no era un término de moda, no era una técnica o solamente una experiencia para sentirse bien, sino que era el entendimiento de que Dios les había visitado nuevamente, en poderosa y única intimidad con el Dios vivo. Basados en la guía del Espíritu por medio de la oración y de la Palabra, experimentaron sentido de compromiso, consagración y pasión de por vida para con el Señor que les había llenado de Su Espíritu.

Para los primeros hermanos pentecostales, la teología ortodoxa, la experiencia y la práctica empezaban en las Escrituras como la única verdad cristiana. Ellos decían que la verdad sobre Dios, Sus propósitos y cómo Él busca relacionarse con nosotros, no es cuestión de descubrimiento humano sino de revelación divina por el Espíritu Santo en los escritos sagrados del Antiguo y del Nuevo Testamento. Esta es la roca fundamental en la que debe descansar la espiritualidad legítima. Y todos aquellos predicadores que hemos estudiado la historia de la Iglesia y de los avivamientos, sabemos que la espiritualidad pentecostal estuvo fundada en la autoridad bíblica desde el principio del movimiento. Por esto creemos en la inspiración verbal de las Escrituras y sostenemos la creencia de que la Palabra de Dios —la Biblia— es infalible en todo lo que dice y enseña.

El Espíritu de Dios, que habló por los profetas y apóstoles para darnos la Palabra escrita, es la única autoridad para la verdad cristiana y afuera de esto no hay inspiración divina en ningún otro escrito, o por ninguna otra persona, aparte de la Persona del Espíritu Santo.

Creemos que esta Palabra escrita contiene los 66 libros canónicos que comprenden la Biblia protestante y por lo tanto, solo ella es norma y regla de fe que puede probar y juzgar toda experiencia y la razón.

Lo que Dios nos reveló en las Escrituras por el Espíritu Santo es suficiente para llenarnos espiritualmente, fortalecernos y llevarnos a la vida eterna, pues aparte de eso no necesitamos de nada más, excepto obedecer estos escritos y crecer espiritualmente todos los días bajo la guía del Espíritu.

La Palabra nos presenta a Dios, Sus designios, propósitos, atributos y Su causa basados en el plan de salvación que Él estableció del cual todos los salvos y redimidos somos partícipes.

El apóstol Pablo decía en 2 Timoteo 1:12 «...porque yo sé a quien he creído...». El estaba cierto y seguro en su convicción de que el Espíritu Santo había obrado en su corazón y que por medio del poder de las Escrituras y de su fe en ellas, él obtendría su galardón.

A los corintios había escrito anteriormente: «Porque primeramente os he enseñado lo que asimismo recibí: Que Cristo murió por nuestros pecados, conforme a las Escrituras; y que fue sepultado, y que resucitó al tercer día, conforme a las Escrituras», 1 Corintios 15:3,4.

Pablo estaba diciendo: «nuestra fe se basa y es conforme a lo que está escrito en las Escrituras...». Por esto la Palabra es hecha auténtica en aquellos que son fortalecidos por el Espíritu para entender, percibir y discernir esta autenticidad. Y así como Pablo y los demás apóstoles, los primeros pentecostales exaltaban las Escrituras como la autoridad final en cuestiones de fe y práctica relacionando la autoridad de la Palabra con la experiencia mediante el testimonio viviente del Espíritu Santo.

Por esto muchos historiadores de la Iglesia y teólogos del ayer y de hoy afirman que los pentecostales se encuentran en la tradición del protestantismo clásico de Lutero, Calvino y Wesley, aunque haya muchas diferencias sobre éstos y varios puntos doctrinales distintos sobre esta afirmación en los círculos evangélicos.

LA AUTORIDAD ESPIRITUAL DE LA PALABRA

Sobre lo que estamos tratando, la obra del Espíritu Santo en la vida del creyente, Calvino, el reformador y teólogo francés protestante, habló de la correlación necesaria entre las dimensiones objetivas y subjetivas de la autoridad bíblica. En sus Institutos de la Religión Cristiana escribió: «La Palabra en sí (o el conocimiento intelectual de ella solamente) no tiene mucha certeza para nosotros, a menos que sea confirmada por el testimonio del Espíritu. Pues el Señor ha establecido un tipo de conexión mutua entre la CERTEZA de su Palabra y la (CONVICCIÓN) de su Espíritu; de tal manera que nuestras mentes están llenas de una reverencia sólida hacia la Palabra, cuando mediante la luz del Espíritu somos capacitados para contemplar el rostro de Dios; y por otro lado, nosotros recibimos gozosamente el Espíritu cuando lo reconocemos a Él en la Palabra».

Entonces, mis amados, el Espíritu Santo trabaja de dos maneras: Él trabaja externamente mediante la Palabra inspirada y escrita; y Él trabaja internamente como el Espíritu que ilumina y convence nuestros corazones. La majestad de Dios está en Su Palabra, pero nosotros no vemos dicha majestad a menos que el Espíritu Santo nos la muestre.

El testimonio vivo del Espíritu es una salvaguarda contra el peligro del autoritarismo escritural, mientras que la verdad objetiva de la Palabra revelada guarda de los excesos de la subjetividad.

Con esto quiero decir que, por el entendimiento que tienen sobre la relación de la Palabra y el Espíritu (un enfoque no siempre articulado teológicamente), nosotros los pentecostales hemos sido capaces de afirmar la inspiración verbal de las Escrituras sin recurrir al enfoque racional, mecánico y autoritario sobre las Escrituras, tan característico de algunos grupos fundamentalistas.

Por otro lado, esta creencia nos ha librado de excesos de perspectivas más subjetivas, existenciales y relativas, propias de mentalidad más liberada en la era moderna. Por lo tanto la espiritualidad pentecostal sostiene que esa fe genuina siempre debe ser una actividad personal. El Espíritu no nos presenta un «objeto» sino a un Dios personal. Esa es la forma más elevada de conocer al Salvador, por medio de «un conocimiento por relación», que es posible solamente para quienes tienen una comunión íntima con el Espíritu Santo y con la Palabra de Dios, y que viven bajo obediencia a esta misma Palabra. Carl Barth, un teólogo altamente respetado del siglo veinte, comentó en la celebración de sus ochenta años de edad que «no hay teólogos grandes; solo teólogos que son obedientes a la Palabra de Dios».

En el mismo espíritu del comentario de Barth, se puede decir con sinceridad que nosotros los pentecostales siempre hemos aspirado, y la historia lo dice, a ser fieles y obedientes a la Palabra de Dios. Desde el principio del derramamiento del Espíritu de Hechos capítulo dos y pasando por todas las edades, crisis y desafíos del cristianismo, siempre ha habido un remante pentecostal fiel y obediente a las Escrituras.

La autoridad escrita de la Palabra

Pero nunca se puede contradecir o pasar por alto la autoridad de la Palabra escrita, pues los profetas y apóstoles que nos la trajeron lo hicieron bajo la inspiración del Espíritu Santo de una manera especial y única.

Esto no significa que el Espíritu ya no hable más al pueblo de Dios, pues hoy todavía el Señor usa a Sus siervos con dones de interpretación de lenguas y de profecías. Él usa a Sus profetas en todas las partes del mundo, pues en el corazón de la adoración pentecostal hay un sentido de vivir en la presencia del Espíritu Santo y de ser guiado por Él.

French Arrington, erudito bíblico pentecostal, habla en su libro, «Hermenéutica, Perspectivas Históricas Sobre los Pentecostales y Carismáticos», sobre la manera en que los pentecostales han enfocado tradicionalmente la interpretación de la Escritura: «Los pentecostales no ven al conocimiento como un reconocimiento cognoscitivo de un grupo de preceptos sino como una relación con Aquel que ha establecido los preceptos por los que vivimos. Las enseñanzas de la Escritura permanecen ambiguas hasta que el Espíritu Santo, quien escudriña las cosas profundas de Dios (1 Corintios 2:10), ilumina el entendimiento humano sobre los misterios del evangelio, aunque tal epistemología neumática halla sus raíces en la Escritura misma. Así que el creyente conoce a Dios tal como Adán conoció a Eva, y llega a conocer a Dios por medio de su caminar cristiano en comunión con el Espíritu. Por lo tanto, su creencia no es solo una aceptación intelectual de preceptos, sino que es una respuesta vivencial en su relación con el Espíritu de Dios. Como resultado, el creyente llega a entender la Palabra de Dios solo en su relación con su mismo autor, el Espíritu Santo de Dios».

Lo que señala Arrington aquí es que existen dos peligros potenciales envueltos en este enfoque de la Escritura. El primero es el peligro que está siempre presente de confundir el espíritu de uno mismo con el Espíritu de Dios, reclamando así tener una autoridad por la propia experiencia puesta al nivel de la Escritura. El segundo peligro es la tendencia a evitar la preparación académica que es muy necesaria para la interpretación y comprensión de los textos históricos. Lo que queremos decir es que necesitamos del poder del Espíritu Santo, Su unción y autoridad, pero también necesitamos del conocimiento y de la preparación intelectual de las Escrituras para estar listos para servir al Señor.

Con el poder del Espíritu que nos va revelando las Escrituras, y con el conocimiento de las Escrituras en el nivel del intelecto, seremos irresistibles espiritualmente hablando al cumplir con nuestro ministerio de proclamar, predicar y de hacer conocido el evangelio de Cristo.

Por esto nosotros hoy, igual que los reformadores en el tiempo de Lutero y de los primeros pentecostales de los años 1700, 1800 y 1900, necesitamos volver a la Palabra de Dios. Tenemos que regresar a ella, volver a examinarla con el corazón, pues Cristo dijo en Juan 5:39 «Escudriñad las Escrituras; porque a vosotros os parece que en ellas tenéis la vida eterna; y ellas son las que dan testimonio de mí».

Tenemos que reconocer que es solamente por medio de la Palabra de Dios y de Su mensaje que el hombre puede allegarse a Dios, conocer a Cristo y ser lleno del Espíritu, pues Pablo nos dice en 2 Timoteo 3:16 que «Toda la Escritura es inspirada por Dios, y útil para enseñar, para redargüir, para corregir, para instruir en justicia».

Por lo tanto, le insto a que regrese a la Palabra y que permita que el Espíritu Santo le hable como Hebreos 3:7 nos afirma que el Espíritu habla: «Por lo cual, como dice el Espíritu Santo: Si oyereis hoy su voz…». Dios habló Su Palabra por Sus profetas ayer, y Dios habla hoy, pues los profetas son mensajeros de Dios; ellos traen Su Palabra, entregan Sus mandamientos, pronuncian Sus juicios, anuncian Sus promesas, porque hablan movidos POR EL ESPÍRITU SANTO. Ellos son las herramientas de Dios porque Sus herramientas son el ESPÍRITU y Su Palabra.

Las Escrituras representan al Espíritu Santo como el Divino Agente de la comunicación de la verdad de parte de Dios al hombre. Esto está claramente definido en las Escrituras del Antiguo Testamento y está definitivamente claro que lo es también del Nuevo Testamento. Está claro en las Escrituras la impotencia e incapacidad del hombre de entender la Palabra aparte de una revelación del Espíritu de Dios a su mente, corazón y espíritu. La razón es que las Escrituras fueron dadas por la inspiración del Espíritu Santo, entonces su interpretación solamente es posible por la iluminación y revelación del mismo Espíritu, porque no son escritos humanos sino divinos.

EL JOVEN UNIVERSITARIO Y EL ANCIANO CON LA BIBLIA

Un hecho real que sucedió en Francia a un señor de unos setenta años que viajaba en un tren. A su lado estaba sentado un joven universitario que leía su libro de ciencias. El anciano, a su vez leía un libro de tapa negra y estaba abierta en el libro de Mateo. El muchacho inmediatamente se dio cuenta que el viejo leía la Biblia y sin respeto alguno le interrumpió y le preguntó: «¿Señor, todavía cree en este libro lleno de fábulas y cuentos?».

El anciano contestó: «¡Claro que sí! Pero no es un libro de fábulas y cuentos, sino la Palabra de Dios. ¿Estoy equivocado?»

«¡Es lógico que lo está!», siguió hablando el joven y dijo: «Creo que debería estudiar la Historia Universal, y entonces se daría cuenta que la revolución francesa ocurrida hace más de cien años mostró la miopía de la religión y que solamente personas sin cultura, educación o estudio todavía creen que Dios creó el mundo en seis días... y creo que usted, señor, debería conocer más sobre lo que nuestros científicos piensan y dicen de todo esto incluyendo la tal Biblia, esta que usted está leyendo...».

«¿De veras?», contestó el anciano, «¿y qué piensan nuestros científicos sobre la Biblia?».

El joven universitario respondió: «Bueno, tendré que bajar en la próxima estación; ahora me falta tiempo para responderle, pero déjame tu tarjeta o dirección y yo te enviaré un material por el correo inmediatamente...».

El anciano entonces, calmadamente, abrió su bolsillo y sacando su tarjeta la dio al joven. El muchacho cuando leyó el nombre, bajó su cabeza y salió del tren avergonzado. El nombre que estaba escrito decía: Profesor Doctor Louis Pasteur, Director General del Instituto de Pesquisas Científicas de la Universidad Nacional de Francia.

¡Que vergüenza, mis queridos lectores, la de este «sabio universitario»! La Palabra de Dios ha sobrevivido los embates más furiosos de sus críticos y enemigos de todas las edades y todavía esta aquí, pues la Biblia no es antigua ni moderna, es eterna. Y fue el propio Louis Pasteur que dijo cierta vez al hablar del avance científico: «Un poco de ciencia nos apartará de Dios, pero la mucha ciencia nos acercará a Él». ¡Volvamos, pues, a la Palabra de Dios!

LA PROMESA Y LA PRESENCIA DEL ESPÍRITU SANTO

En 2 Samuel 23:2 está escrito: «El **Espíritu** de Jehová ha hablado por mí, y su palabra ha estado en mi lengua».

Aquí la palabra «**Espíritu**» en el hebreo es «**ruach**», que es Espíritu, viento, aliento. Esta palabra aparece cerca de 400 veces. Job 37:21 y Salmo 148:8 hablan sobre «vientos» tormentosos. En Génesis 6:17 es el «**ruach** de vida» y se traduce como «espíritu de vida» o «aliento de vida». Generalmente se le traduce como «espíritu», ya sea este el espíritu humano o el Espíritu de Dios. El «Espíritu» también viene de la traducción de la voz hebrea «**ruakh**» y la griega «**pneuma**», que significan «aire en movimiento», «viento» o «aliento».

La «**ruakh**» es la señal y el hálito de vida. Se considera el principio vital tanto del hombre como del animal, Génesis 6:17; 7:15,22; Ezequiel 37:10–14, y es sensible de debilitamiento por causas como la sed y el cansancio, Jueces 15:19. Los ídolos no tienen «**ruakh**», Jeremías 10:14; 51:17. Tres palabras definen el espíritu como aliento vital: «**nefes**», «**ruakh**», y «**neshamah**», y según todas este aliento lo pone Dios para el inicio de la vida.

Al primer hombre, Dios le «sopló en su nariz aliento de vida, y fue el hombre un ser viviente», Génesis 2:7. Jehová es el Señor del aliento que el hombre posee, Job 27:3; 33:4. Como tal, cuando Jehová retira el aliento de la persona, regresa a Él que lo dio y el cuerpo vuelve al polvo de la tierra, Job 34:14,15; Salmo 104:29s; 143:7; Eclesiastés 12:7.

Los israelitas primitivos no especulaban sobre la naturaleza del espíritu. Solo les interesaba su acción, Ezequiel 37:9. Aun el judaísmo posterior no concebía el espíritu filosóficamente. La influencia helenista determinó que el judaísmo llegara a distinguir entre principios materiales e inmateriales, hasta el grado de definir una «siquis», alma o espíritu capaz de subsistir fuera del cuerpo. El término espíritu, «pneuma» en el Nuevo Testamento todavía conserva el sentido original de la palabra «ruakh», que es aliento o viento. Es el mismo Espíritu que está en el Señor, 2 Tesalonicenses 2:8; Isaías 11:4. Hay que nacer del Espíritu, Juan 3:8; y recibirlo, Juan 20:22; y por el Espíritu somos ministros, Hebreos 1:14. Con frecuencia el término espíritu se refiere a todo el hombre, Gálatas 6:18; 2 Timoteo 4:22. Solo hay dos citas, 1 Tesalonicenses 5:23 y Hebreos 4:12 en que además del cuerpo se mencionan los términos «alma», «psyjé» y espíritu. Basándose en ella afirmamos que el hombre es un ser tripartito, compuesto de tres elementos: cuerpo, alma y espíritu.

LA PALABRA «PROMESA» EN EL GRIEGO

La palabra «promesa o prometer» en el griego es «epangelia», que es primariamente un término legal, denotando una citación, «epi», sobre y «angelo», que es proclamar, anunciar; también un compromiso por hacer o prometer dar algo. Con excepción de Hechos 23:21, se utiliza solo de las promesas de Dios. Con frecuencia se utiliza para denotar lo que ha sido prometido, y por ello significa un don conferido en gracia, no una prenda conseguida mediante negociaciones. Así, en Gálatas 3:14, «LA PROMESA DEL ESPÍRITU» significa «EL PROMETIDO ESPÍRITU», Lucas 24:49; Hechos 2:33 y Efesios 1:13; lo mismo sucede en Hebreos 9:15, «la promesa de la herencia eterna».

Por otra parte, en Hechos 1:4, «la promesa del Padre» es la promesa hecha por el Padre. En Gálatas 3:16 se utiliza el plural «promesas» debido a que la promesa hecha a Abraham fue repetida en varias ocasiones, Génesis 12:1-3; 13:14-17; 15:18; 17:1-14; 22:15-18, y debido a que contenía el germen de todas las promesas posteriores; Romanos 9:4; Hebreos 6:12; 7:6; 8:6; 11:17. Gálatas 3 expone que la promesa estaba condicionada a la fe, y no al cumplimiento de la ley. La ley fue posterior, e inferior a la promesa, y no la anuló, Gálatas 3:21; 4:23,28.

Nuevamente, en Efesios 2:12, «los pactos de la promesa» no constituye indicación de diversos pactos, sino un pacto frecuentemente renovado, centrándose todo en Cristo como el prometido Mesías-Redentor y comprendiendo las bendiciones que serían conferidas mediante Él.

En 2 Corintios 1:20 se utiliza el plural de cada promesa hecha por Dios y Hebreos 11:33 dice que podemos alcanzar dichas promesas. Cualquier promesa de Dios está basada en: (1) El contenido de la promesa, (2) Los herederos de la promesa, y (3) Las condiciones de la promesa.

La palabra griega «**epangelma**», denota una promesa dada, 2 Pedro 1:4; 3:13, que es el plural en ambos pasajes. El verbo griego «**epangelo**», es anunciar, proclamar, tiene en el Nuevo Testamento los dos significados de profesar y prometer, y en ambos casos se utiliza en la voz media; prometer: Las promesas de Dios, Hechos 7:5; Romanos 4:21; en Gálatas 3:19, voz pasiva: «a quien fue hecha la promesa»; Tito 1:2; Hebreos 6:13; 10:23; 11:11; 12:26; Santiago 1:12; 2:5 y 1 Juan 2:25. También el verbo «**proepangelo**», es prometer antes, «**pro**», «antes». Se utiliza en la voz media, y se traduce «él había prometido antes» o «prometió antes», 2 Corintios 9:5: «antes prometida» o «ya prometida». Otro verbo, «**prokatangelo**», es similar a la traducción de «antes prometida». Mas un verbo, «**jomologeo**», es asentir y confesar. Significa también prometer en Mateo 14:7, «le prometió con juramento». Un verbo más «**exomologeo**», se traduce «prometió» en Lucas 22:6: «se comprometió»; «se obligó»; «consintió plenamente».

LA «PROMESA» EN EL IDIOMA HEBREO

La lengua hebrea no conoce ninguna palabra que corresponda al término promesa, o al verbo «prometer». Sin embargo, la noción es común. Ciertos verbos ordinarios, como «deducir» y «hablar», hacen comprender que una palabra pronunciada por Dios tiene el valor de una promesa solemne. La palabra de Dios, una vez pronunciada, es verdad. Y Dios mantiene Su palabra.

Dos ejemplos clásicos son: (1) El Pacto de Dios con Abraham, Génesis 13:14–17, el anuncio de una posteridad numerosa y el don de la tierra de Canaán. (2) La promesa hecha a David de conservar el reino para sus descendientes, 2 Samuel 7:12,28,29, y la cual se repite a lo largo de la historia del pueblo de Israel.

El recuerdo de estas promesas permanece vivo en la tradición de Israel: El reinado de Dios será el don perfecto de la promesa hecha a Israel, Jeremías 32:37,38; Ezequiel 28:25,26; 37:25–28. Y el rey eterno que gobernará al pueblo será un nuevo David, Jeremías 23:5; Ezequiel 34:24; 37:24,25. La promesa ocupa un lugar central en el Nuevo Testamento, pues éste proclama que las promesas que Dios hizo en otro tiempo a los patriarcas y al pueblo de Israel se cumplen en Jesucristo. «Todas las promesas de Dios son sí en Él», 2 Corintios 1:20.

El evangelio consiste en proclamar que las promesas se cumplen en la persona de Jesús, Romanos 1:2,3. En el Nuevo Testamento las promesas apuntan a la dignidad de hijos de Dios, Romanos 9:8, a la herencia, Gálatas 3:18,29, al Reino, Santiago 2:5 y a la vida eterna, Tito 1:2. ¿Quiénes se beneficiarán de la promesa divina? Primeramente el pueblo de Israel, Romanos 4:13; 9:4, pero ahora el nuevo pacto en Cristo no excluye a ninguna persona.

La verdadera posteridad de Abraham no son sus descendientes según la carne, sino los que viven la misma fe que él, cualquiera que sea su origen, Romanos 4:16. Dudar del poder de Dios para ejecutar lo que ha prometido es atentar contra Su gloria, Romanos 4:20,21. Por esto, la herencia está reservada a los que se apropian por la fe de la palabra del evangelio, Hebreos 4:12.

El cumplimiento de la promesa depende solo de Dios y no de los esfuerzos del hombre, Romanos 4:16. Todo el que intenta obtener la herencia mediante la observancia de la Ley, anula la promesa, porque se comporta como si la promesa no tuviera valor, porque cree que es conseguida por el esfuerzo humano, Romanos 4:13,14 y Gálatas 3:18.

El profeta Isaías y la «promesa» del Espíritu

Al Espíritu Santo se le presta especial atención en el libro de Isaías: Dios puso Su Espíritu sobre el Mesías, Isaías 42:1 dice: «He aquí mi siervo, yo le sostendré; mi escogido, en quien mi alma tiene contentamiento; he puesto sobre él mi Espíritu…»; el Señor lo derramaría sobre los descendientes de Israel, Isaías 44:3 habla: «Porque yo derramaré aguas sobre el sequedal, y ríos sobre la tierra árida; mi Espíritu derramaré sobre tu generación, y mi bendición sobre tus renuevos»; Jehová y Su Espíritu enviaron al Ungido, Isaías 48:16 y aquí habla claramente haciendo una referencia al Dios trino: «Acercaos a mí, oíd esto: desde el principio no hablé en secreto; desde que eso se hizo, allí estaba yo; y ahora me envió Jehová el Señor, y su Espíritu»; el Espíritu de Dios comisionó y fortaleció al Mesías, Isaías 61:1-3 afirma: «El Espíritu de Jehová el Señor está sobre mí, porque me ungió Jehová; me ha enviado a predicar buenas nuevas a los abatidos, a vendar a los quebrantados de corazón, a publicar libertad a los cautivos, y a los presos apertura de la cárcel; a proclamar el año de la buena voluntad de Jehová, y el día de venganza del Dios nuestro; a consolar a todos los enlutados; a ordenar que a los afligidos de Sión se les dé gloria en lugar de ceniza, óleo de gozo en lugar de luto, manto de alegría en lugar del espíritu angustiado; y serán llamados árboles de justicia, plantío de Jehová, para gloria suya».

Es llamado también «el Espíritu de Jehová» en Isaías 59:19 que pelea en contra del enemigo: «Y temerán desde el occidente el nombre de Jehová, y desde el nacimiento del sol su gloria; porque vendrá el enemigo como río, mas el Espíritu de Jehová levantará bandera contra él».

Este «**Espíritu fue prometido que estaría en nosotros**», Isaías 59:21, en los creyentes del nuevo pacto con Cristo por Su sangre: «Y este será mi pacto con ellos, dijo Jehová: El Espíritu mío que está sobre ti, y mis palabras que puse en tu boca, no faltarán de tu boca, ni de la boca de tus hijos, ni de la boca de los hijos de tus hijos, dijo Jehová, desde ahora y para siempre».

La «promesa» del Espíritu en los dos testamentos

La promesa del Espíritu Santo está en las Escrituras del Antiguo y del Nuevo Testamento. David ya lo mencionaba en el Salmo 51:11 que dice: «No me eches de delante de ti, y no quites de mí tu santo Espíritu». En el arrepentimiento de su pecado, David reconocía que el Espíritu estaba en él. Pero en Isaías 32:15 el profeta reconoce que algún día Dios derramaría de Su Espíritu de una manera diferente: «Hasta que sobre nosotros sea derramado el Espíritu de lo alto...». En Ezequiel 36:26,27 el Señor deja claro que enviaría de Su Espíritu y cambiaría los corazones de aquellos que estuvieren dispuestos a hacerlo: «Os daré corazón nuevo, y pondré espíritu nuevo dentro de vosotros; y quitaré de vuestra carne el corazón de piedra, y os daré un corazón de carne. Y pondré dentro de vosotros mi Espíritu, y haré que andéis en mis estatutos, y guardéis mis preceptos, y los pongáis por obra».

La profecía clásica de la promesa del Espíritu Santo del A.T. está en Joel 2:28,29 que cita: «Y después de esto derramaré mi Espíritu sobre toda carne, y profetizarán vuestros hijos y vuestras hijas; vuestros ancianos soñarán sueños, y vuestros jóvenes verán visiones. Y también sobre los siervos y sobre las siervas derramaré mi Espíritu en aquellos días».

En el Nuevo Testamento fue prometido por Juan el Bautista en Mat. 3:11 que nos habla: «Yo a la verdad os bautizo en agua para arrepentimiento; pero el que viene tras mí, cuyo calzado yo no soy digno de llevar, es más poderoso que yo; él os bautizará en Espíritu Santo y fuego», (ver Marcos 1:8 y Lucas 3:16).

Juan también afirmó que Cristo cumpliría la promesa y bautizaría a Su pueblo con el poder del Espíritu Santo, pues Juan 1:32-34 afirma: «También dio Juan testimonio, diciendo: Vi al Espíritu que descendía del cielo como paloma, y permaneció sobre él. Y yo no le conocía; pero el que me envió a bautizar con agua, aquél me dijo: Sobre quien veas descender el Espíritu y que permanece sobre él, ése es el que bautiza con el Espíritu Santo. Y yo le vi, y he dado testimonio de que éste es el Hijo de Dios».

El propio Cristo también hizo la promesa del Espíritu y en Lucas 24:49 dijo: «He aquí, yo enviaré la promesa de mi Padre sobre vosotros; pero quedaos vosotros en la ciudad de Jerusalén, hasta que seáis investidos de poder desde lo alto». Nuevamente el Señor habla a Sus discípulos en Juan 16:7 y dice: «Pero yo os digo la verdad: Os conviene que yo me vaya; porque si no me fuera, el Consolador no vendría a vosotros; mas si me fuere, os lo enviaré». En el libro de los Hechos 1:4 y 5 relata nuevamente la promesa de Jesucristo: «Y estando juntos, les mandó que no se fueran de Jerusalén, sino que esperasen la promesa del Padre, la cual, les dijo, oísteis de mí. Porque Juan ciertamente bautizó con agua, mas vosotros seréis bautizados con el Espíritu Santo dentro de no muchos días».

Finalmente Cristo deja claro que es un bautismo de poder y que aún no había venido sobre los discípulos, pero que ellos lo recibirían pronto. Hechos 1:8 confirma: «Pero recibiréis poder, cuando haya venido sobre vosotros el Espíritu Santo, y me seréis testigos en Jerusalén, en toda Judea, en Samaria, y hasta lo último de la tierra».

La primera experiencia del creyente con el Espíritu es el acto por el que Dios nos hace miembros del cuerpo de Cristo y le concede el Espíritu de adopción después de la conversión. El Espíritu toma al pecador arrepentido y lo sumerge en Cristo. Este (bautismo), es la promesa de la

PRESENCIA DEL ESPÍRITU, y lo reciben todos los creyentes, pues 1 Corintios.12:13 dice:

«Porque por un solo Espíritu fuimos todos bautizados en un cuerpo, sean judíos o griegos, sean esclavos o libres; y a todos se nos dio a beber de un mismo Espíritu». Pero este NO es el bautismo de poder con la evidencia de hablar en lenguas de Hechos capítulo 2 del cual se cumplió la profecía de Joel y que fue mencionada por Pedro.

Por lo tanto LA PRIMERA promesa ES LA PROMESA DE LA PRESENCIA DEL ESPÍRITU EN LA VIDA DE TODO CREYENTE Y LA SEGUNDA promesa ES LA PROMESA DEL BAUTISMO DEL ESPÍRITU CON PODER Y FUEGO EN LA VIDA DE TODO CREYENTE QUE LO DESEE. Entonces tenemos dos promesas del Espíritu, una es la presencia y la otra es el bautismo. El primer bautismo donde todos somos partícipes es el Espíritu de adopción al recibir a Cristo, es el mismo Espíritu, pero con una manifestación diferente, como está escrito en Gálatas 4:4-7 que deja claro: «Pero cuando vino el cumplimiento del tiempo, Dios envió a su Hijo, nacido de mujer y nacido bajo la ley, para que redimiese a los que estaban bajo la ley, a fin de que recibiésemos la adopción de hijos. Y por cuanto sois hijos, Dios envió a vuestros corazones el Espíritu de su Hijo, el cual clama: ¡Abba, Padre! Así que ya no eres esclavo, sino hijo; y si hijo, también heredero de Dios por medio de Cristo». Esta es la primera experiencia con el Espíritu de Dios que todos los creyentes tienen, pues si alguien todavía no se ha convertido a Cristo pero está en la Iglesia, la Palabra de Dios dice en Romanos 8:9: «Mas vosotros no vivís según la carne, sino según el Espíritu, si es que el Espíritu de Dios mora en vosotros. Y si alguno no tiene el Espíritu de Cristo, no es de él». Entonces, después viene el segundo bautismo, ese que nosotros los pentecostales llamamos el bautismo de poder, de fuego, de plenitud y de unción que todo cristiano necesita y que vino sobre la Iglesia en Hechos capítulo 2. Recuerde que los discípulos ya tenían el Espíritu en ellos, pero no el bautismo del Espíritu, el revestimiento de poder del cual Cristo les había prometido.

El recibimiento de la «promesa» del Espíritu

Pedro en el día del Pentecostés, después que todos fueron bautizados en el Espíritu, habló del recibimiento de la promesa del Espíritu en Hechos 2:33 que dice: «Así que, exaltado por la diestra de Dios, y habiendo recibido del Padre la promesa del Espíritu Santo, ha derramado esto que vosotros veis y oís».

La promesa se había hecho realidad a la Iglesia reunida en el Aposento Alto en Jerusalén. Y este «Espíritu Santo» es un don prometido a todo creyente que lo desee, como está escrito en Hechos 2:38 y 39 que cita: «… y recibiréis el don del Espíritu Santo. Porque para vosotros es la promesa, y para vuestros hijos, y para todos los que están lejos; para cuantos el Señor nuestro Dios llamare».

También Hechos 10:45, 11:17 y 15:8 dicen claramente que es un «don», un «regalo» de parte de Dios a todo creyente que se lo pida, pues Cristo mismo dijo en Lucas 11:13 que es necesario pedírselo a Dios para recibirlo: «Pues si vosotros, siendo malos, sabéis dar buenas dádivas a vuestros hijos, ¿cuánto más vuestro Padre celestial dará el Espíritu Santo a los que se lo pidan?». Y este «don» se recibe por la fe en Cristo, como afirma Juan 7:38 y 39 que dice: «El que cree en mí, como dice la Escritura, de su interior correrán ríos de agua viva. Esto dijo del Espíritu que habían de recibir los que creyesen en él; pues aún no había venido el Espíritu Santo, porque Jesús no había sido aún glorificado».

Pablo también habla en Efesios 1:13 que se recibe por la fe: «En él también vosotros, habiendo oído la palabra de verdad, el evangelio de vuestra salvación, y habiendo creído en él, fuisteis sellados con el Espíritu Santo de la promesa».

En (Gálatas 3:2,5) el apóstol también dice que es por la fe y no por obras que recibimos el Espíritu, y que esta promesa es para nosotros hoy, conforme Gálatas 3:14 afirma: «Para que en Cristo Jesús la bendición de Abraham alcanzase a los gentiles, a fin de que por la fe recibiésemos la promesa del Espíritu».

Este Espíritu de la promesa es concedido a aquellos que obedecen al Señor, de acuerdo a Hechos 5:32 que cita: «Y nosotros somos testigos suyos de estas cosas, y también el Espíritu Santo, el cual ha dado Dios a los que le obedecen». Es posible recibirlo además en fe por medio de la imposición de manos de los ministros, de acuerdo a Hechos 8:15-17 que habla: «Los cuales, habiendo venido, oraron por ellos para que recibiesen el Espíritu Santo; porque aún no había descendido sobre ninguno de ellos… entonces les imponían las manos, y recibían el Espíritu Santo». Sin embargo, Cornelio y sus familiares que eran gentiles, recibieron el Espíritu por la fe al oír lo que Pedro decía, sin la previa imposición de manos y ni un anterior bautismo con agua, pues Hechos 10:44-47 cita: «Mientras aún hablaba Pedro estas palabras, el Espíritu Santo cayó sobre todos los que oían el discurso. Y los fieles de la circuncisión que habían venido con Pedro se quedaron atónitos de que también sobre los gentiles se derramase el don del Espíritu Santo. Porque los oían que hablaban en lenguas, y que magnificaban a Dios. Entonces respondió Pedro: ¿Puede acaso alguno impedir el agua, para que no sean bautizados estos que han recibido el Espíritu Santo también como nosotros?».

Los doce discípulos de Éfeso, eran solamente discípulos de Juan, no de Jesús, y después de aceptar al Salvador, recibieron el bautismo del Espíritu, conforme a Hechos 19:1-7 que dice: «Aconteció que entre tanto que Apolos estaba en Corinto, Pablo, después de recorrer las regiones superiores, vino a Éfeso, y hallando a ciertos discípulos, les dijo: ¿Recibisteis el Espíritu Santo cuando creísteis? Y ellos le dijeron: Ni siquiera hemos oído si hay Espíritu Santo. Entonces dijo: ¿En qué, pues, fuisteis bautizados? Ellos dijeron: En el bautismo de Juan. Dijo Pablo: Juan bautizó con bautismo de arrepentimiento, diciendo al pueblo que creyesen en aquel que vendría después de él, esto es, en Jesús el Cristo. Cuando oyeron esto, fueron bautizados en el nombre del Señor Jesús. Y habiéndoles impuesto Pablo las manos, vino sobre ellos el Espíritu Santo; y hablaban en lenguas, y profetizaban. Eran por todos unos doce hombres».

La «presencia» del Espíritu Santo

La palabra «presencia» en el griego es «**prosopon**», que también significa rostro y apariencia. En los adverbios y preposiciones griegas, surgen las palabras «**emprosthen**» que el término se traduce «a la presencia» en Hechos 10:4 y «delante»; la palabra «**enopion**», que se traduce «en presencia», Hechos 10:31, «delante de» en Hechos 10:33; 1 Corintios 1:29; Hebreos 4:13; Apocalipsis 7:9 y 8:4 que es «delante de la presencia»; la palabra «**enantion**», que se traduce «en la presencia de Faraón» en Hechos 7:10, «delante de»; la palabra «**apenanti**», que es «enfrente de», «delante de».

Se traduce «en presencia» en Hechos 3:16 y la palabra «**katenopion**», que es «**kata**», «abajo» y «**enopion**», «delante» y tiene un significado intensivo, en la mismísima presencia de, y se traduce «delante de la presencia» en Judas 24 «delante».

La palabra «advenimiento» en griego es «**parousia**», que literalmente es «presencia» («**para**», con, y «**ousia**», un ser; de «**eimi**», ser). Denota tanto una llegada como una consiguiente presencia.

Pablo habla de su «**parousia**» en la iglesia de Filipos, en Filipenses 2:12, en contraste a su «**apousia**», que es su ausencia. Otras palabras denotan la «llegada», «**eisodos**» y «**Eleusis**», «encima».

Parousia se usa para describir la PRESENCIA de Cristo con Sus discípulos en el monte de la transfiguración, 2 Pedro 1:16-18. Cuando se habla del retorno de Cristo, en el arrebatamiento de la Iglesia, significa no meramente Su llegada momentánea por sus santos, sino Su PRESENCIA con ellos desde aquel momento hasta Su revelación y manifestación al mundo. En algunos pasajes la Palabra da prominencia al inicio de aquel período, implicándose el curso del período, 2 Pedro 3:4. En otros, es el curso del período lo que es prominente, Mateo 24:3,37; 1 Tesalonicenses 3:13; 1 Juan 2:28; en otros la conclusión del período, Mateo 24:27; 2 Tesalonicenses 2:8. En Éxodo 33:14 y 15 Dios le habla a Moisés y éste le contesta: «Y él dijo: Mi presencia irá contigo, y te daré descanso. Y Moisés respondió: Si tu presencia no ha de ir conmigo, no nos saques de aquí».

Esta debe ser nuestra oración y ruego, buscar siempre la PRESENCIA DE DIOS en todo lo que hacemos, pues la PRESENCIA del Espíritu es la que nos concede paz, descanso y victoria.

David ya nos decía en el Salmo 16:11 lo siguiente sobre la PRESENCIA de Dios: «Me mostrarás la senda de la vida; en tu presencia hay plenitud de gozo; delicias a tu diestra para siempre». La promesa de la PRESENCIA del Espíritu a nosotros es real en las Escrituras, y una vez que la recibimos podemos decir que Dios nos llena de felicidad, alegría y es un deleite servirle diariamente, aun en medio de pruebas, luchas y tribulaciones. Dios está en todo y en todos los lugares, y es imposible huir de Su Presencia, como nos decía David en el Salmo 139:7 que cita: «¿A dónde me iré de tu Espíritu? ¿Y a dónde huiré de tu presencia?». La presencia de Dios llena el universo, mucho más nuestros corazones, cuando le buscamos de veras y con persistencia.

Pero hay aquellos como Jonás que intentaron «huir» de la presencia del Señor, como nos dice Jonás 1:3 que dice: «Y Jonás se levantó para huir de la presencia de Jehová a Tarsis, y descendió a Jope, y halló una nave que partía para Tarsis; y pagando su pasaje, entró en ella para irse con ellos a Tarsis, lejos de la presencia de Jehová».

Pero, ¿quién puede ir «lejos» de la presencia de Dios? ¡Esto es imposible! Así como físicamente es imposible apartarse de Su presencia, espiritualmente muchos cristianos se apartan de buscarle y de desear la presencia del Espíritu en sus vidas. Debemos buscarle en oración y anhelar Su presencia y estar en silencio delante de Él en oración, como nos dice Sofonías 1:7 que habla: «Calla en la presencia de Jehová el Señor...». La Biblia dice que Zacarías fue lleno del Espíritu y que Juan el Bautista fue enviado al ministerio bajo la presencia de Dios mismo, como nos dice en Lucas 1:67 y 76 «Y Zacarías su padre fue lleno del Espíritu Santo, y profetizó, diciendo...Y tú, niño, profeta del Altísimo serás llamado; porque irás delante de la presencia del Señor, para preparar sus caminos».

Debemos desear la presencia de los tres integrantes de la Trinidad, para que podamos disfrutar de Su gracia, amor y comunión, como nos dice en 2 Corintios 13:14 que cita: «La gracia del Señor Jesucristo, el amor de Dios, y la comunión del Espíritu Santo sean con todos vosotros».

Por lo tanto, la «promesa» y la «presencia» del Espíritu fueron prometidas por los profetas del Antiguo Testamento, por Juan el Bautista, por Jesucristo mismo, confirmada por el discurso de Pedro y mencionada muchísimas veces por el gran apóstol Pablo en sus escritos.

Es imperativo que hoy la iglesia y sus miembros entiendan que sin este poder es imposible llevar a cabo una vida victoriosa espiritualmente y ser exitoso en el ministerio del Señor, pues esto requiere la presencia de Dios en toda las áreas de nuestras vidas.

La presencia del Espíritu en la predicación

John Sung (1901-1944) nació en Xinghua, provincia de Fujian y fue el sexto hijo de un ministro chino metodista. Él fue impactado por el avivamiento de Xinghua en 1909 cuando apenas era un niño de ocho años e inmediatamente empezó a ayudar a su padre en la predicación. Más tarde se tornó un efectivo evangelista que usó frecuentemente el método de las ilustraciones excéntricas. Entre los años 1932 al 1934 Sung se unió a la Banda Evangélica Betel y viajó más de 54.823 millas predicando en más de 1 199 reuniones y habló a más de 400.000 personas con más de 18.000 conversiones. Sus reuniones eran llenas del poder del Espíritu Santo y su mensaje estaba centrado en la necesidad de una verdadera conversión y arrepentimiento. Todavía hoy numerosos cristianos en China y en el sureste de Asia pueden trazar su conversión debido a la predicación de John Sung. Antes de fallecer, aún muy joven, dijo estas significantes palabras sobre la presencia del Espíritu Santo: «Cuando el predicador está predicando, él necesita absolutamente olvidarse de sí mismo y dejar que el Espíritu tenga total libertad. Yo no predico conocimiento, sino una comunión con el Espíritu y solamente predico la verdad dirigida por la presencia del Espíritu Santo». Que todos nosotros ministros podemos tener esta pasión y entera consagración hacía al Espíritu Santo en nuestras vidas y ministerios y desear casa día más la dulce presencia del Espíritu en todo lo que hacemos.

El bautismo en el Espíritu Santo

En Romanos 7:6 está escrito: «...de modo que sirvamos bajo el régimen nuevo del **Espíritu**...». La palabra «**Espíritu**», aquí en el griego es «**pneuma**», que es comparada a «neumonía», «neumatología», «neumático». También es respiración, brisa, una corriente de aire, «VIENTO», espíritu. «**Pneuma**» es aquella parte de una persona que puede responder a Dios. El Espíritu Santo es la tercera Persona de la Trinidad, quien nos atrae hacia Cristo, nos convence de pecado, nos habilita para aceptarlo como nuestro Salvador personal, nos asegura nuestra salvación, nos capacita para vivir la vida victoriosa, para entender la Biblia, para orar de acuerdo con la voluntad de Dios, y para hablar a otros de Cristo.

Uno de los símbolos del Espíritu es el «**viento**», y las Escrituras dicen que en el día del Pentecostés, cuando los 120 hermanos estaban reunidos en el aposento alto y fueron bautizados en el Espíritu Santo, sopló un «**viento recio**» y todos fueron llenos del Espíritu.

Hechos 2:1-4 confirma: «Cuando llegó el día de Pentecostés, estaban todos unánimes juntos. Y de repente vino del cielo un estruendo como de un viento recio que soplaba, el cual llenó toda la casa donde estaban sentados; y se les aparecieron lenguas repartidas, como de fuego, asentándose sobre cada uno de ellos. Y fueron todos llenos del Espíritu Santo, y comenzaron a hablar en otras lenguas, según el Espíritu les daba que hablasen».

LA PALABRA BÍBLICA DEL BAUTISMO

Hay varias palabras griegas para las palabras «bautismo» o «bautizar». La primera es «baptisma», que es el bautismo consistente en el proceso de inmersión, sumersión. «Baptizo» o «baptidzo», es bautizar, de la palabra «bapto», que es mojar, empapar.

Se usa: (a) del bautismo de Juan, (b) del bautismo cristiano, (c) de los abrumadores sufrimientos y juicio a los que se sometió voluntariamente el Señor en la cruz, Lucas 12:50; (d) de los sufrimientos que iban a experimentar Sus discípulos y seguidores, no de un carácter vicario, sino en comunión con los sufrimientos del Señor de ellos.

«Baptismos» en distinción a «baptisma», la ordenanza, se usa del lavamiento ceremonial de artículos, Marcos 7:4,8, en algunos textos; Hebreos 9:10; una vez en un sentido general, Hebreos 6:2. El significado esencial del «bautismo» es ser sumergido en algo. Una persona bautizada en agua resulta totalmente sumergida en ella. **El bautismo en el Espíritu Santo**, entonces, consiste en ser plenamente inmersos en la vida de Jesucristo bajo Su poder, permitiéndole tener el máximo control de nuestras vidas. Luego ese control se manifiesta en nuestro estilo de vida moral, nuestra devoción a Dios y nuestro servicio a Él. Las Escrituras dicen que los 120 fueron bautizados en el Espíritu Santo en el día del Pentecostés.

PENTECOSTÉS EN EL ANTIGUO TESTAMENTO

La palabra «Pentecostés» en griego es «quincuagésima», la segunda de las tres grandes fiestas anuales de los hebreos, las otras dos eran la Pascua y la Fiesta de los Tabernáculos, Éxodo 23:14–16; Levítico 23:15–21; Números 28:26–31; Deuteronomio 16:9–12. Se le conoce por tres nombres en el Antiguo Testamento:

1. Fiesta de las Semanas, Éxodo 34:22; Deuteronomio 16:10,16; 2 Crónicas 8:13, porque fue celebrada exactamente **siete semanas o cincuenta días** después de la Pascua, Levítico 23:15,16. De ahí su nombre «Pentecostés».

2. Fiesta de la Cosecha, Éxodo 23:16, porque tenía lugar al final de esta, a la salida del año.

3. Día de las Primicias, Números 28:26, porque en esa fecha se ofrecían los primeros panes del nuevo trigo, Levítico 23:17.

Todo varón israelita tenía que comparecer delante de Jehová en el día de Pentecostés para presentar una ofrenda de gratitud por la cosecha y para acordarse de su liberación de Egipto, Deuteronomio 16:16,17. Era una santa convocación en la que ninguno trabajaba, Levítico 23:21. Esta fiesta se celebró durante las épocas veterotestamentaria (Antiguo Testamento) e intertestamentaria (entre los dos testamentos), y aún hoy se celebra entre los judíos ortodoxos.

PENTECOSTÉS EN EL NUEVO TESTAMENTO

En el Nuevo Testamento se menciona esta fiesta tres veces:

1. El día de Pentecostés, en Hechos capítulo 2, cuando el Espíritu Santo descendió sobre los discípulos y los llenó con el poder necesario para proclamar el evangelio por todo el mundo. A esta unción la acompañó «un estruendo como de un viento recio» y la aparición de «lenguas como de fuego», que se asentaron sobre cada uno de ellos. Comenzaron a testificar en «otras lenguas» y los extranjeros presentes les oyeron hablar «cada uno… en su propia lengua».

Se considera que esta ocasión fue el verdadero comienzo de la Iglesia cristiana. Es digno de notar que «las primicias» de los tres mil convertidos se presentaron al Señor en ese día.

2. En Hechos 20:16 donde se relata la prisa de Pablo para estar en Jerusalén el día de Pentecostés y celebrar esta fiesta en el templo.

3. En 1 Corintios 16:8 donde Pablo declara que permanecería en Éfeso hasta Pentecostés.

En primer lugar, el pentecostal considera el bautismo del Espíritu Santo como una experiencia subsecuente a la conversión cristiana, algo que ocurre a través de un proceso de entrega completa al Espíritu que nos llena y guía. Estamos de acuerdo con que el Espíritu Santo obra en cada creyente y en los varios ministerios de la Iglesia. Aun así cada creyente debe contestar la pregunta de Hechos 19:2: «¿Recibisteis el Espíritu Santo cuando creísteis?». Aquí deben examinarse dos expresiones:

1. Se entiende que, al hablar del «bautismo del Espíritu Santo», el movimiento pentecostal tradicional no se refiere a ese bautismo del Espíritu Santo que se produce en la conversión, mediante el cual el creyente es integrado al cuerpo de Cristo por medio de la fe en Su obra redentora

en la cruz, 1 Corintios 12:13. Sin embargo, ningún pentecostal ve al cristiano que no es bautizado en el Espíritu como «menos salvo» o menos espiritual.

El bautismo con o en el Espíritu Santo, Juan 1:33; Hechos 1:5, fue y está dirigido por el Señor Jesús para que sea «recibido», Hechos 1:8 como un «don» que había de otorgarse después de Su ascensión, Juan 7:39; Hechos 2:38,39.

Sin embargo, si alguien prefiere desestimar esta terminología, sostenemos que experimentar la plenitud del Espíritu en unidad es más importante que crear divisiones entre nosotros o disminuir nuestra pasión por recibir Su plenitud a causa de diferencias en terminologías teológicas o prácticas.

2. Cuando hablamos del proceso de «rendirse por completo al Espíritu», debemos entender dos cosas que a veces se confunden cuando alguien es bautizado en el Espíritu: (a) pasividad de mente, y (b) un estado de hipnosis autoprovocada o de «trance». En lugar de estos dos estados que una persona puede tener, creemos que alude a una búsqueda consciente y ferviente de Dios. La mente permanece activa, adorando a Jesucristo, el que bautiza con el Espíritu Santo, Juan 1:33 y la emoción crece mientras el amor de Dios se derrama en nuestros corazones, Romanos 5:5. El ser físico participa de ello, mientras se adora y alaba, elevando la voz en oración, Hechos 4:24 o las manos para adorar, Salmo 63:1–5.

El Espíritu Santo en la vida y ministerio de Cristo

El lazo entre Jesús y el Espíritu Santo se ve virtualmente en cada aspecto de la vida y el ministerio del Señor. Su concepción milagrosa en María fue por el Espíritu Santo, Mateo 1:18,20 y Lucas 1:35. Simeón fue inspirado por el Espíritu Santo para bendecir al niño Jesús en el templo, Lucas 2:27,28. En el bautismo de Cristo, el Espíritu vino sobre Él y confirmó Su condición de Hijo e inauguró Su ministerio, Mateo 3:16,17, Marcos 1:10,11 y Lucas 3:22. Inmediatamente después, el Espíritu Santo llevó a Cristo al desierto con el fin de prepararlo para Su ministerio, Mateo 4:1, Marcos 1:12 y Lucas 4:1. Después de ser tentado, el Señor regresó a Galilea, LLENO DEL ESPÍRITU, en donde Su ministerio de proclamación del poder y la libertad del Reino comenzó con intensidad, Lucas 4:18,19.

El poder del Espíritu fue particularmente evidente en los milagros de Cristo, la liberación de espíritus impuros, y en el perdón de pecados, el cual el Señor ofreció mediante el Espíritu Santo.

En Hechos 10:38, Lucas resumió la vida de Jesús en estas palabras: «Cómo Dios ungió con el Espíritu Santo y con poder a Jesús de Nazaret, y cómo éste anduvo haciendo bienes y sanando a todos los oprimidos por el diablo, porque Dios estaba con él». Su vida y ministerio fueron totalmente dependientes del Espíritu Santo y al final las Escrituras dicen que fue por medio del Espíritu eterno que Jesús se ofreció a sí mismo en la cruz, Hebreos 9:14, a través del Espíritu fue levantado de los muertos, Romanos 8:11.

Uno puede ver claramente por qué Cristo les ordenó a Sus discípulos que se reunieran en Jerusalén y esperaran el derramamiento de poder del Espíritu antes de que iniciaran sus ministerios.

El Señor tenía que impartir la misma presencia y poder del Espíritu que había motivado y fortalecido Su propia vida y ministerio. En Lucas 24:46-49 Cristo les dice que ellos serían llenos del Espíritu para predicar la Palabra en todo el mundo: «Y les dijo: Así está escrito, y así fue necesario que el Cristo padeciese, y resucitase de los muertos al tercer día; y que se predicase en su nombre el arrepentimiento y el perdón de pecados en todas las naciones, comenzando desde Jerusalén. Y vosotros sois testigos de estas cosas. He aquí, yo enviaré la promesa de mi Padre sobre vosotros; pero quedaos vosotros en la ciudad de Jerusalén, hasta que seáis investidos de poder desde lo alto».

Jesús les había prometido, como ya hemos visto en el capítulo anterior, que Él enviaría el Espíritu Santo sobre Sus discípulos para el propósito de concederles poder y autoridad para llevar a cabo sus ministerios, Hechos 1:4,5,8 dice claramente: «Y estando juntos, les mandó que no se fueran de Jerusalén, sino que esperasen la promesa del Padre, la cual, les dijo, oísteis de mí. Porque Juan ciertamente bautizó con agua, mas vosotros seréis bautizados con el Espíritu Santo dentro de no muchos días. Pero recibiréis poder, cuando haya venido sobre vosotros el Espíritu Santo, y me seréis testigos en Jerusalén, en toda Judea, en Samaria, y hasta lo último de la tierra».

Como ya sabemos esta promesa se cumplió en Hechos capítulo dos. *¿Cuál fue el propósito de la obra continua del Espíritu Santo en las vidas de los creyentes cristianos?* Para nosotros los pentecostales es claro. <u>El poder y la presencia del Espíritu Santo eran para continuar el</u> <u>ministerio de Cristo en la vida de la Iglesia.</u>

A través de gran parte de la historia de la Iglesia cristiana, la manifestación total de la presencia espiritual de Dios ha sido obstaculizada y suprimida por teologías y tradiciones trancadas de doctrinas de hombres. Sin embargo, en los últimos días Dios está derramando Su Espíritu nuevamente, tal como lo hizo en la era apostólica.

¿QUÉ ES EL BAUTISMO EN EL ESPÍRITU SANTO?

Por lo general, se admite que Lucas no era solamente un historiador auténtico, sino que su relato histórico nos ofrece al mismo tiempo una teología consistente y real. En otras palabras, cuando vamos al libro de Hechos vemos cómo reciben inicialmente los creyentes el Espíritu y su plenitud. Después Pablo nos instruye sobre el continuo andar diario en el Espíritu en Romanos 8:2–9 que nos insta: «Porque la ley del Espíritu de vida en Cristo Jesús me ha librado de la ley del pecado y de la muerte. Porque lo que era imposible para la ley, por cuanto era débil por la carne, Dios, enviando a su Hijo en semejanza de carne de pecado y a causa del pecado, condenó al pecado en la carne; para que la justicia de la ley se cumpliese en nosotros, que no andamos conforme a la carne, sino conforme al Espíritu. Porque los que son de la carne piensan en las cosas de la carne; pero los que son del Espíritu, en las cosas del Espíritu. Porque el ocuparse de la carne es muerte, pero el ocuparse del Espíritu es vida y paz. Por cuanto los designios de la carne son enemistad contra Dios; porque no se sujetan a la ley de Dios, ni tampoco pueden; y los que viven según la carne no pueden agradar a Dios. Mas vosotros no vivís según la carne, sino según el Espíritu, si es que el Espíritu de Dios mora en vosotros. Y si alguno no tiene el Espíritu de Cristo, no es de él».

El apóstol también nos advierte en Efesios 5:18 que debemos estar rebosando en el Espíritu: «...antes bien sed llenos del Espíritu». Algunos designan la recepción de la PLENITUD del Espíritu, que Lucas describe en su teología, como «el bautismo en el Espíritu Santo», cuyo propósito principal es obtener poder adicional para el servicio del ministerio cristiano a favor de la humanidad. Y Pablo nos dice que este bautismo es para que andemos en el Espíritu y no en la carne. Entonces:

1. ¿Qué es el bautismo en el Espíritu Santo?

A. *Es ser investidos del poder de lo alto.*

Lucas 24:49 «He aquí, yo enviaré la promesa de mi Padre sobre vosotros; pero quedaos vosotros en la ciudad de Jerusalén, hasta que seáis investidos de poder desde lo alto».

B. *Es el cumplimiento de la promesa del Padre.*

Hechos 1:4,5 «Y estando juntos, les mandó que no se fueran de Jerusalén, sino que esperasen la promesa del Padre, la cual, les dijo, oísteis de mí. Porque Juan ciertamente bautizó con agua, mas vosotros seréis bautizados con el Espíritu Santo dentro de no muchos días».

C. *Es ser sumergidos completamente en el poder del Espíritu Santo.*

Hechos 1:8 «Pero recibiréis poder, cuando haya venido sobre vosotros el Espíritu Santo...».

2. ¿Quién es el que bautiza en el Espíritu Santo?

A. *Cristo Jesús.*

Juan 1:32-34 «También dio Juan testimonio, diciendo: Vi al Espíritu que descendía del cielo como paloma, y permaneció sobre él. Y yo no le conocía; pero el que me envió a bautizar con agua, aquél me dijo: Sobre quien veas descender el Espíritu y que permanece sobre él, ése es el que bautiza con el Espíritu Santo. Y yo le vi, y he dado testimonio de que éste es el Hijo de Dios».

B. *Juan el Bautista bautizó con agua para el arrepentimiento, pero Cristo es el que bautiza en fuego y en el Espíritu Santo.*

Mateo 3:11 «Yo a la verdad os bautizo en agua para arrepentimiento; pero el que viene tras mí, cuyo calzado yo no soy digno de llevar, es más poderoso que yo; él os bautizará en Espíritu Santo y fuego».

3. ¿Para qué es el bautismo en el Espíritu Santo?

A. *Para ser capacitados con los dones espirituales para ministrar efectivamente y edificar a la iglesia.*

1 Corintios 12:1,4-11 «No quiero, hermanos, que ignoréis acerca de los dones espirituales. Ahora bien, hay diversidad de dones, pero el Espíritu es el mismo. Y hay diversidad de ministerios, pero el Señor es el

mismo. Y hay diversidad de operaciones, pero Dios, que hace todas las cosas en todos, es el mismo. Pero a cada uno le es dada la manifestación del Espíritu para provecho. Porque a éste es dada por el Espíritu palabra de sabiduría; a otro, palabra de ciencia según el mismo Espíritu; a otro, fe por el mismo Espíritu; y a otro, dones de sanidades por el mismo Espíritu. A otro, el hacer milagros; a otro, profecía; a otro, discernimiento de espíritus; a otro, diversos géneros de lenguas; y a otro, interpretación de lenguas. Pero todas estas cosas las hace uno y el mismo Espíritu, repartiendo a cada uno en particular como él quiere».

B. *Para testificar de Cristo con poder y eficazmente.*

Hechos 1:8 «Pero recibiréis poder, cuando haya venido sobre vosotros el Espíritu Santo, y me seréis testigos en Jerusalén, en toda Judea, en Samaria, y hasta lo último de la tierra».

C. *Para nosotros vestirnos de la armadura de Dios y vencer en la guerra Espiritual.*

Efesios 6:10-18 «Por lo demás, hermanos míos, fortaleceos en el Señor, y en el poder de su fuerza. Vestíos de toda la armadura de Dios, para que podáis estar firmes contra las asechanzas del diablo. Porque no tenemos lucha contra sangre y carne, sino contra principados, contra potestades, contra los gobernadores de las tinieblas de este siglo, contra huestes espirituales de maldad en las regiones celestes. Por tanto, tomad toda la armadura de Dios, para que podáis resistir en el día malo, y habiendo acabado todo, estar firmes. Estad, pues, firmes, ceñidos vuestros lomos con la verdad, y vestidos con la coraza de justicia, y calzados los pies con el apresto del evangelio de la paz. Sobre todo, tomad el escudo de la fe, con que podáis apagar todos los dardos de fuego del maligno. Y tomad el yelmo de la salvación, Y LA ESPADA DEL ESPÍRITU, que es la palabra de Dios; orando en todo tiempo con toda oración y súplica en el ESPÍRITU, y velando en ello con toda perseverancia y súplica por todos los santos».

4. **¿Para quién es el bautismo en el Espíritu Santo?**

A. *Es para todos aquellos que creer en Cristo.*

Juan 7:37-39 dice: «En el último y gran día de la fiesta, Jesús se puso en pie y alzó la voz, diciendo: Si alguno tiene sed, venga a mí y beba. El que cree en mí, como dice la Escritura, de su interior correrán ríos de agua viva. Esto dijo del Espíritu que habían de recibir los que creyesen en él; pues aún no había venido el Espíritu Santo, porque Jesús no había sido aún glorificado». Entonces:

B. *Para todos aquellos que el Señor llama.*

Hechos 2:38,39 «... y recibiréis el don del Espíritu Santo. Porque para vosotros es la promesa, y para vuestros hijos, y para todos los que están lejos; para cuantos el Señor nuestro Dios llamare».

5. ¿Cuándo alguien es bautizado en el Espíritu Santo?

A. *Al oír la Palabra en la conversión o después.*

Hechos 10:44-47 «Mientras aún hablaba Pedro estas palabras, el Espíritu Santo cayó sobre todos los que oían el discurso. Y los fieles de la circuncisión que habían venido con Pedro se quedaron atónitos de que también sobre los gentiles se derramase el don del Espíritu Santo. Porque los oían que hablaban en lenguas, y que magnificaban a Dios. Entonces respondió Pedro ¿Puede acaso alguno impedir el agua, para que no sean bautizados estos que han recibido el Espíritu Santo también como nosotros?».

B. *Después de la conversión, antes del bautismo en aguas, mientras es bautizado o después.*

Hechos 8:36-39 «Y yendo por el camino, llegaron a cierta agua, y dijo el eunuco: Aquí hay agua; ¿qué impide que yo sea bautizado? Felipe dijo: Si crees de todo corazón, bien puedes. Y respondiendo, dijo: Creo que Jesucristo es el Hijo de Dios. Y mandó parar el carro; y descendieron ambos al agua, Felipe y el eunuco, y le bautizó. Cuando subieron del agua, el Espíritu del Señor arrebató a Felipe; y el eunuco no le vio más, y siguió gozoso su camino».

C. *La voluntad de Dios es que todo creyente sea bautizado en el Espíritu inmediatamente después de la conversión.*

Hechos 19:1-7 «Aconteció que entre tanto que Apolos estaba en Corinto, Pablo, después de recorrer las regiones superiores, vino a Éfeso, y hallando a ciertos discípulos, les dijo: ¿Recibisteis el Espíritu Santo cuando creísteis? Y ellos le dijeron: Ni siquiera hemos oído si hay Espíritu Santo. Entonces dijo: ¿En qué, pues, fuisteis bautizados? Ellos dijeron: En el bautismo de Juan. Dijo Pablo: Juan bautizó con bautismo de arrepentimiento, diciendo al pueblo que creyesen en aquel que vendría después de él, esto es, en Jesús el Cristo. Cuando oyeron esto, fueron bautizados en el nombre del Señor Jesús. Y habiéndoles impuesto Pablo las manos, vino sobre ellos el Espíritu Santo; y hablaban en lenguas, y profetizaban. Eran por todos unos doce hombres».

6. ¿Cuál es la evidencia del bautismo en el Espíritu Santo?

El hablar en lenguas es la señal inicial. En todos los casos del Nuevo Testamento aquellos que fueron bautizados hablaron en lenguas. Esto fue prometido por Cristo en Marcos 16:17 «Y estas señales seguirán a los que creen: En mi nombre echarán fuera demonios; hablarán nuevas lenguas».

A. *En el Pentecostés.*

Hechos 2:1-4 «Cuando llegó el día de Pentecostés, estaban todos unánimes juntos. Y de repente vino del cielo un estruendo como de un viento recio que soplaba, el cual llenó toda la casa donde estaban sentados; y se les aparecieron lenguas repartidas, como de fuego, asentándose sobre cada uno de ellos. Y fueron todos llenos del Espíritu Santo, y comenzaron a hablar en otras lenguas, según el Espíritu les daba que hablasen».

B. *En Samaria*

Allí la gente vio algo sobrenatural, esto fue que hablaron en lenguas.

Hechos 8:14-17 «Cuando los apóstoles que estaban en Jerusalén oyeron que Samaria había recibido la palabra de Dios, enviaron allá a Pedro y a Juan; los cuales, habiendo venido, oraron por ellos para que recibiesen el Espíritu Santo; porque aún no había descendido sobre ninguno de ellos, sino que solamente habían sido bautizados en el nombre de Jesús. Entonces les imponían las manos, y recibían el Espíritu Santo».

C. *En la casa de Cornelio.*

Hechos 10:44 «Mientras aún hablaba Pedro estas palabras, el Espíritu Santo cayó sobretodos los que oían el discurso».

D. *En la ciudad de Éfeso.*

Hechos 19:1, 2,6 «Aconteció que entre tanto que Apolos estaba en Corinto, Pablo, después de recorrer las regiones superiores, vino a Éfeso, y hallando a ciertos discípulos, les dijo: ¿Recibisteis el Espíritu Santo cuando creísteis? Y ellos le dijeron: Ni siquiera hemos oído si hay Espíritu Santo. Y habiéndoles impuesto Pablo las manos, vino sobre ellos el Espíritu Santo; y hablaban en lenguas, y profetizaban».

E. El apóstol Pablo hablaba en lenguas.

1 Corintios 14:18 «Doy gracias a Dios que hablo en lenguas más que todos vosotros».

7. El bautismo en el Espíritu y Su llenura.

A. *El bautismo en el Espíritu ocurre solamente una vez en la vida.*

Mateo 3:16 «Y Jesús, después que fue bautizado, subió luego del agua; y he aquí cielos le fueron abiertos, y vio al Espíritu de Dios que descendía como paloma, y venía sobre él».

B. *Pero después de la llenura inicial necesitamos mantenerla.*

Romanos 8:5 «Porque los que son de la carne piensan en las cosas de la carne; pero los que son del Espíritu, en las cosas del Espíritu».

C. *Y debemos vivir una vida continua y diaria llenos del Espíritu.*

Efesios 5:18 «...antes bien sed llenos del Espíritu».

¿CÓMO RECIBIR EL BAUTISMO EN EL ESPÍRITU SANTO?

Hechos 2:33,38,39 dice: «sí que, exaltado por la diestra de Dios, y habiendo recibido del Padre la promesa del Espíritu Santo, ha derramado esto que vosotros veis y oís. Pedro les dijo: Arrepentíos, y bautícese cada uno de vosotros en el nombre de Jesucristo para perdón de los pecados; y recibiréis el don del Espíritu Santo. Porque para vosotros es la promesa, y para vuestros hijos, y para todos los que están lejos; para cuantos el Señor nuestro Dios llamaré».

El don del Espíritu Santo está disponible a todos. Sin embargo, el hecho de que el Espíritu Santo es un don prometido no significa que no haya condiciones para que uno lo reciba. Pedro dijo que ellos tenían que arrepentirse, tenían que hacer algo para después recibirlo. Ninguno de nosotros, teológicamente hablando, puede entender en su totalidad la relación intrínseca entre la obra de la gracia libre de Dios y la voluntad del libre albedrío del hombre.

Sin embargo Dios prometió el don del Espíritu, pero está en nosotros cumplir las condiciones para recibirlo, de igual modo que Dios dio a Su Hijo al mundo para salvarlo, pero el hombre tiene la opción y la decisión de recibirlo o no.

Claramente, la voluntad de Dios fue que el Espíritu se derramara sobre la Iglesia. Pero aún así, la Iglesia tenía que ser receptiva del don prometido. Los espíritus malignos buscan imponerse sobre la persona incauta, pero el Espíritu de Dios no, pues Él es gentil y sensible.

Una promesa no implica pasividad humana ni determinación divina para imponer lo que se desea. La autoentrega y obediencia, como expresiones de fe, siguen siendo condiciones requeridas para la recepción del Espíritu.

El Espíritu puede moverse, y se moverá libremente y con gracia donde Él no encuentre resistencia. El orgullo, en todas sus formas sutiles, es todavía el principal obstáculo en nuestra búsqueda de una vida llena del Espíritu. Es necesario que nosotros podamos rendirnos y tener una buena disposición y cooperación con el Espíritu Santo. Como lo expresa el gran teólogo Kart Barth: «Solo donde se suspira, llora, ora y desea al Espíritu, Él se hará presente y activo de nuevo».

¿Qué debemos hacer entonces para recibir esta bendición del bautismo en el Espíritu Santo?

1. Nacer de nuevo.

La persona que va a recibir la plenitud del Espíritu debe primero permitirle morar en su vida y pertenecer a Jesús.

Juan 3:3 «Respondió Jesús y le dijo: De cierto, de cierto te digo, que el que no naciere de nuevo, no puede ver el reino de Dios».

Romanos 8:9 «Mas vosotros no vivís según la carne, sino según el Espíritu, si es que el Espíritu de Dios mora en vosotros. Y si alguno no tiene el Espíritu de Cristo, no es de él».

2. Pedirlo.

La Biblia dice que, si invocamos el Espíritu Santo, esa oración será contestada.

Lucas 11:9-13 «Y yo os digo: Pedid, y se os dará; buscad, y hallaréis; llamad, y se os abrirá. Porque todo aquel que pide, recibe; y el que busca, halla; y al que llama, se le abrirá. ¿Qué padre de vosotros, si su hijo le pide pan, le dará una piedra? ¿o si pescado, en lugar de pescado, le dará una serpiente? ¿O si le pide un huevo, le dará un escorpión? Pues si vosotros, siendo malos, sabéis dar buenas dádivas a vuestros hijos, ¿cuánto más vuestro Padre celestial dará el Espíritu Santo a los que se lo pidan?».

3. Rendirse.

El apóstol Pablo lo explica claramente en el libro de Romanos que es necesario consagración, apartarse del mudo y saber cual es la voluntad de Dios.

Romanos 12:1 «Así que, hermanos, os ruego por las misericordias de Dios, que presentéis vuestros cuerpos en sacrificio vivo, santo, agradable a Dios, que es vuestro culto racional. No os conforméis a este siglo, sino transformaos por medio de la renovación de vuestro entendimiento, para que comprobéis cuál sea la buena voluntad de Dios, agradable y perfecta».

4. Obedecerlo.

Debemos disponernos a obedecer al Espíritu. Si quiere ser sumergido en el Espíritu debe estar preparado a obedecerle.

Hechos 5:32 «Y nosotros somos testigos suyos de estas cosas, y también el Espíritu Santo, el cual ha dado Dios a los que le obedecen».

5. Creer.

El apóstol Pablo pregunta si los Gálatas habían recibido al Espíritu por guardar la ley o por creer. La respuesta, obviamente, es la FE. Debes creer que si lo pides, lo recibirás.

Gálatas 3:2 «Esto solo quiero saber de vosotros: ¿Recibisteis el Espíritu por las obras de la ley, o por el oír con fe?».

Si un creyente realmente ha nacido de nuevo, y pide el bautismo del Espíritu con perseverancia en la oración; si él rinde su vida en entera consagración al Señor y de igual manera ha obedecido al Espíritu de Dios, y también ha creído por fe que lo puede recibir, entonces —con toda certeza y seguridad— esa persona será bautizada en el Espíritu Santo, porque cumple todos los requisitos bíblicos para que esto ocurra.

Pero mientras hay aquellos que desean el bautismo del Espíritu, también hay otros cristianos que no han recibido esta tan gran bendición por varias razones.

¿POR QUÉ MUCHOS CREYENTES NO RECIBEN EL BAUTISMO EN EL ESPÍRITU SANTO?

1. Desconocen que Cristo es el que bautiza.

Mateo 3:11 «Yo a la verdad os bautizo en agua para arrepentimiento; pero el que viene tras mí, cuyo calzado yo no soy digno de llevar, es más poderoso que yo; él os bautizará en Espíritu Santo y fuego».

Juan 1:32,33 «También dio Juan testimonio, diciendo: Vi al Espíritu que descendía del cielo como paloma, y permaneció sobre él. Y yo no le conocía; pero el que me envió a bautizar con agua, aquél me dijo: Sobre quien veas descender el Espíritu y que permanece sobre él, ése es el que bautiza con el Espíritu Santo».

2.   Se sienten indignos.

Hechos 10:44,45 «Mientras aún hablaba Pedro estas palabras, el Espíritu Santo cayó sobre todos los que oían el discurso. Y los fieles de la circuncisión que habían venido con Pedro se quedaron atónitos de que también sobre los gentiles se derramase el don del Espíritu Santo».

3.   Piden sin esperar recibirlo.

Santiago 1:6 «Pero pida con fe, no dudando nada; porque el que duda es semejante a la onda del mar, que es arrastrada por el viento y echada de una parte a otra».

4.   Ignoran que todos pueden recibirlo.

Hechos 10:47 «Entonces respondió Pedro: ¿Puede acaso alguno impedir el agua, para que no sean bautizados estos que han recibido el Espíritu Santo también como nosotros?».

5.   No saben que existe este bautismo de poder.

Hechos 18:24,25 «Llegó entonces a Éfeso un judío llamado Apolos, natural de Alejandría, varón elocuente, poderoso en las Escrituras. Este había sido instruido en el camino del Señor; y siendo de espíritu fervoroso, hablaba y enseñaba diligentemente lo concerniente al Señor, aunque solamente conocía el bautismo de Juan».

6.   Ignoran que les fue prometido.

Hechos 2:33 «Así que, exaltado por la diestra de Dios, y habiendo recibido del Padre la promesa del Espíritu Santo, ha derramado esto que vosotros veis y oís».

7.   No piden y no oran lo suficiente.

Lucas 11:9,10,13 «Y yo os digo: Pedid, y se os dará; buscad, y hallaréis; llamad, y se os abrirá. Porque todo aquel que pide, recibe; y el que busca, halla; y al que llama, se le abrirá. Pues si vosotros, siendo malos, sabéis dar buenas dádivas a vuestros hijos, ¿cuánto más vuestro Padre celestial dará el Espíritu Santo a los que se lo pidan?».

8. Desconocen que Él es el Consolador prometido.

Juan 14:26 «Mas el Consolador, el Espíritu Santo, a quien el Padre enviará en mi nombre, él os enseñará todas las cosas, y os recordará todo lo que yo os he dicho».

9. Son impacientes y no esperan lo suficiente.

Hechos 1:4,5 «Y estando juntos, les mandó que no se fueran de Jerusalén, sino que esperasen la promesa del Padre, la cual, les dijo, oísteis de mí. Porque Juan ciertamente bautizó con agua, mas vosotros seréis bautizados con el Espíritu Santo dentro de no muchos días».

10. No saben que está disponible a todos los que creen en Cristo.

Juan 7:39 «Esto dijo del Espíritu que habían de recibir los que creyesen en él; pues aún no había venido el Espíritu Santo, porque Jesús no había sido aún glorificado».

11. No se mantienen unidos con los demás hermanos.

Hechos 1:14 «Todos éstos perseveraban unánimes en oración y ruego, con las mujeres, y con María la madre de Jesús, y con sus hermanos».

Hechos 2:1 «Cuando llegó el día de Pentecostés, estaban todos unánimes juntos».

12. Desconocen que la promesa es para ellos HOY y para sus hijos.

Hechos 2:38c, 39 «...y recibiréis el don del Espíritu Santo. Porque para vosotros es la promesa, y para vuestros hijos, y para todos los que están lejos; para cuantos el Señor nuestro Dios llamare».

13. Muchos ni han oído sobre el bautismo en el Espíritu.

Hechos 19:1,2 «Aconteció que entre tanto que Apolos estaba en Corinto, Pablo, después de recorrer las regiones superiores, vino a Éfeso, y hallando a ciertos discípulos, les dijo: ¿Recibisteis el Espíritu Santo cuando creísteis? Y ellos le dijeron: Ni siquiera hemos oído si hay Espíritu Santo».

14. Poseen pecados escondidos y aún no confesados.

Santiago 5:16 «Confesaos vuestras ofensas unos a otros, y orad unos por otros, para que seáis sanados...».

15. Piensan que es una experiencia basada solamente en las emociones.

Hechos 2:1-4,12-18 «Cuando llegó el día de Pentecostés, estaban todos unánimes juntos. Y de repente vino del cielo un estruendo como de un viento recio que soplaba, el cual llenó toda la casa donde estaban sentados; y se les aparecieron lenguas repartidas, como de fuego, asentándose sobre cada uno de ellos. Y fueron todos llenos del Espíritu Santo, y comenzaron a hablar en otras lenguas, según el Espíritu les daba que hablasen. Y estaban todos atónitos y perplejos, diciéndose unos a otros: ¿Qué quiere decir esto? Mas otros, burlándose, decían: Están llenos de MOSTO. Entonces Pedro, poniéndose en pie con los once, alzó la voz y les habló diciendo: Varones judíos, y todos los que habitáis en Jerusalén, esto os sea notorio, y oíd mis palabras. Porque éstos no están EBRIOS, como vosotros suponéis, puesto que es la hora tercera del día. Mas esto es lo dicho por el profeta Joel: Y en los postreros días, dice Dios, derramaré de mi Espíritu sobre toda carne, y vuestros hijos y vuestras hijas profetizarán; Vuestros jóvenes verán visiones, y vuestros ancianos soñarán sueños; y de cierto sobre mis siervos y sobre mis siervas en aquellos días derramaré de mi Espíritu, y profetizarán».

16. Miran las faltas de aquellos que ya son bautizados y los juzgan.

Mateo 7:1-5 «No juzguéis, para que no seáis juzgados. Porque con el juicio con que juzgáis, seréis juzgados, y con la medida con que medís, os será medido. ¿Y por qué miras la paja que está en el ojo de tu hermano, y no echas de ver la viga que está en tu propio ojo? ¿O cómo dirás a tu hermano: Déjame sacar la paja de tu ojo, y he aquí la viga en el ojo tuyo? ¡Hipócrita! Saca primero la viga de tu propio ojo, y entonces verás bien para sacar la paja del ojo de tu hermano».

17. Algunos desean ser bautizados pero a su manera y no como Dios quiere.

Isaías 40:13 «¿Quién enseñó al Espíritu de Jehová, o le aconsejó enseñándole?».

18. Algunos resisten al Espíritu Santo.

Hechos 7:51 «¡Duros de cerviz, e incircuncisos de corazón y de oídos! Vosotros resistís siempre al Espíritu Santo; como vuestros padres, así también vosotros».

19. Van en contra de la voluntad del Espíritu.

Hechos 16:7 «Y cuando llegaron a Misia, intentaron ir a Bitinia, pero el Espíritu no se lo permitió».

20. No desean ser enseñados por el Espíritu.

1 Corintios 2:13 «Lo cual también hablamos, no con palabras enseñadas por sabiduría humana, sino con las que enseña el Espíritu, acomodando lo espiritual a lo espiritual».

21. No desean ser guiados por el Espíritu.

Romanos 8:14 «Porque todos los que son guiados por el Espíritu de Dios, éstos son hijos de Dios».

22. Tienen temor de hablar en lenguas extrañas.

Hechos 2:4-11 «Y fueron todos llenos del Espíritu Santo, y comenzaron a hablar en otras lenguas, según el Espíritu les daba que hablasen. Moraban entonces en Jerusalén judíos, varones piadosos, de todas las naciones bajo el cielo. Y hecho este estruendo, se juntó la multitud; y estaban confusos, porque cada uno les oía hablar en su propia lengua. Y estaban atónitos y maravillados, diciendo: Mirad, ¿no son galileos todos estos que hablan? ¿Cómo, pues, les oímos nosotros hablar cada uno en nuestra lengua en la que hemos nacido? Partos, medos, elamitas, y los que habitamos en Mesopotamia, en Judea, en Capadocia, en el Ponto y en Asia, en Frigia y Panfilia, en Egipto y en las regiones de África más allá de Cirene, y romanos aquí residentes, tanto judíos como prosélitos, cretenses y árabes, les oímos hablar en nuestras LENGUAS las maravillas de Dios».

Hechos 19:6 «Y habiéndoles impuesto Pablo las manos, vino sobre ellos el Espíritu Santo; y hablaban en lenguas, y profetizaban».

Por diversos motivos muchos cristianos no han recibido esta tan gran bendición que nos fue prometida del bautismo en el Espíritu Santo. Cada uno debe examinar su vida a la luz de la Palabra de Dios y pedir al Señor que les enseñe qué es que está mal en sus caminos para que sean también partícipes de esta maravillosa experiencia con el Señor.

La experiencia del bautismo en el Espíritu es solamente el principio

Se cuenta que un niño que vivía en el campo nunca había visto un circo. Él se había enterado que un gran circo llegaría al pueblo el sábado siguiente. Cuando llegó el día señalado, el niño pidió dinero a su padre con mucha ansiedad y anticipación para asistir a la función que él tanto había soñado. Su padre le puso en su mano una cantidad de dinero que él jamás había visto antes. Con los ojos muy abiertos y brillantes, salió y se fue al centro de la pequeña ciudad. Al llegar vio una gran cantidad de personas que se amontonaban a lo largo de la calle principal. Inmediatamente se procuró un lugar para mirar y sus ojos brillaron de alegría al ver un desfile de muchos animales encerrados en sus jaulas y una banda que tocaba una alegre melodía.

Finalmente alcanzó a ver por primera vez al payaso que divertía a todos mientras pasaba el desfile. El pequeño estaba tan emocionado que cuando el payasito pasó delante de él, metió la mano en el bolsillo y sacando todo el dinero se lo entregó, pensando que ya había visto el circo en plena función, cuando apenas había visto el desfile promocional, el niño regresó su casa alegremente…

Amados lectores, de la misma manera muchísimos creyentes en Cristo se conforman con la primera y alegre experiencia de la conversión, (se han conformado con el desfile) pero realmente nunca fueron bautizados en el Espíritu, (nunca vieron el Espíritu en función en sus vidas). Se han contentado en ver PASAR LOS AÑOS de la vida cristiana sin tener una nueva experiencia con el Señor llamada bautismo en el Espíritu Santo.

La conversión y el nuevo nacimiento conforman la primera experiencia espiritual con Dios; la segunda es el bautismo en el Espíritu que solo es el principio de una vida espiritual llena de desafíos y victorias con Cristo. Es la primera puerta que Dios abre para que el creyente reciba los dones espirituales del Espíritu mencionados en el capítulo 12 de 1 Corintios y de todas las manifestaciones y operaciones que el maravilloso Espíritu traerá a la vida de aquellos que lo obtienen.

Usted no debe solamente contentarse con la conversión. Esto no es todo. Hay todavía muchas más bendiciones que Dios quiere darle y revelarle, cosas aún más profundas que usted nunca ha imaginado, y esto solamente es posible cuando pase por la experiencia del bautismo en el Espíritu Santo.

Si usted todavía no lo ha recibido, pida al Señor ahora en oración con un corazón sincero y humilde y Él le oirá y le concederá esta maravillosa experiencia con Él que está reservada a aquellos que le buscan con el cuerpo, alma, corazón y espíritu.

Clame y verá cuán gran gozo usted recibirá, cuán poderosa será su vida espiritual y cuán grandes victorias usted obtendrá al haber conocido y recibido el bautismo en el Espíritu Santo.

¿POR QUÉ LA NECESIDAD DEL BAUTISMO EN EL ESPÍRITU SANTO?

En 2 Corintios 13:3 está escrito: «Pues buscáis una prueba de que habla Cristo en mí, el cual no es débil para con vosotros, sino que es **poderoso** en vosotros».

La palabra **«poderoso»** aquí en el griego es **«dunateo»**, que es: Tener capacidad, ser capaz o tener un gran poder. El poder que opera en los creyentes es el mismo poder del Espíritu que levantó a Jesús de entre los muertos, pues las Escrituras dice en Romanos 8:11 que: «Y si el Espíritu de aquel que levantó de los muertos a Jesús mora en vosotros, el que levantó los muertos a Cristo Jesús vivificará también vuestros cuerpos mortales por su Espíritu que mora en vosotros».

La única manera de nosotros tener la «capacidad» de vivir una vida victoriosa espiritualmente; de ser «capaz» de vencer las huestes malignas y de obtener «un gran poder», es solamente por medio del bautismo en el Espíritu Santo. Si los propios discípulos de Cristo lo necesitaron, imagínese cuanto nosotros lo necesitamos y es imperativo que todos los creyentes lo puedan recibir. **¿Y cómo eran los discípulos ANTES del bautismo en el Espíritu Santo?**

1. **Eran salvos y gozosos.**
    Lucas 10:20 «Pero no os regocijéis de que los espíritus se os sujetan, sino regocijaos de que vuestros nombres están escritos en los cielos».

2.   Tenían un solo Espíritu.

1 Corintios 12:13 «Porque por un solo Espíritu fuimos todos bautizados en un cuerpo, sean judíos o griegos, sean esclavos o libres; y a todos se nos dio a beber de un mismo Espíritu».

3.   Estaban en Cristo.

Juan 15:4-7 «Permaneced en mí, y yo en vosotros. Como el pámpano no puede llevar fruto por sí mismo, si no permanece en la vid, así tampoco vosotros, si no permanecéis en mí. Yo soy la vid, vosotros los pámpanos; el que permanece en mí, y yo en él, éste lleva mucho fruto; porque separados de mí nada podéis hacer. El que en mí no permanece, será echado fuera como pámpano, y se secará; y los recogen, y los echan en el fuego, y arden. Si permanecéis en mí, y mis palabras permanecen en vosotros, pedid todo lo que queréis, y os será hecho».

4.   Eran amigos de Cristo.

Juan 15:14 «Vosotros sois mis amigos, si hacéis lo que yo os mando».

5.   Tenían la Palabra y no eran del mundo.

Juan 17:14 «Yo les he dado tu palabra; y el mundo los aborreció, porque no son del mundo, como tampoco yo soy del mundo».

6.   Tenían autoridad sobre el mundo espiritual de las tinieblas.

Lucas 9:1 «Habiendo reunido a sus doce discípulos, les dio poder y autoridad sobre todos los demonios, y para sanar enfermedades».

7.   Fueron soplados por el Espíritu Santo.

Juan 20:22 «Y habiendo dicho esto, sopló, y les dijo: Recibid el Espíritu Santo».

Por lo tanto los discípulos eran *salvos y gozosos,* tenían *un solo Espíritu,* todos ellos *estaban en Cristo,* y todos de igual manera *eran amigos de Cristo,* ellos también *tenían la Palabra y no eran del mundo,* igualmente habían *recibido autoridad sobre las tinieblas,* y fueron por Cristo *soplados por el Espíritu Santo...*

Entonces los discípulos tenían y eran todo esto, **PERO TODAVÍA ELLOS NO ERAN BAUTIZADOS EN EL ESPÍRITU SANTO** conforme a lo que está escrito en Hechos 1:4-8 que dice: «Y estando juntos, les mandó que no se fueran de Jerusalén, sino que esperasen la promesa del Padre, la cual, les dijo, oísteis de mí. Porque Juan ciertamente bautizó con agua, mas vosotros seréis bautizados con el Espíritu Santo dentro de no muchos días. Entonces los que se habían reunido le preguntaron, diciendo: Señor, ¿restaurarás el reino a Israel en este tiempo? Y les dijo: No os toca a vosotros saber los tiempos o las sazones, que el Padre puso en su sola potestad; pero recibiréis poder, cuando haya venido sobre vosotros el Espíritu Santo, y me seréis testigos en Jerusalén, en toda Judea, en Samaria, y hasta lo último de la tierra».

Todo creyente de igual manera puede tener todo esto y ser todo lo que los discípulos eran e igualmente es posible que no haya sido bautizado en el Espíritu todavía... Por esto **la necesidad** de que todo cristiano sea lleno del Espíritu Santo y que reciba esta maravillosa experiencia del bautismo del Espíritu.

LA NECESIDAD IMPERATIVA DE SER BAUTIZADO

La palabra «**necesidad**» en el griego es «**creía**» que denota una necesidad, en expresiones como «tener necesidad de» o «haber necesidad de» alguna cosa, como en Mateo 3:14 que es traducido como «necesito», que literalmente es «tengo necesidad de», Marcos 14:63.

En Lucas 5:31; 22:71, también es «necesitamos» o «necesidad tenemos», en un contexto interrogativo como en Efesios 4:28 y 1 Tesalonicenses 4:9. **Todo cristiano nacido de nuevo tiene necesidad de la ayuda, del respaldo y del bautismo en el Espíritu Santo.** En Lucas 10:42 se traduce «solo una cosa es necesaria», pues primeramente hay que buscar el Reino de Dios, Mateo 6:33 y 16:26.

En Efesios 4:29 dice que es «para la necesaria edificación», y también se traduce más ajustadamente «para edificación según la necesidad», esto es, «para suplir lo que se necesite en cada caso». En Filipenses 4:19, «lo que os falta», esto es, «cada necesidad vuestra»; en 1 Tesalonicenses 4:12, «necesidad»; Hechos 28:10: «las cosas necesarias» es, literalmente «de las cosas para la necesidad».

La palabra griega «**Ananke**» significa necesidad, lo que tiene que ser. Se traduce «es necesario» en Mateo 18:7; en Lucas 14:8: «necesito» o «tengo necesidad» (con el verbo «**eco**»); en Romanos 13:5: «es necesario». «**Justerema**» se traduce «necesidad» en 2 Corintios 8:14. «**Anankaios**» es traducido «necesario» en Hechos 13:46; 1 Corintios 12:22: «más necesarios»; 2 Corintios 9:5. En Filipenses 1:24, **«anankaioteros»** se traduce «más necesario»; Filipenses 2:25; Tito 3:14: «de necesidad» o «necesarios». **«Epanankes»** es un adjetivo relacionado con **«epi»**, utilizado intensivamente, y que solo se encuentra en forma neutra. Se utiliza como adverbio, significando «de necesidad», y traducido como adjetivo en Hechos 15:28, «necesarias» o «cosas de necesidad».

«Epitedeios» es primariamente «lo apropiado», «conveniente», luego útil, necesario. Se traduce «las cosas que son necesarias» en Santiago 2:16, donde aparece en neutro y plural. El verbo **«crezo»** es necesitar, tener necesidad de», está relacionado con **«cre»** que es necesario o apropiado. Se utiliza en Mateo 6:32; Lucas 12:30 «tenéis necesidad». En Romanos 16:2, «necesite» y 2 Corintios 3:1 «tenemos necesidad».

En Lucas 11:8-13 Cristo habla referente la necesidad de nosotros ser bautizados en el Espíritu y que teníamos que pedir al Padre esta bendición: «Os digo, que aunque no se levante a dárselos por ser su amigo, sin embargo por su importunidad se levantará y le dará todo lo que necesite. Y yo os digo: Pedid, y se os dará; buscad, y hallaréis; llamad, y se os abrirá. Porque todo aquel que pide, recibe; y el que busca, halla; y al que llama, se le abrirá. ¿Qué padre de vosotros, si su hijo le pide pan, le dará una piedra? ¿o si pescado, en lugar de pescado, le dará una serpiente? ¿O si le pide un huevo, le dará un escorpión? Pues si vosotros, siendo malos, sabéis dar buenas dádivas a vuestros hijos, ¿cuánto más vuestro Padre celestial dará el Espíritu Santo a los que se lo pidan?».

Aquí está claro que es «necesario» pedir el bautismo del Espíritu. El verbo griego **«dei»** es impersonal que significa es necesario, es preciso, se debe. Se encuentra con la mayor frecuencia en los Evangelios, Hechos y Apocalipsis, y se utiliza para una necesidad debido a la naturaleza misma del caso, como en Juan 3:30: «es necesario»; 2 Timoteo 2:6: «debe» y también se usa de una necesidad impuesta por las circunstancias, Mateo 26:35: «sea necesario»; Juan 4:4: «era necesario»; Hechos 27:21, «habría sido… conveniente»; «debíais»; 2 Corintios 1:30: «es necesario».

En el caso de Cristo, por causa de la voluntad del Padre, Lucas 2:49; 19:5 y por la necesidad en cuanto a lo que se precisa para poder conseguir un resultado, Lucas 12:12: «debáis»; Juan 3:7: «es necesario»; Hechos 9:6: «debes»; 1 Corintios 11:19: «es preciso»; Hebreos 9:26: «hubiera sido necesario».

También se refiere de una necesidad impuesta por ley, por el deber, por la equidad, Mateo 18:33: «debías»; 23:23: «era necesario»; Lucas 15:32: «era necesario»; Hechos 15:5: «es necesario»; Romanos 1:27: «debida», de una retribución demandada por la ley de Dios; Romanos 8:26; 12:3; 1 Corintios 8:2.

De igual manera habla de la necesidad que surge del determinado consejo y de la voluntad de Dios, «es necesario» en Mateo 17:10; 24:6; 26:54; 1 Corintios 15:53, especialmente con respecto a la salvación de los hombres mediante la muerte, resurrección y ascensión de Cristo, Juan 3:14; Hechos 3:21 y 4:12.

«**Justereo**» se utiliza en el sentido de carecer ciertas cosas, Mateo 19:20: «me falta»; Marcos 10:21: «una cosa», en Lucas 18:22; Lucas 22:35: «os faltó». «**Leipo**» es «sin que os falte cosa alguna» o «en nada faltando» o «tiene falta» o «tienen necesidad». En Lucas 18:22: «aún te falta una cosa», literalmente «una cosa está faltando a ti». En Tito 1:5: «lo deficiente», esto es, «las cosas que faltaban»; 3:13: «que nada les falte». «**Ofeilo**» indica una necesidad en Hebreos 2:17 se traduce «debía» o «convenía» y se utiliza de manera impersonal, significando «es necesario», seguido por el infinitivo de «**Ginomai**» que es venir a ser, acontecer, suceder, literalmente «es necesario que venga a ser así».

«**Prosdeomai**» es «precisar además», «necesitar además», viene de «**pros** que es «además» y «**deomai**» que es «necesitar». Se utiliza en Hechos 17:25: «como si necesitase algo».

«**Astheneo**» es «carecer de fuerzas» es estar «débil o debilitado» y se traduce «necesitados» en Hechos 20:35 «enfermos» y «débiles».

Todos nosotros los cristianos carecemos, tenemos necesidad, nos falta y nos es necesario recibir el bautismo en el Espíritu Santo, pues sin Él estamos sin fuerza, débiles y derrotados. Tenemos una lucha feroz entre la carne y el Espíritu diariamente en nuestras vidas y necesitamos de Su poder y autoridad en nosotros.

La pregunta del apóstol Pablo en Hechos 19:2 sigue vigente para nosotros hasta hoy: «¿Recibisteis el Espíritu Santo cuando creísteis?». Si Pablo preguntó esto es porque hay una necesidad de ser bautizado y es imperativo que todo creyente en Cristo lo experimente y lo posea.

¿Por qué uno necesita ser bautizado en el espíritu? ¿Cuál es el propósito de esta experiencia? Estas son preguntas serias que demandan y merecen respuestas serias. Observe que el bautismo del Espíritu no es una opción del creyente, pues Cristo no sugirió que sería bueno tenerlo, por el contrario, Él MANDÓ a los discípulos que esperasen en Jerusalén hasta que fuesen investidos del poder y de la llenura por medio del bautismo del Espíritu.

El Señor sabía que era NECESARIO que ellos lo recibieran y si no fuera así, Cristo no los hubiera dicho.

LOS TRES TIPOS DE HOMBRE

Entre el carácter y la personalidad de una persona y la calidad del vivir diario de los cristianos hay una diferencia muy evidente y es ahí donde necesitamos del bautismo del Espíritu. Dicha diferencia se reconoce y se define en todo el Nuevo Testamento. Existe la posibilidad de mejorar el carácter y la personalidad del creyente llevándole a vivir una vida cristiana mucho mejor de la que vive por medio de la actuación del Espíritu, pero para esto es necesario que el cristiano llene ciertos requisitos, siendo el primero recibir el bautismo del Espíritu y entonces vivirá una vida llena del poder y de victoria en Cristo.

Pablo, guiado por el Espíritu, divide a todos los hombres en tres grupos:

1. **El hombre «natural»**, no regenerado y no cambiado espiritualmente; 2. **El hombre «carnal»** que es niño en Cristo y que en muchas áreas de su vida anda como hombre natural; y (3) **El hombre «espiritual»** o maduro, lleno del Espíritu Santo.

El apóstol clasifica estos tres grupos en conformidad con su capacidad para comprender y recibir la Palabra de Dios, las cosas que son reveladas por el Espíritu. La triple clasificación se encuentra de 1 Corintios 2:9 a 3:4. Empieza en 1 Corintios 2:9,10 y dice así: «Antes bien, como está escrito: Cosas que ojo no vio, ni oído oyó, ni han subido en corazón de hombre, son las que Dios ha preparado para los que le aman. Pero Dios nos las reveló a nosotros por el Espíritu…».

Aquí se establece una distinción entre los conocimientos generales del saber humano que se perciben por medio de la vista, el oído y la conciencia (la capacidad de razonar), y se distingue de aquello que nos fue revelado por el Espíritu. Se hace referencia únicamente a la REVELACIÓN DIVINA que se encuentra en las Sagradas Escrituras, la cual es una revelación ilimitada, como lo afirma el mismo versículo 10 al final que concluye: «… porque el Espíritu todo lo escudriña, aun lo profundo de Dios».

Los tres tipos de hombres se clasifican según su capacidad para comprender y recibir «las cosas profundas de Dios». Sin LA AYUDA DEL ESPÍRITU, Su revelación y sabiduría el hombre NO PUEDE entrar, entender, percibir las «cosas profundas de Dios», sino solamente entiende las cosas de su mismo espíritu humano que está centralizada en su mismo nivel. 1 Corintios 2:11 aclara: «Porque ¿quién de los hombres sabe las cosas del hombre, sino el espíritu del hombre que está en él? Así tampoco nadie conoció las cosas de Dios, sino el Espíritu de Dios». Por lo tanto, el hombre puede entender las cosas de su mismo espíritu humano sin que nadie le ayude, pero él no puede entender ni conocer las cosas de Dios excepto por la AYUDA DEL ESPÍRITU DE DIOS, que se recibe mediante el bautismo en el Espíritu.

El hombre no puede entender las cosas que están fuera de su esfera o nivel, pues no puede salir de su propia esfera y entrar en la esfera inferior de los animales. Tampoco puede entrar en una esfera superior a la de él mismo, o sea, espiritual, al nivel de Dios, excepto por el Espíritu de Dios.

Así como el hombre por sí mismo no conoce las cosas de Dios, el Espíritu Santo las conoce y el hombre puede relacionarse de tal manera con el Espíritu que también puede llegar a conocerlas.

1 Corintios 2:12 explica la diferencia entres los tres tipos de hombres: «Y nosotros no hemos recibido el espíritu del mundo, sino el Espíritu que proviene de Dios, para que sepamos lo que Dios nos ha concedido». Nosotros, es decir, nosotros los cristianos, nosotros los creyentes en Cristo, nosotros los que somos salvos «…hemos recibido el Espíritu que proviene de Dios». Aquí vemos que en nosotros hay un potencial muy grande, pues si estamos relacionados con el Espíritu de Dios, ya que lo tenemos en nosotros, es posible debido a este hecho, «llegar a conocer las cosas profundas de Dios». Por nosotros mismos jamás podríamos conocerlas, pero como el Espíritu las conoce y Él mora en nosotros, entonces Él nos las irá revelando.

Esta revelación se nos transmite en palabras que el Espíritu nos enseña, como Pablo dice a continuación en 1 Corintios 2:13 que cita: «Lo cual también hablamos, no con palabras enseñadas por sabiduría humana, sino con las que enseña el Espíritu, acomodando lo espiritual a lo espiritual».

La Biblia es llamada y conocida como «la Palabra de Dios», y para que el hombre entienda estas palabras divinas, NECESITA DE LA AYUDA

DEL ESPÍRITU porque solo el Espíritu puede revelar a su mente, alma y espíritu las palabras de Dios; no las puede comprender con su entendimiento y su mente, pues para él son locuras. De la misma manera, cuando el hombre es nacido de nuevo y es lleno del Espíritu de Dios, ahora ya puede entender y conocer las cosas de Dios a medida que progresa aplicando lo espiritual a lo espiritual.

Las cosas espirituales solamente pueden ser comunicadas por medios espirituales, pues aparte del Espíritu no puede haber comprensión espiritual.

EL HOMBRE NATURAL

1 Corintios 2:14 cita: «Pero el hombre natural no percibe las cosas que son del Espíritu de Dios, porque para él son locura, y no las puede entender, porque se han de discernir espiritualmente».

En este versículo no culpamos al hombre natural por su incapacidad de entender las cosas del Espíritu. Sencillamente es una declaración que manifiesta las limitaciones que tiene el hombre natural, pues para él es imposible comprender las cosas de Dios. Los versículos anteriores, y este mismo, nos dicen la causa de las limitaciones del hombre natural. Esto es, es sencillamente, porque toda revelación sobre Dios y las cosas espirituales vienen por el ESPÍRITU, y el hombre natural NO LO TIENE.

Por lo tanto el resultado es que «el hombre natural» es COMPLETAMENTE incapaz para entender las cosas espirituales, porque él NO HA RECIBIDO «el Espíritu de Dios».

El «hombre natural» ha recibido solamente «el espíritu del hombre que está en él» y aunque puede leer las palabras con la «sabiduría humana» no puede recibir el significado espiritual de ellas. La revelación le es «locura» que él no puede recibir ni comprender. 1 Corintios 1:18 y 23 dice: «Porque la palabra de la cruz es locura a los que se pierden; pero a los que se salvan, esto es, a nosotros, es poder de Dios. Pero nosotros predicamos a Cristo crucificado, para los judíos ciertamente tropezadero, y para los gentiles locura; mas para los llamados, así judíos como griegos, Cristo poder de Dios, y sabiduría de Dios».

Aquí dice bien claro que es «locura» a los que se pierden, o sea, al «hombre natural» y en las palabras «predicamos un Mesías crucificado», se incluye mucho más que el solo hecho histórico de la muerte de Cristo, sino es la manifestación divina de la redención por medio de la gracia que fue revelada «por el Espíritu», pero que el «hombre natural» no puede entender.

Los principios morales y muchas de las enseñanzas de la Biblia están al alcance de la capacidad de comprensión del «hombre natural», pues las cosas que están escritas en ella son sencillas y pueden ser entendidas por el razonamiento del hombre por medio de su intelecto y conciencia, pero es imposible que él sepa las «cosas profundas del Espíritu de Dios».

El hombre no salvo, sin Cristo, «natural», por más religioso y por más instruido que sea en toda «la sabiduría humana», está ciego en cuanto al evangelio, pues 2 Corintios 4:4 confirma: «En los cuales el dios de este siglo cegó el entendimiento de los incrédulos, para que no les resplandezca la luz del evangelio de la gloria de Cristo, el cual es la imagen de Dios».

La muerte de Cristo como sacrificio expiatorio por el pecado, le es «locura»; sus mismas limitaciones como «hombre natural» exigen que así sea, pues la sabiduría humana no le puede ayudar porque «el mundo por su sabiduría no conoció a Dios», pero en cambio las ilimitadas «cosas profundas de Dios» son otorgadas «gratuitamente» a la persona que ha recibido a Cristo, pues el tal «tiene el Espíritu que es de Dios».

El creyente que es salvo por Cristo, está apto para ser enseñado en la revelación divina, puesto que ha recibido al Espíritu. Agreguemos que la mente que ya ha sido educada le ayudará en una forma positiva para obtener los conocimientos divinos, pero sin la presencia del Maestro viviendo en nosotros, de nada sirve la educación para conocer el significado espiritual de las cosas reveladas de Dios.

La suposición equivocada de que las opiniones de un hombre instruido sobre cosas espirituales son de mucho mérito a causa de su «sabiduría humana» HA CAUSADO MUCHO DAÑO. El «hombre natural» con toda su erudición, conocimiento y capacidad intelectual, e incluso con toda su sinceridad, no hallará más que «locura» las cosas «reveladas por el Espíritu».

El conocimiento de la ciencia no puede sustituirse por la PRESENCIA y la AYUDA del Espíritu de Dios. Sin el Espíritu no puede haber regeneración del alma, sin la cual «las cosas profundas de Dios» son incomprensibles. Cuando un profesor universitario no regenerado, no salvo, no nacido de nuevo, no cristiano rechaza abiertamente las doctrinas fundamentales respecto a la salvación, dichas doctrinas y enseñanzas también serán rechazadas y despreciadas por sus alumnos. Esta es la gran equivocación y error que cometen muchos de los que, en nuestros días, estudian en las escuelas, colegios y universidades bajo la dirección de profesores incrédulos y sin Cristo.

Con demasiada frecuencia se cree que el profesor que es erudito en algún ramo, o algunas asignaturas del conocimiento humano, está igualmente capacitado para discernir las cosas espirituales en virtud de los conocimientos científicos que posee. Pero sabemos que bíblicamente ESTO no es así, pues una persona no salva y sin el Espíritu de Dios negará siempre las doctrinas fundamentales de las Escrituras, y será siempre incapaz de recibir y conocer espiritualmente las verdades más sencillas de la revelación divina.

Dios no es una realidad para el hombre natural, pues la Palabra dice claramente que «…no hay Dios en todos sus pensamientos…». Por lo tanto el «hombre natural» intentará siempre escaparse de lo sobrenatural y de todo lo que está relacionado con Dios.

La infundada, necia y ridícula teoría de la evolución es la mejor respuesta que tiene el hombre al problema del origen del universo, respuesta absurda, sin fundamento y sin pruebas científicas algunas en cuanto a la creación. En cambio para el hombre regenerado, salvo y creyente en Cristo, Dios es real, poderoso y absoluto, y él encuentra su satisfacción, descanso y paz espiritual en el simple conocimiento de las cosas espirituales por medio de la salvación en Jesucristo, al arrepentirse y confesar sus pecados, al nacer de nuevo, tornándose así un hijo de Dios lleno de confianza de que Dios es el Creador y Señor del universo y de todas las cosas.

La capacidad para recibir y conocer las cosas de Dios no se adquiere en las escuelas, porque hay muchos sin letras que la tienen, mientras que hay muchos instruidos e inteligentes que no la tienen. Aunque es muy importante el estudio y el conocimiento secular y la preparación académica, no se debe confundir con las cosas espirituales. Son dos cosas muy distintas y totalmente diferentes una de la otra, pues una es la inteligencia secular y humana y la otra es la sabiduría y el conocimiento de las cosas espirituales de Dios.

La espiritual es una capacidad engendrada por el Espíritu Santo que reside en el corazón del creyente, en cuanto que la secular reside en la mente del individuo y es producida por su intelecto puramente humano.

En resumen, el Espíritu ha sido dado única y solamente a los salvos en Cristo para que nosotros podamos conocer las cosas de Dios, mientras el alto conocimiento humano lo poseen tanto los NO salvos e incrédulos como también los cristianos, aquellos que son formados en las universidades seculares y son profesionales.

Entonces, nosotros tenemos doble ventaja sobre aquellos que no son salvos, pues podemos poseer el mismo conocimiento intelectual que ellos y más aún, conocer las cosas espirituales que son reveladas por el Espíritu de Dios para comprender las cosas que son de Dios. ¡Aleluya!

Sin embargo hay algunos cristianos que su desarrollo es limitado a causa de su carnalidad y éstos son incapaces de recibir el alimento sólido. La Palabra de Dios no clasifica a los NO salvos, porque todos ellos son llamados «hombres naturales». Pero entre los salvos en Cristo hay dos clases distintas, el «hombre carnal» y el «hombre espiritual».

Según los versículos bajo nuestra consideración, el «hombre espiritual» se menciona antes que el «hombre carnal», pues el hombre «espiritual» es el ideal divino, es el «cristiano normal» y maduro, pero también están los cristianos «carnales» que es importante considerar.

El hombre carnal

El apóstol Pablo continúa en 1 Corintios capítulo tres con la descripción del hombre «carnal». La Escritura cita los primeros cuatro versículos: «De manera que yo, hermanos, no pude hablaros como a espirituales, sino como a carnales, como a niños en Cristo. Os di a beber leche, y no vianda; porque aún no erais capaces, ni sois capaces todavía, porque aún sois carnales; pues habiendo entre vosotros celos, contiendas y disensiones, ¿no sois carnales, y andáis como hombres? Porque diciendo el uno: Yo ciertamente soy de Pablo; y el otro: Yo soy de Apolos, ¿no sois carnales?». Así que en la iglesia de Corinto había algunos cristianos «carnales», que solamente podían recibir la leche de la Palabra, en contraste con el «alimento sólido», pues éstos se entregaban a los celos, a las contiendas y a las divisiones, y andaban como hombres no regenerados, mientras que el verdadero hijo de Dios debería andar «según el Espíritu», Gálatas 5:25. Aunque son salvos, los cristianos «carnales» andan «conforme al uso de este siglo». Son carnales porque son dominados por la carne, pues Romanos 7:14 dice: «Porque sabemos que la ley es espiritual; mas yo soy carnal, vendido al pecado», pero en Romanos

8:5-7 nos da una descripción muy distinta: «Porque los que son de la carne piensan en las cosas de la carne; pero los que son del Espíritu, en las cosas del Espíritu. Porque el ocuparse de la carne es muerte, pero el ocuparse del Espíritu es vida y paz. Por cuanto los designios de la carne son enemistad contra Dios; porque no se sujetan a la ley de Dios, ni tampoco pueden».

En estos versículos se describe a un individuo «en la carne», y por tanto NO SALVO. En cambio, el cristiano «carnal» no está «en la carne», pero tiene «la carne, la naturaleza pecaminosa en él», pues Romanos 8:9 nos habla claramente esta diferencia: «Mas vosotros no vivís según la carne, sino según el Espíritu, si es que el Espíritu de Dios mora en vosotros. Y si alguno no tiene el Espíritu de Cristo, no es de él».

El hombre «carnal», o sea, el cristiano que es «niño en Cristo» no es «capaz» de poseer aun todavía las «cosas profundas de Dios», pues él puede discernir ciertas cosas y entender y conocer la salvación, pero no «lo profundo de Dios».

Aunque el cristiano «carnal» está limitado, él se encuentra en una mucha mejor posición al comparar con el «hombre natural", pues éste está completamente incapacitado y le es imposible entender aún las verdades más simples de Dios.

El hombre «carnal», debido a que está tan poco ocupado con el verdadero alimento sólido y aún no es lo suficientemente maduro, se rinde a la envidia y a las contiendas que producen divisiones entre los mismos creyentes. Aquí no se está hablando del hecho superficial de las divisiones externas o de las diferencias doctrinales entre las distintas organizaciones, concilios o denominaciones cristianas, sino que se refiere a la envidia diabólica y a la contienda maligna que trabajan por medio de fuerzas satánicas para romper la preciosa comunión y amor entre los creyentes.

En la iglesia de Corinto estaban presentes los «pablistas», los «cefistas», los «apolistas» y los «cristianos», de acuerdo a lo que dice 1 Corintios 1:12 que cita: «Quiero decir, que cada uno de vosotros dice: Yo soy de Pablo; y yo de Apolos; y yo de Cefas; y yo de Cristo». Éstas todavía no eran organizaciones rivales, pero eran divisiones serias dentro de la iglesia causada por la envidia y la contienda. La historia revela que tales divisiones terminan más tarde siendo grupos rivales incluso dentro de la propia iglesia. Esta división no era más que la manifestación exterior del pecado que estaba hondo y escondido en los corazones de aquellos cristianos «carnales» y sin amor por sus hermanos.

Para un creyente gloriarse en el sectarismo y en la división, es sinónimo de «un niño espiritual», y revela la más seria falta de verdadero amor cristiano que debería fluir hacia todos.

Cuando los creyentes tengan amor el uno para el otro, las divisiones y las ofensas desaparecerán. En contraste con este proceder del «hombre carnal», leemos en Gálatas 5:16 lo siguiente: «Digo, pues: Andad en el Espíritu, y no satisfagáis los deseos de la carne». La clasificación que sigue entre creyentes es el hombre «espiritual» maduro que discierne las «cosas del Espíritu».

EL HOMBRE ESPIRITUAL

La segunda clasificación en estos versículos que hemos leído es el «hombre espiritual», pues es llamado así cuando el creyente ha pasado las pruebas requeridas y obtiene una madurez visible en el cuerpo de Cristo y demuestra tener la capacidad para recibir, conocer y retener la revelación divina por medio del Espíritu.

El «hombre espiritual lo discierne todo», pues dice 1 Corintios 2:15 sobre esto: «En cambio el espiritual juzga todas las cosas; pero él no es juzgado de nadie». Este es el hombre que ha madurado por medio de las pruebas, luchas y tribulaciones a lo largo de los años, que se ha negado a sí mismo, ha tomado la cruz y ha seguido a Cristo al pagar el precio diariamente por su discipulado. Ha sufrido persecuciones, sean verbales y físicas, por su compromiso con la verdad y ha alcanzado un nivel alto de espiritualidad al desarrollar los dones espirituales por medio de su llamado y ministerio. Ha comprendido que el cristianismo no es un evangelio de entretenimiento como lo tenemos hoy, sino que es de ayuno, de oración, del estudio continuo de la Palabra de Dios, de evangelizar a los demás empezando por su propia familia y relaciones, y sobre todo, sabe que el caminar cristiano no es el andar en las calles de oro de aquí sino de trabajo, esfuerzo y sufrimiento para alcanzar algún día las calles de oro de allá arriba.

El hombre espiritual entiende que hoy se predica un evangelio «sin cruz» y que esto es imposible, porque evangelio es «cruz», es renuncia, consagración y la muerte del yo por causa de Cristo.

Muchas iglesias en Estados Unidos son congregaciones apóstatas, donde ya no se predica la verdadera Palabra y no hay mención del pecado y menos mención del infierno. El hombre espiritual discierne que estas iglesias son clubes del domingo por la mañana; que sus pastores predican lo que la gente quiere oír; de un cristianismo fácil, sin lágrimas ni dolor. Por eso están llenas y a la vez perdidas así como lo están sus propios pastores.

El hombre espiritual es diferente de los demás, no es popular, no camina donde la mayoría lo hace, tiene discernimiento del Espíritu y piensa por sí mismo y actúa en la dirección del Espíritu Santo en todas las áreas de su vida.

De igual forma el ministro y predicador espiritual es diferente de todos los demás y por esto es criticado, injuriado, calumniado, blasfemado y envidiado, simplemente por predicar la verdad sin agradar absolutamente a nadie, sino solamente a Dios que lo llamó, lo respalda y lo usa por Su Espíritu.

Por lo tanto el orden progresivo de respuestas a los cuestionamientos que hemos planteado es evidente y se desarrolla de esta manera...

Primero: La revelación divina ha sido dada y dicha revelación concierne a las «...cosas que ojo no vio, ni oído oyó, ni han subido en corazón de hombre...». Estas cosas son reveladas por el Espíritu, (1 Corintios 2:9,10).

Segundo: La revelación es de «las cosas profundas de Dios», que ningún hombre puede conocer por sí mismo, pero no obstante el Espíritu las conoce, (1 Corintios 2:10).

Tercero: Los creyentes han recibido al Espíritu quien conoce estas cosas, para que ellos también puedan conocer «las cosas profundas de Dios», (1 Corintios 2:12).

Cuarto: La sabiduría divina está escondida en las mismas palabras del Libro de Dios, la Biblia, pero el contenido espiritual de estas palabras se entiende solamente en la medida que uno sea capaz para explicar las cosas espirituales con las espirituales, (1 Corintios 2:13).

Quinto: El «hombre natural» no puede recibir las cosas del Espíritu de Dios, porque para él es locura, ni las puede comprender, porque se disciernen únicamente por el Espíritu, y él no lo ha recibido al Espíritu de Dios, (1 Corintios 2:14).

Sexto: El cristiano «carnal» es nacido de nuevo y el Espíritu mora en él pero su carnalidad impide la manifestación de la plenitud del ministerio del Espíritu en su vida, (1 Corintios 3:1-4).

Séptimo: El hombre espiritual discierne todas las cosas, pues no hay ninguna limitación para él en lo concerniente a las cosas de Dios. Él puede recibir libremente la revelación divina y se goza en ella, y también puede, como cualquier otra persona, entender, estudiar y conocer las materias de la sabiduría humana e intelectual y de esta manera juntamente con su espiritualidad él puede discernir todas las cosas. Sin embargo, él mismo no es discernido ni entendido por nadie. ¿Y cómo pudiera ser de otro modo siendo que el hombre espiritual tiene «la mente de Cristo»? (1 Corintios 2:16). Por lo tanto hay dos grandes cambios espirituales que los seres humanos pueden experimentar: El cambio del «hombre natural», al hombre salvo y nacido de nuevo, y el cambio del hombre «carnal» al hombre «espiritual». Y esto se puede lograr solamente si la persona deja y da cabida al ESPÍRITU DE DIOS en su vida, pues no hay otra manera. Desde el punto de vista de la experiencia, una persona puede ser salva por medio de la fe en Cristo y puede ser que se entregue al mismo tiempo sin reserva alguna a Dios empezando así una vida inmediata de rendimiento y consagración absoluta al Señor. Pero esto no sucede con mucha frecuencia. De esta manera fue lo que sucedió con Saulo de Tarso, (Hechos 9:4-6). La Palabra de Dios en Hechos 9:6 habla de la gran disposición de Pablo de servir de inmediato a Cristo, al momento de su conversión y de haberlo reconocido como Señor y Salvador: «El, temblando y temeroso, dijo: Señor, ¿qué quieres que yo haga? Y el Señor le dijo: Levántate y entra en la ciudad, y se te dirá lo que debes hacer».

No hay ninguna evidencia en las Escrituras de que alguna vez Pablo cambiara esta actitud de entrega y consagración. Sin embargo debemos recordar que muchos cristianos son «carnales» y que el Libro Divino les enseña claramente cuáles son los pasos que tienen que dar para que éstos se tornen «espirituales». Entonces, como vimos, es posible este cambio de «carnal» a «espiritual», y esto se logra solamente con una íntima comunión con Cristo juntamente, con el bautismo del Espíritu Santo, pues el hombre «espiritual» es el «hombre ideal» divino bajo el poder de Dios, tanto en su vida diaria cristiana como ejerciendo su llamado en el ministerio.

RAZONES DEL PORQUÉ SER BAUTIZADO EN EL ESPÍRITU SANTO

Entonces, al tener en cuenta lo expuesto arriba referido a nosotros los creyentes y las diferencias entre el «hombre carnal» y el «hombre espiritual», tendremos razones bíblicas suficientes del **porqué tenemos la necesidad de ser bautizados en el Espíritu** para vivir una vida espiritual victoriosa. Citaremos algunas solamente:

1. **Para recibir su ayuda diaria cuando oramos.**

Romanos 8:26 «Y de igual manera el Espíritu nos ayuda en nuestra debilidad; pues qué hemos de pedir como conviene, no lo sabemos, pero el Espíritu mismo intercede por nosotros con gemidos indecibles».

2. **Para tener poder para hablar la Palabra con denuedo y osadía.**

Hechos 4:31 «Cuando hubieron orado, el lugar en que estaban congregados tembló; y todos fueron llenos del Espíritu Santo, y hablaban con denuedo la palabra de Dios».

3. **Para que nosotros podamos vivir en santidad.**

Romanos 1:4 «Que fue declarado Hijo de Dios con poder, según el Espíritu de santidad, por la resurrección de entre los muertos».

4. **Para recibir los dones espirituales.**

1 Corintios 12:4-11 «Ahora bien, hay diversidad de dones, pero el Espíritu es el mismo. Y hay diversidad de ministerios, pero el Señor es el mismo. Y hay diversidad de operaciones, pero Dios, que hace todas las cosas en todos, es el mismo. Pero a cada uno le es dada la manifestación del Espíritu para provecho. Porque a éste es dada por el Espíritu palabra de sabiduría; a otro, palabra de ciencia según el mismo Espíritu; a otro, fe por el mismo Espíritu; y a otro, dones de sanidades por el mismo Espíritu. A otro, el hacer milagros; a otro, profecía; a otro, discernimiento de espíritus; a otro, diversos géneros de lenguas; y a otro, interpretación de lenguas. Pero todas estas cosas las hace uno y el mismo Espíritu, repartiendo a cada uno en particular como él quiere».

5. **Para mantener una vida diaria de libertad en Cristo.**

2 Corintios 3:17 «Porque el Señor es el Espíritu; y donde está el Espíritu del Señor, allí hay libertad».

6. Para ser guiados a toda verdad y revelarnos el futuro.

Juan 16:13 «Pero cuando venga el Espíritu de verdad, él os guiará a toda la verdad; porque no hablará por su propia cuenta, sino que hablará todo lo que oyere, y os hará saber las cosas que habrán de venir».

7. Para estar llenos del amor de Dios.

Romanos 5:5 «… porque el amor de Dios ha sido derramado en nuestros corazones por el Espíritu Santo que nos fue dado».

8. Para obtener la unción.

Lucas 24:49 «He aquí, yo enviaré la promesa de mi Padre sobre vosotros; pero quedaos vosotros en la ciudad de Jerusalén, hasta que seáis investidos de poder desde lo alto».

9. Para vencer el miedo y recibir la paz del Señor.

Juan 20:19,22,26 «Cuando llegó la noche de aquel mismo día, el primero de la semana, estando las puertas cerradas en el lugar donde los discípulos estaban reunidos por miedo de los judíos, vino Jesús, y puesto en medio, les dijo: Paz a vosotros. Y habiendo dicho esto, sopló, y les dijo: Recibid el Espíritu Santo. Ocho días después, estaban otra vez sus discípulos dentro, y con ellos Tomás. Llegó Jesús, estando las puertas cerradas, y se puso en medio y les dijo: Paz a vosotros».

10. Para tener un espíritu de poder, de amor y de dominio propio.

2 Timoteo 1:7 «Porque no nos ha dado Dios espíritu de cobardía, sino de poder, de amor y de dominio propio».

11. Para vencer la persecución, oposición y resistencia al evangelio.

Hechos 4:16-23 «¿Qué haremos con estos hombres? Porque de cierto, señal manifiesta ha sido hecha por ellos, notoria a todos los que moran en Jerusalén, y no lo podemos negar. Sin embargo, para que no se divulgue más entre el pueblo, amenacémosles para que no hablen de aquí en adelante a hombre alguno en este nombre. Y llamándolos, les intimaron que en ninguna manera hablasen ni enseñasen en el nombre de Jesús. Mas Pedro y Juan respondieron diciéndoles: Juzgad si es justo delante de Dios obedecer a vosotros antes que a Dios; porque no podemos dejar de decir lo que hemos visto y oído. Ellos entonces les amenazaron y les soltaron, no hallando ningún modo de castigarles, por causa del pueblo;

porque todos glorificaban a Dios por lo que se había hecho, ya que el hombre en quien se había hecho este milagro de sanidad, tenía más de cuarenta años. Y puestos en libertad, vinieron a los suyos y contaron todo lo que los principales sacerdotes y los ancianos les habían dicho».

12. Para vencer las amenazas de los enemigos del Señor.

Hechos 4:27-31 «Porque verdaderamente se unieron en esta ciudad contra tu santo Hijo Jesús, a quien ungiste, Herodes y Poncio Pilato, con los gentiles y el pueblo de Israel, para hacer cuanto tu mano y tu consejo habían antes determinado que sucediera. Y ahora, Señor, mira sus amenazas, y concede a tus siervos que con todo denuedo hablen tu palabra, mientras extiendes tu mano para que se hagan sanidades y señales y prodigios mediante el nombre de tu santo Hijo Jesús. Cuando hubieron orado, el lugar en que estaban congregados tembló; y todos fueron llenos del Espíritu Santo, y hablaban con denuedo la palabra de Dios».

13. Para sufrir y padecer injurias por Cristo gozosamente.

Hechos 5:29-33,40-42 «Respondiendo Pedro y los apóstoles, dijeron: Es necesario obedecer a Dios antes que a los hombres. El Dios de nuestros padres levantó a Jesús, a quien vosotros matasteis colgándole en un madero. A éste, Dios ha exaltado con su diestra por Príncipe y Salvador, para dar a Israel arrepentimiento y perdón de pecados. Y nosotros somos testigos suyos de estas cosas, y también el Espíritu Santo, el cual ha dado Dios a los que le obedecen. Ellos, oyendo esto, se enfurecían y querían matarlos. y llamando a los apóstoles, después de azotarlos, les intimaron que no hablasen en el nombre de Jesús, y los pusieron en libertad. Y ellos salieron de la presencia del concilio, gozosos de haber sido tenidos por dignos de padecer afrenta por causa del Nombre. Y todos los días, en el templo y por las casas, no cesaban de enseñar y predicar a Jesucristo».

14. Para obtener la experiencia de hablar en otras lenguas.

Hechos 2:1-4 «Cuando llegó el día de Pentecostés, estaban todos unánimes juntos. Y de repente vino del cielo un estruendo como de un viento recio que soplaba, el cual llenó toda la casa donde estaban sentados; y se les aparecieron lenguas repartidas, como de fuego, asentándose sobre cada uno de ellos. Y fueron todos llenos del Espíritu Santo, y comenzaron a hablar en otras lenguas, según el Espíritu les daba que hablasen».

15. Para anunciar las palabras de vida eterna.

Hechos 5:20 «Id, y puestos en pie en el templo, anunciad al pueblo todas las palabras de esta vida».

16. Para sanar a los enfermos.

Hechos 3:1-9 «Pedro y Juan subían juntos al templo a la hora novena, la de la oración. Y era traído un hombre cojo de nacimiento, a quien ponían cada día a la puerta del templo que se llama la Hermosa, para que pidiese limosna de los que entraban en el templo. Este, cuando vio a Pedro y a Juan que iban a entrar en el templo, les rogaba que le diesen limosna. Pedro, con Juan, fijando en él los ojos, le dijo: Míranos. Entonces él les estuvo atento, esperando recibir de ellos algo. Mas Pedro dijo: No tengo plata ni oro, pero lo que tengo te doy; en el nombre de Jesucristo de Nazaret, levántate y anda. Y tomándole por la mano derecha le levantó; y al momento se le afirmaron los pies y tobillos; y saltando, se puso en pie y anduvo; y entró con ellos en el templo, andando, y saltando, y alabando a Dios. Y todo el pueblo le vio andar y alabar a Dios».

17. Para echar fuera los demonios.

Hechos 16:18 «Y esto lo hacía por muchos días; mas desagradando a Pablo, éste se volvió y dijo al espíritu: Te mando en el nombre de Jesucristo, que salgas de ella. Y salió en aquella misma hora».

18. Para tener sabiduría, revelación y conocimiento.

Efesios 1:17 «Para que el Dios de nuestro Señor Jesucristo, el Padre de gloria, os dé espíritu de sabiduría y de revelación en el conocimiento de él».

19. Para obtener entendimiento y discernimiento.

Efesios 1:18 «Alumbrando los ojos de vuestro entendimiento, para que sepáis cuál es la esperanza a que él os ha llamado, y cuáles las riquezas de la gloria de su herencia en los santos».

20. Para obtener los frutos del Espíritu.

Gálatas 5:22,23 «Mas el fruto del Espíritu es amor, gozo, paz, paciencia, benignidad, bondad, fe, mansedumbre, templanza; contra tales cosas no hay ley».

21. Para ser enseñados y recordar las palabras de Cristo.

Juan 14:26 «Mas el Consolador, el Espíritu Santo, a quien el Padre enviará en mi nombre, él os enseñará todas las cosas, y os recordará todo lo que yo os he dicho».

22. Para que Él esté con nosotros para siempre.

Juan 14:16 «Y yo rogaré al Padre, y os dará otro Consolador, para que esté con vosotros para siempre».

23. Para conocer las cosas de Dios.

Juan 14:17 «El Espíritu de verdad, al cual el mundo no puede recibir, porque no le ve, ni le conoce; pero vosotros le conocéis, porque mora con vosotros, y estará en vosotros».

24. Para que cuando prediquemos Él convenza el mundo de sus iniquidades.

Juan 16:7-11 «Pero yo os digo la verdad: Os conviene que yo me vaya; porque si no me fuera, el Consolador no vendría a vosotros; mas si me fuere, os lo enviaré. Y cuando él venga, convencerá al mundo de pecado, de justicia y de juicio. De pecado, por cuanto no creen en mí; de justicia, por cuanto voy al Padre, y no me veréis más; y de juicio, por cuanto el príncipe de este mundo ha sido ya juzgado».

25. Para que el Espíritu dé testimonio de Cristo por medio de nosotros.

Juan 15:26 «Pero cuando venga el Consolador, a quien yo os enviaré del Padre, el Espíritu de verdad, el cual procede del Padre, él dará testimonio acerca de mí».

26. Para fortalecer nuestro hombre interior.

Efesios 3:16 «Para que os dé, conforme a las riquezas de su gloria, el ser fortalecidos con poder en el hombre interior por su Espíritu».

27. Para testificar acerca de Cristo.

Hechos 1:8 «Pero recibiréis poder, cuando haya venido sobre vosotros el Espíritu Santo, y me seréis testigos en Jerusalén, en toda Judea, en Samaria, y hasta lo último de la tierra».

28. Para caminar victoriosamente con Cristo.

Gálatas 5:16,25 «Digo, pues: Andad en el Espíritu, y no satisfagáis los deseos de la carne. Si vivimos por el Espíritu, andemos también por el Espíritu».

29. Para ser guiados en la perfecta voluntad de Dios.

Romanos 8:14 «Porque todos los que son guiados por el Espíritu de Dios, éstos son hijos de Dios».

30. Para nosotros predicar con poder.

1 Corintios 2:4 «Y ni mi palabra ni mi predicación fue con palabras persuasivas de humana sabiduría, sino con demostración del Espíritu y de poder».

31. Para ser llenos del Espíritu y alabar con devoción al Señor.

Efesios 5:19,20 «...antes bien sed llenos del Espíritu, hablando entre vosotros con salmos, con himnos y cánticos espirituales, cantando y alabando al Señor en vuestros corazones; dando siempre gracias por todo al Dios y Padre, en el nombre de nuestro Señor Jesucristo».

32. Para vencer la carne, el mundo y el pecado.

Romanos 8:2-9 «Porque la ley del Espíritu de vida en Cristo Jesús me ha librado de la ley del pecado y de la muerte. Porque lo que era imposible para la ley, por cuanto era débil por la carne, Dios, enviando a su Hijo en semejanza de carne de pecado y a causa del pecado, condenó al pecado en la carne; para que la justicia de la ley se cumpliese en nosotros, que no andamos conforme a la carne, sino conforme al Espíritu. Porque los que son de la carne piensan en las cosas de la carne; pero los que son del Espíritu, en las cosas del Espíritu. Porque el ocuparse de la carne es muerte, pero el ocuparse del Espíritu es vida y paz. Por cuanto los designios de la carne son enemistad contra Dios; porque no se sujetan a la ley de Dios, ni tampoco pueden; y los que viven según la carne no pueden agradar a Dios. Más vosotros no vivís según la carne, sino según el Espíritu, si es que el Espíritu de Dios mora en vosotros. Y si alguno no tiene el Espíritu de Cristo, no es de él».

La sabiduría que procede del Espíritu

El Dr. Harry Ironside cuenta una experiencia que vivió cuando Andrew Frazer le vino a visitar en California para tratarse de una seria enfermedad. Aun estando muy débil, abrió Frazer su Biblia ya muy usada y empezó a exponer las verdades profundas de Dios de una manera que Ironside jamás había oído antes. Mientras Frazer hablaba, Ironside sintió un gozo y regocijo profundo y le preguntó: ¿Dónde usted aprendió todas estas cosas? ¿Podría decirme dónde encuentro un libro que me enseñe todo esto? ¿Aprendió todo esto en un seminario, colegio bíblico o en la universidad?

La respuesta del hombre enfermo jamás fue olvidada por Ironside. «Querido amigo, dijo Frazer, cuando fui bautizado en el Espíritu Santo aprendí todas estas cosas de Él. El libro del cual el Espíritu me ha enseñado es esta Biblia, que llamamos la Palabra de Dios. Y no aprendí en un seminario, colegio bíblico o universidad; todo lo que sé me fue enseñado por el Espíritu Santo mientras de rodillas en oración le buscaba en una pequeña cabaña de piso de barro en el norte de Irlanda. Allá, con esta Biblia abierta delante de mí, yo permanecía arrodillado horas y horas todos los días y pedía al Espíritu de Dios que me revelase a Cristo y me llenara con la sabiduría de Su Palabra. El Espíritu me enseñó sobre mis rodillas en aquel piso de barro cosas tan profundas que ni todos los colegios bíblicos, seminarios y universidades del mundo entero lo podrían hacer».

Apreciados lectores: Es imperativo que usted ya siendo cristiano reciba el bautismo en el Espíritu, pues como creyente Él le llenará de sabiduría y de conocimiento, algo que ninguna institución académica sea secular o bíblica lo podrá hacer. Aunque el estudio secular y bíblico sean muy, pero muy importantes, solamente el Espíritu de Dios le podrá revelar las cosas profundas de Dios para que le pueda conocer como nunca antes. Allí están escondidos todos los tesoros de la sabiduría y del poder de Dios, como dice Pablo en Romanos 11:33,34 refiriéndose a esto: «¡Oh profundidad de las riquezas de la sabiduría y de la ciencia de Dios! ¡Cuán insondables son sus juicios, e inescrutables sus caminos! Porque ¿quién entendió la mente del Señor? ¿O quién fue su consejero?».

Solamente por medio de la revelación del Espíritu Santo nosotros podremos llegar a conocer las cosas de Dios, pues de lo contrario esto siempre fue, es y será imposible.

La evidencia del bautismo en el Espíritu Santo

E n Hechos 2:1-11 está escrito: «Cuando llegó el día de Pentecostés, estaban todos unánimes juntos. Y de repente vino del cielo un estruendo como de un viento recio que soplaba, el cual llenó toda la casa donde estaban sentados; y se les aparecieron lenguas repartidas, como de fuego, asentándose sobre cada uno de ellos. Y fueron todos llenos del Espíritu Santo, y comenzaron a hablar en otras lenguas, según el Espíritu les daba que hablasen. Moraban entonces en Jerusalén judíos, varones piadosos, de todas las naciones bajo el cielo. Y hecho este estruendo, se juntó la multitud; y estaban confusos, porque cada uno les oía hablar en su propia lengua. Y estaban atónitos y maravillados, diciendo: Mirad, ¿no son galileos todos estos que hablan? ¿Cómo, pues, les oímos nosotros hablar cada uno en nuestra lengua en la que hemos nacido? Partos, medos, elamitas, y los que habitamos en Mesopotamia, en Judea, en Capadocia, en el Ponto y en Asia, en Frigia y Panfilia, en Egipto y en las regiones de África más allá de Cirene, y romanos aquí residentes, tanto judíos como prosélitos, cretenses y árabes, les oímos hablar en nuestras lenguas las **maravillas** de Dios».

La palabra «**maravillas**» aquí en el griego es «**megaleios**», que es «conspicuo», «magnífico», «espléndido», «majestuoso», «sublime», «grandioso», «bellísimo», «excelente» y «favorable».

Se usa esta palabra aquí y en Lucas 1:49, donde dice «grandes cosas». Los asombrados visitantes el día de Pentecostés oyeron en sus propias lenguas lo que los discípulos decían acerca de la grandeza de Dios y sus obras poderosas. La primera EVIDENCIA que resultó del bautismo en el Espíritu fue EL HABLAR EN OTRAS LENGUAS, y fue de esta manera que los que estaban presentes en este momento histórico oyeron y entendieron las cosas magníficas, espléndidas, majestuosas, sublimes, grandiosas, bellas, excelentes y favorables de Dios y de Su poder.

LAS PALABRAS EVIDENCIA, HABLAR Y LENGUAS

La palabra «**evidencia**» en el griego es el adjetivo «**delos**» que significa, «propiamente visible», «claro a la mente», evidente, obvio. Se traduce también como «**evidente**» en Gálatas 3:11 que dice: «Y que por la ley ninguno se justifica para con Dios, es evidente, porque: El justo por la fe vivirá».

También es usada como el verbo griego «**elenco**» que también se traduce «convencer». El hablar en lenguas fue la primera evidencia clara, visible, evidente y obvia cuando todos aquellos que estaban en el Aposento Alto fueron bautizados en el Espíritu Santo. Esto fue claro por las declaraciones de los que presenciaron este acontecimiento como lo vimos en Hechos 2:1-11. La palabra «**hablar**» en el hebreo es verbo «**dabar**», que es «hablar, decir».

El verbo no solo se enfoca en el contenido de la comunicación oral sino, y muy en particular, en el tiempo y las circunstancias (el contexto) en las que se habla. El contenido fue el hablar en otras lenguas, el tiempo fue en el día del Pentecostés y dentro del contexto del cumplimiento de las Escrituras que dio lugar al bautismo en el Espíritu Santo.

La palabra «**lengua**» en el griego es el nombre «**glossa**» que se usa como «lenguas… como de fuego», Hechos 2:3, que aparecieron en Pentecostés. También se usa como «la lengua» como órgano del habla, Marcos 7:33; Romanos 3:13; 14:11, etc. Igualmente se usa como un «lenguaje», «lengua»; junto con «**fule**» que es «tribu», «**laos**» que es «pueblo» y «**ethnos**» que es «nación». De la misma forma es el «don sobrenatural de hablar» en otro lenguaje sin haberlo aprendido. En Hechos 2:4-13 se registran las circunstancias desde el punto de vista de los oyentes. Para aquellos en cuyo lenguaje se hizo el discurso constituía un fenómeno sobrenatural; para otros, el tartamudeo de los ebrios. Aquello que fue proclamado no estaba dirigido a la audiencia, sino que consistía en una proclamación de «las maravillas» de Dios.

En 1 Corintios, capítulos 12 y 14, se menciona el uso del don de lenguas como ejercido en las reuniones de las iglesias locales. En 12:10 se habla del don en términos generales, y lo une con el de «interpretación de lenguas». El capítulo 14 da instrucciones con respecto a la utilización del don, siendo el principal objetivo la edificación de la Iglesia; a no ser que la lengua fuera interpretada el orador no estaría hablando a los hombres, «sino a Dios» (v. 2); se edificaría solo a sí mismo (v. 4), a no ser que interpretara (v. 5), en cuyo caso su interpretación tendría el mismo valor que el don superior de profecía, por cuanto sería para edificación de la Iglesia (vv. 4-6); tenía que orar para tener interpretación (v. 13); en caso de no haber intérprete, tendría que guardar silencio (v. 28), porque todas las cosas debían ser hechas «para edificación».

Hay que incluir de la misma manera la palabra **«dialecto»** que en el griego es **«dialectos»** que se usa primariamente como «conversación», «discurso» y que está relacionado con **«dialegomai»** que es «discursear o discursar» que vino a denotar el lenguaje o dialecto de un país o región. Se traduce «lengua» en todos los pasajes en que aparece Hechos 1:19; 2:6,8; 21:40; 22:2; y 26:14. Y el adjetivo griego **«jeteroglossos»** se traduce «otras lenguas» en 1 Corintios 14:21.

LO OCURRIDO EN EL DÍA DEL PENTECOSTÉS

La Biblia dice que quienes fueron bautizados con el Espíritu en el día de Pentecostés «comenzaron a hablar en otras lenguas, según el Espíritu les daba que hablasen», Hechos 2:4. Esto significa que decían lo que el Espíritu había puesto en su boca. El Espíritu puso en sus labios las palabras, y los apóstoles y discípulos las hicieron suyas. Su actuación estuvo inspirada en la fe, no constituyó una mera respuesta pasiva ante aquella bendición. Así debe ser la relación con Dios. Dios le ofrece el bautismo del Espíritu Santo a los seres humanos para que lo reciban y gocen de sus bendiciones.

La experiencia del bautismo en el Espíritu Santo es para todos los creyentes y de acuerdo a la Palabra de Dios la EVIDENCIA del hablar en lenguas es la primera señal de que el cristiano ha sido bautizado en el Espíritu.

Entre muchos creyentes pentecostales este distintivo único de nosotros se ha perdido a lo largo de los años. Algunos de nuestros púlpitos ya no predican el hablar en lenguas como la evidencia del bautismo en el Espíritu. Desafortunadamente ministros que una vez fueron propagadores elocuentes de esta doctrina pentecostal hoy ya no hablan o afirman esta evidencia como bíblica o necesaria para la Iglesia basados en las Escrituras.

El «Pentecostés» era un festival judío anual, también conocido como la «Fiesta de las semanas» o la «Fiesta de las primicias», una celebración de los primeros frutos de la cosecha. Los varones judíos debían ir tres veces al año a Jerusalén para asistir a tres grandes celebraciones: La Pascua en primavera, Deuteronomio 16:16; el Pentecostés, del griego «pentekostos», que es cincuenta, al contar siete semanas y un día más tarde, Levítico 23:15,16; y la fiesta de los Tabernáculos, al final de la cosecha en el otoño. En Levítico capítulo 23 se detallan las fechas y rituales del calendario de las fiestas judías. Aquellos que se convertían al cristianismo el día de Pentecostés eran los primeros frutos de una vasta cosecha de millones de almas. Solamente se encuentra esta palabra Pentecostés en el Nuevo Testamento tres veces: aquí en Hechos 2, en Hechos 20:16 y en 1 Corintios 16:8. Por lo tanto, Pentecostés es una de las tres principales festividades judías, junto con la Pascua y la Fiesta de los Tabernáculos.

Proveniente de la palabra griega para «cincuenta», Pentecostés recibe ese nombre debido a que cae el quincuagésimo día luego del día de reposo de la Pascua. También se le conoce por «Fiesta de las semanas», «Primicias del trigo» y «Día de las primicias». Durante esta celebración, los judíos traen a Dios los primeros frutos de su cosecha para agradecer y esperar que Dios le dé al resto Su bendición.

Este día de Pentecostés en particular, fue el día de los primeros frutos de la Iglesia de Cristo, el comienzo de la gran cosecha de almas que vienen a conocer a Cristo y a unirse a la obra del Espíritu Santo. Existen algunos teóricos que creen que Pentecostés era una ceremonia del recibimiento de la Ley en el monte Sinaí. Podemos considerar que figurativamente este día en el libro de los Hechos es muy importante porque además marca la fecha cuando Dios comenzó a escribir la Ley del Espíritu en nuestros corazones.

Dice la Escritura en Hechos 1:13 que: «Y entrados, subieron al Aposento Alto...», de seguro ellos estaban en el templo y de allí fueron a reunirse en este lugar.

Hechos 2:1 relata: «Cuando llegó el día de Pentecostés, estaban todos unánimes juntos». La palabra «unánimes juntos» aquí en el griego es «homothumadon» que es «estar de acuerdo», «de mutuo consentimiento», mantener la «unidad de grupo», «ser todos de una sola mente» y compartir un «solo propósito». Los discípulos tenían unanimidad intelectual, armonía emocional y una sola voluntad en la Iglesia recientemente fundada.

En cada uno de los casos en que se usa, «**homothumadon**» indica armonía, la cual conduce a la acción.

Cuando realmente estamos de acuerdo, en un solo sentir y consentimiento, cuando mantenemos la unidad y dejamos a un lado las separaciones, los celos y las envidias, tanto en el ámbito personal y ministerial, cuando tengamos la unidad de grupo como iglesia, cuando tengamos una sola mente, meta y propósito y vivamos en unidad intelectual, emocional y espiritual, entonces el ESPÍRITU SERÁ DERRAMADO SOBRE NOSOTROS.

«Y **de repente** vino del cielo...». Esta palabra «**de repente**» en el griego es «**aphno**», lo mismo de Hechos 16:26 que dice: «Entonces sobrevino de repente un gran terremoto, de tal manera que los cimientos de la cárcel se sacudían; y al instante se abrieron todas las puertas, y las cadenas de todos se soltaron».

«Y de repente vino del cielo un **estruendo**...». La palabra «**estruendo**» en el griego es «**echos**», lo mismo de Hebreos 12:19 que cita: «Al sonido de la trompeta, y a la voz que hablaba...», que también es traducida en el original griego: «en el estruendo de la trompeta». «Y de repente vino del cielo un estruendo como de un **viento recio** que soplaba». Esta palabra «viento recio» en el griego es «**phero**», que quiere decir: «Que se mueve», «que lo lleva», «que trae», «algo poderoso», «recio», y «ruidoso».

Se necesitaba algo de «**repente**», de un «**estruendo**» como «**un viento recio**» que soplaba para atraer a las multitudes a la pequeña reunión de los apóstoles. «...el cual **llenó** toda la casa donde estaban **sentados**», o sea, ellos se encontraban «**sentados**», la posición normal de alguien que escucha hablar a otro, en vez de estar de pie para orar. Quiere decir literalmente que estaban sentados «esperando» el cumplimiento de la promesa del Padre por medio de las palabras de Cristo, conforme a Hechos 1:4 que dice: «Y estando juntos, les mandó que no se fueran de Jerusalén, sino que esperasen la promesa del Padre, la cual, les dijo, oísteis de mí». Es lo mismo de Lucas 24:49 que confirma lo que el Señor ya había dicho anteriormente: «He aquí, yo enviaré la promesa de mi Padre sobre vosotros; pero quedaos vosotros en la ciudad de Jerusalén, hasta que seáis investidos de poder desde lo alto».

El Espíritu Santo **llenó** la casa y se movió en los 120 que estaban reunidos cumpliéndose las palabras de Cristo en Juan 7:38,39 que habla: «El que cree en mí, como dice la Escritura, de su interior correrán ríos de agua viva. Esto dijo del Espíritu que habían de recibir los que creyesen en él; pues aún no había venido el Espíritu Santo, porque Jesús no había sido aún glorificado».

Esta palabra «llenó o se derramó» igual a Hechos 2:33 que dice que la promesa del Espíritu Santo se había: «...derramado...», es «derramarse libremente», «transbordar», con «poder», «virtud», en el griego es **«dunamis»**, «dinamita», «explosión», «vigor» y «potencia».

Es igual al versículo 17 y 18 de Hechos 2 que confirman: «Y en los postreros días, dice Dios, **derramaré** de mi Espíritu sobre toda carne, y vuestros hijos y vuestras hijas profetizarán; vuestros jóvenes verán visiones, y vuestros ancianos soñarán sueños; y de cierto sobre mis siervos y sobre mis siervas en aquellos días **derramaré** de mi Espíritu, y profetizarán». Y dice la Escritura: «Y se les aparecieron **lenguas** repartidas, **como de fuego**, asentándose sobre cada uno de ellos», no fuego, sino como de fuego.

Juan el Bautista predijo cómo el bautismo en el Espíritu estaría acompañado de viento y fuego, Mateo 3:11, 12. Puede también ser una alusión de la zarza ardiente que no se consumía, Éxodo 3:2-5 y que simbolizaba la presencia divina. Esta manifestación externa de la venida del Espíritu constituía otra señal de Su poder, pues las «lenguas» eran una evidencia y prueba del cumplimiento de Su palabra.

Aquí tuvo una manifestación visible de Dios. A menudo el fuego indica la presencia de Dios. También el Señor guió a los hijos de Israel con una columna de humo y fuego durante la noche, Éxodo 13:21, 22, y descendió delante de ellos en fuego el monte Sinaí, Éxodo 19:18. Igualmente, envió fuego para consumir la ofrenda de Elías en el monte Carmelo, 1 Reyes 18:38,39 e hizo uso de una visión de fuego para advertir a Ezequiel de la venida del juicio, Ezequiel 1:26.

Este fuego, en forma de lenguas que se dividieron a sí mismas para colocarse sobre cada uno de ellos, traería inmediatamente a la mente todos estos ejemplos del Antiguo Testamento convirtiéndose en una evidencia y señal visible del bautismo en el Espíritu Santo. «Y fueron todos llenos del Espíritu Santo, y comenzaron a hablar en **otras lenguas**, según el Espíritu les daba que hablasen».

Lo anterior ya había sido profetizado por el profeta Isaías, en el capítulo 28 y el versículo 11 que cita: «Porque en lengua de tartamudos, y en extraña lengua hablará a este pueblo». Y de igual forma fue profetizada por Jesucristo en Marcos 16:17 que habla: «Y estas señales seguirán a los que creen: En mi nombre… hablarán nuevas lenguas», lo que se cumple en Hechos 2, Hechos 10 en la casa de Cornelio, Hechos 19 con los discípulos de Éfeso y citado por Pablo en los capítulos de 1 Corintios 12 y 14.

«Otras lenguas» se refiere aquí a idiomas o lenguajes humanos, no conocidos por quienes los hablaban, pero sí por otras personas (v. 6); una práctica, dicen los teólogos, distintiva de la plenitud del Espíritu que evolucionó con el desarrollo de la Iglesia, y que producía lo que se llamó hablar «en lenguas… angélicas desconocidas», 1 Corintios 13:1. «Y comenzaron a hablar», sugiere que la experiencia continuó, Hechos 11:15. El relato podría indicar que continuaron hablando en lenguas.

Nosotros creemos que la frase indique que la práctica los acompañó toda su vida y aún está vigente hoy para todo aquel que desee el bautismo del Espíritu Santo en su vida con la evidencia del hablar en lenguas extrañas. Entendemos la oración «según el Espíritu les daba que hablasen», como similar a que el Espíritu estuviera hablando por medio de los profetas en sus propias lenguas, pero solamente que aquí eran «lenguas extrañas», versículos 4,6 y 11.

La palabra que se traduce «lenguas», corresponde a la palabra normal griega para idiomas. El hablar en «lenguas» destaca el alcance universal de la Iglesia. Estos testigos hablaban en idiomas extranjeros a las personas que se reunieron en Pentecostés y que provenían de otras regiones.

El día de Pentecostés provocaba gran peregrinación por ser una de las tres principales celebraciones judías. Personas que vivían fuera de Israel viajaban hasta Jerusalén para celebrar esta festividad. Provenían de Arabia, Creta, Asia, e incluso, de la lejana Roma. Muchas de estas personas permanecían en Jerusalén durante los cincuenta días. Hechos 2:5-11 relata: «Moraban entonces en Jerusalén judíos, varones piadosos, **de todas las naciones bajo el cielo.** Y hecho este estruendo, se juntó la multitud; y estaban confusos, porque cada uno les oía hablar en su propia lengua. Y estaban atónitos y maravillados, diciendo: Mirad, ¿no son galileos todos estos que hablan? ¿Cómo, pues, **les oímos nosotros hablar cada uno en nuestra lengua** en la que hemos nacido? Partos, medos, elamitas, y los que habitamos en Mesopotamia, en Judea, en Capadocia, en el Ponto y en Asia, en Frigia y Panfilia, en Egipto y en las regiones de África más allá de Cirene, y romanos aquí residentes, tanto judíos como prosélitos, cretenses y árabes, les oímos hablar en nuestras lenguas las maravillas de Dios».

Personas de todo el mundo conocido hasta entonces estaban en Jerusalén. La mayoría de ellos posiblemente entendían griego, pero también hablaban los diversos idiomas del mundo mediterráneo. **«Cada uno les oía hablar en su propia lengua».** Los visitantes de Jerusalén esperaban que los apóstoles hablaran en griego o arameo, pero en vez de eso, los escuchaban hablar en su propio dialecto. Estaban sorprendidos porque comprendían la improbabilidad de este hecho; al menos de que viniesen de la misma tierra. Esta era una señal del cielo, un hecho sobrenatural. **«Las maravillas de Dios».** El «hablar en lenguas» en ese momento no era la proclamación del evangelio. En vez de eso, los apóstoles alababan las obras poderosas de Dios, como en Hechos 10:46 que dice: «Porque los oían que hablaban en lenguas, y que magnificaban a Dios».

Nosotros no predicamos el evangelio basado en el énfasis del hablar en lenguas a los pecadores, sino predicamos el evangelio de la salvación que es en Cristo Jesús, y para los ya creyentes predicamos y creemos en el bautismo del Espíritu, con la evidencia física del hablar en lenguas.

DIFERENTES PUNTOS DE VISTA TEOLÓGICOS

Muchos creyentes y algunos teólogos contemporáneos de diferentes denominaciones cristianas, creen que la experiencia de «hablar en lenguas» (idiomas no estudiados o conocidos por quien habla) puede acompañar la ocasión cuando una persona recibe por primera vez la plenitud del Espíritu Santo. Cree la tradición pentecostal clásica, y de igual manera nosotros creemos en cuanto a esta experiencia que hemos experimentado y vivido, que **«la primera evidencia física del bautismo con el Espíritu Santo es hablar en otras lenguas».**

Otros cristianos, y muchos carismáticos que no necesariamente aceptan esta terminología doctrinal en la práctica, aceptan sus implicaciones fundamentales porque no pueden negar las Escrituras que dicen que los 120 hablaron en lenguas, como está escrito en la Palabra de Dios. Algunos pentecostales hacen menos énfasis en la importancia de las lenguas como evidencia del bautismo en el Espíritu Santo, tanto en términos de una experiencia inicial, o como un estado permanente de plenitud en el Espíritu. Ellos destacan más el conjunto de dones, de los cuales el hablar en lenguas es solo uno, teniendo en cuenta que todos tienen una efectividad circunstancial y que ninguno de ellos puede servir como señal del bautismo en el Espíritu, aunque nosotros creemos lo contrario. Aun más, una profunda participación en el culto se considera también como una indicación fundamental de haber sido bautizado en el Espíritu, junto al continuo ejercicio del hablar en lenguas como parte de la vida devocional íntima del creyente para su edificación, de acuerdo a lo que está escrito en 1 Corintios 14:1, 2,4,15,39,40.

Otros cristianos, que no están de acuerdo con ninguno de los puntos de vista anteriores, explican usualmente el bautismo con el Espíritu Santo de las maneras siguientes: (1) Como una experiencia que sigue a la salvación, y que trae consigo el necesario poder divino para el testimonio y servicio cristianos, pero sin ninguna expectativa de que aparezca acompañada por los dones del Espíritu. Pero yo les pregunto: ¿Cómo es posible que crean en el bautismo del Espíritu y no crean en los dones del Espíritu? (2) Como sinónimo de la experiencia de la conversión, cuando el Espíritu Santo funde al individuo con el cuerpo de Cristo en tanto el creyente deposita su fe en Jesús como Señor. Pero ya vimos anteriormente en el capítulo 19 la diferencia del Espíritu de adopción cuando la persona es salva y lo distinto del bautismo en el Espíritu Santo. Si no fuera así, el Señor Jesucristo no hubiera dicho en Hechos 1:4 y 5 lo siguiente: «Y estando juntos, les mandó que no se fueran de Jerusalén, sino que esperasen la promesa del Padre, la cual, les dijo, oísteis de mí. Porque Juan ciertamente bautizó con agua, mas vosotros seréis bautizados con el Espíritu Santo dentro de no muchos días». Aquí está solucionado el problema de este punto: Los apóstoles ya eran salvos, pero necesitaban del bautismo del Espíritu Santo. Entonces el Espíritu viene a vivir en el cristiano en el momento de su conversión, pero el bautismo es la llenura del mismo Espíritu acompañada de los dones espirituales para desarrollar la obra de Dios con poder, unción y autoridad. (3) Como algo exclusivo del libro de los Hechos y de la Iglesia primitiva dicen algunos; reclamando que el bautismo con el Espíritu Santo, incluyendo sus milagrosas manifestaciones, fueron un acontecimiento único, que acompañó a un único derramamiento del Espíritu, ocurrido en el Pentecostés. Creen que todo esto fue para la Era Apostólica y que se terminó con el Libro de los Hechos.

Pero yo les digo, apreciados lectores, basado en las Escrituras, que este acontecimiento no fue único como dicen, pues se repitió posteriormente, cuando fueron rotas las barreras étnicas de samaritanos en Hechos capítulo 8 y con los gentiles en la casa de Cornelio, en el capítulo 10 y con los discípulos de Éfeso, en el capítulo 19.

Esto no pudo haber terminado con el Libro de los Hechos porque el propio apóstol Pablo dice en 1 corintios 14:18 que: «Doy gracias a Dios que hablo en lenguas más que todos vosotros», y después en el versículo 39 afirma: «...y no impidáis el habla en lenguas».

Por lo tanto, nosotros creemos lo contrario; que esto no terminó con la Era Apostólica, sino que aún todos los cristianos pueden ser bautizados en el Espíritu Santo con la primera evidencia física del hablar en leguas extrañas porque en el final de libro de los Hechos no se encuentra la palabra Amén. Por lo tanto, no terminó allí; continúa en nuestros días, porque más de 200 millones de cristianos pentecostales hoy en todo el mundo, de diferentes organizaciones, concilios, denominaciones e iglesias lo poseen y disfrutan, así como yo, de esta grandiosa experiencia del bautismo en el Espíritu Santo y del hablar en lenguas extrañas. ¡Aleluya!

Pero en medio de los diferentes puntos de vista y de lo que creemos los pentecostales, y también de nosotros y aquellos cristianos que no lo son, porque yo mismo he predicado en iglesias no pentecostales alrededor del mundo y conservo grandes amigos ministros y pastores, puedo decir con toda ética y humildad que respetamos sus doctrinas y enseñanzas sobre este asunto, lo que ellos también hacen. De lo contrario, no me hubieran invitado a sus iglesias y eventos. Porque, aunque esto sea un tema conflictivo, al fin y al cabo somos todos creyentes en el Señor Jesucristo y nuestros nombres están escritos en el Libro de la Vida, uno al lado del otro. Aunque practiquemos distintas doctrinas y teologías, lo que importa es lo que está escrito en Efesios 4:3-6 que dice que si seamos pentecostales o no, debemos ser: «Solícitos en guardar la unidad del Espíritu en el vínculo de la paz; un cuerpo, y un Espíritu, como fuisteis también llamados en una misma esperanza de vuestra vocación; un Señor, una fe, un bautismo, un Dios y Padre de todos, el cual es sobre todos, y por todos, y en todos».

Pablo dejó estos versículos tanto a pentecostales como a los no pentecostales. Somos un solo pueblo, perdonado, lavado, santificado y justificado por la Sangre del Señor y hechos la Iglesia de Cristo, independientemente de lo que creemos o no sobre el bautismo del Espíritu y del hablar en lenguas.

Si creemos o no sobre este punto tan delicado, profundo y a veces confuso y difícil de entender, con varias interpretaciones diferentes, no influye en la salvación de nuestras almas. Y eso es lo más importante.

EL DON DEL HABLAR EN LENGUAS

Los teólogos pentecostales dicen que el DON de lenguas es la facultad que concede el Espíritu Santo a un creyente de hablar en lenguas extrañas en un idioma humano desconocido y también en lenguas angelicales. (En el segundo volumen de este libro hablaremos sobre los DONES del Espíritu Santo más detalladamente).

Cristo prometió este don como una de las señales que seguirían a la predicación del evangelio, Marcos 16:17. Hay tres (posiblemente cuatro) ocasiones históricas en el Nuevo Testamento cuando los creyentes hablaron en lenguas como ya hemos visto: En el día de Pentecostés, Hechos 2:1-11; en la casa de Cornelio, Hechos 10:44-46; y en el caso de los discípulos de Juan el Bautista en Éfeso, Hechos 19:1-6. Es posible también que los creyentes en Samaria tuvieran esta experiencia, Hechos 8:14-18, aunque el texto no lo dice explícitamente.

Para cada uno de estos casos hay razones específicas por las que el Espíritu Santo dio el don de lenguas. En el día de Pentecostés era necesario que los apóstoles supieran, sin lugar a dudas, que el Espíritu en verdad había venido. Por eso les dio la señal de las lenguas, y también para que los moradores de Jerusalén, que procedían «de todas las naciones bajo el cielo», oyeran en sus propias lenguas «las maravillas de Dios».

En el caso de Cornelio, los judíos no creían que el evangelio pudiera pertenecer también a los gentiles. Por eso, cuando los gentiles recibieron a Cristo, hacía falta una señal que confirmara, ante los judíos, la capacidad de los gentiles de recibir al mismo Espíritu, Hechos 11:1-18.

Otro tanto sucedió con los discípulos de Juan en Efesios, que ni habían oído hablar del Espíritu Santo. La señal de las lenguas se dio para confirmar que habían recibido al Espíritu.

En relación con nosotros y aquellos que han recibido el bautismo del Espíritu Santo y el don de hablar en lenguas, la Biblia describe dos funciones básicas y fundamentales: Debe servir para la edificación personal y la exhortación pública. En la experiencia del bautismo con o en el Espíritu Santo, las «lenguas» desempeñan la función de señal de la presencia del Espíritu Santo. Jesús profetizó que vendrían como una señal, Marcos

16:17, Pablo se refirió a ellas como una señal, 1 Corintios 14:22, y Pedro las vio como un don-señal que confirmaba la validez de la experiencia en el Espíritu Santo de los gentiles, Hechos 10:44-46 con 11:16,17 y 15:7-9.

De ahí que hablar en lenguas es un don-señal apropiado y esperado que confirma la presencia plena del Espíritu y ofrece al creyente un vigoroso testimonio vivo.

La pregunta de Pablo y el debate teológico de los siglos

A través de los siglos, desde el día del Pentecostés y pasando por todas las etapas y periodos de la Iglesia hasta hoy, la controversia que siempre ha existido es que algunos teólogos, creyentes y ministros no pentecostales dicen que este don de hablar en lenguas no es para todo creyente.

Se basan en lo que escribe Pablo en 1 Corintios 12:10 y 30 que dice: «A otro, el hacer milagros; a otro, profecía; a otro, discernimiento de espíritus; a otro, diversos géneros de lenguas; y a otro, interpretación de lenguas». ¿Tienen todos dones de sanidad? ¿Hablan todos lenguas? ¿Interpretan todos?

Quienes sostienen esto ignoran lo siguiente: (1) Que el texto indica que la cuestión reside en que todos NO debían procurar hablar en lenguas en las reuniones colectivas, porque esto introduciría el caos en las actividades de la Iglesia, de acuerdo a 1 Corintios 14:27 y 28 que habla claramente: «Si habla alguno en lengua extraña, sea esto por dos, o a lo más tres, y por turno; y uno interprete. Y si no hay intérprete, calle en la iglesia, y hable para sí mismo y para Dios».

Pablo se refería a no hacer confusión y escándalo en el uso desapropiado de este don y no se refería si todos hablaban privadamente o no, sino que NO debían todos hablar colectivamente, o sea, al mismo tiempo. (2) Pablo no se refería a su pregunta si hablaban en lenguas o no los que habían sido bautizados en el Espíritu, pero ciertamente se refería a aquellos de Corinto que no habían sido bautizados en el Espíritu y que por lo tanto no hablaban en lenguas como señal y evidencia de que lo habían recibido. (3) La pregunta si todos hablaban en lenguas o no, obviamente no se refiere a que si aquellos que habían sido bautizados en el Espíritu no hablaban en lenguas, porque según la teología paulina, si lo examinamos, él creía en la evidencia física del hablar en lenguas luego del bautismo del Espíritu, porque el deseo del apóstol es que todos hablaran en lenguas, de acuerdo a 1 Corintios 14:5a que dice: «Así que, quisiera que todos vosotros hablaseis en lenguas…», y es irrefutable el hecho de que las lenguas prevalecieran en las oraciones de la vida devocional y privada de Pablo, conforme lo que afirma 1 Corintios 14:18 que cita: «Doy gracias a Dios que hablo en lenguas más que todos vosotros». Por lo tanto el don de lenguas era importante para el apóstol, y si era importante para él, ¿no sería acaso importante para nosotros también? ¿No fue Pablo quien dijo en 1 Corintios 11:1 lo siguiente? «Sed imitadores de mí, así como yo de Cristo», y volvió a repetir esto en Filipenses 4:9 diciendo: «Lo que aprendisteis y recibisteis y oísteis y visteis en mí, esto haced; y el Dios de paz estará con vosotros». Si él hablaba en lenguas, ¿no debemos nosotros hacer lo mismo? ¿Y cuándo Pablo recibió este don? Cuando fue lleno y bautizado en el Espíritu Santo en Hechos 9:17 que habla: «Fue entonces Ananías y entró en la casa, y poniendo sobre él las manos, dijo: Hermano Saulo, el Señor Jesús, que se te apareció en el camino por donde venías, me ha enviado para que recibas la vista y seas lleno del Espíritu Santo». ¡Que seas lleno! O sea, bautizado en el Espíritu Santo. Sabemos que 1 Corintios 12:11 dice que como los demás dones el Espíritu es que reparte a cada uno «como él quiere…», pero para que el Espíritu pueda repartir los dones es necesario que la persona esté llena del Espíritu Santo para recibir los mismos dones del mismo Espíritu. ¿No es así? ¿Qué dice este versículo entonces? «Pero todas estas cosas las hace uno y el mismo Espíritu, repartiendo a cada uno en particular como él quiere».

Por lo tanto para recibir los dones del Espíritu hay que estar lleno del Espíritu, lo mismo que para predicar la Palabra hay que conocer y estudiar la Palabra, pues el mismo Pedro dijo en Hechos 3:6a que relata: «Mas Pedro dijo: No tengo plata ni oro, pero lo que tengo te doy…». No se puede dar lo que no se tiene, solo se puede tener evidencia y poseer los dones del Espíritu al estar lleno del mismo Espíritu.

REGLAS PARA EL USO ADECUADO DEL DON DE LENGUAS

La Palabra menciona varias normas o reglas en cuanto al uso del don de lenguas y haríamos bien en ponerlas en práctica, pues de esta manera actuaríamos con efectividad al disfrutar de este maravilloso don que es concedido a todo creyente que ha sido bautizado en el Espíritu. Por lo tanto:

1. **No se debe impedir el hablar en lenguas.**

    1 Corintios 14:39 «Así que, hermanos, procurad profetizar, y no impidáis el hablar lenguas».

2. **Debemos orar e interpretar.**

    1 Corintios 14:13 «Por lo cual, el que habla en lengua extraña, pida en oración poder interpretarla».

3. **Tenemos que actuar con sabiduría.**

    1 Corintios 14:23 «Si, pues, toda la iglesia se reúne en un solo lugar, y todos hablan en lenguas, y entran indoctos o incrédulos, ¿no dirán que estáis locos?».

4. **Hay que usar junto con las lenguas los diferentes dones para la edificación.**

    1 Corintios 14:26 «¿Qué hay, pues, hermanos? Cuando os reunís, cada uno de vosotros tiene salmo, tiene doctrina, tiene lengua, tiene revelación, tiene interpretación. Hágase todo para edificación».

5. **Hay que hacerlo por turnos y evitar la confusión.**

    1 Corintios 14:27 «Si habla alguno en lengua extraña, sea esto por dos, o a lo más tres, y por turno; y uno interprete».

6. **En las reuniones públicas hay que callar si no hay interpretación.**

    1 Corintios 14:28 «Y si no hay intérprete, calle en la iglesia, y hable para sí mismo y para Dios».

7. **Es recomendable hablar en lenguas para la edificación personal.**

    1 Corintios 14:18 «Doy gracias a Dios que hablo en lenguas más que todos vosotros».

8. **Hay que buscar la paz en las iglesias en el uso correcto de las lenguas.**

    1 Corintios 14:33 «Pues Dios no es Dios de confusión, sino de paz. Como en todas las iglesias de los santos».

9. **Se necesita tener orden al hablar en lenguas.**

    1 Corintios 14:40 «Pero hágase todo decentemente y con orden».

1 Pedro 4:10,11 «Cada uno según el don que ha recibido, minístrelo a los otros, como buenos administradores de la multiforme gracia de Dios. Si alguno habla, hable conforme a las palabras de Dios; si alguno ministra, ministre conforme al poder que Dios da, para que en todo sea Dios glorificado por Jesucristo, a quien pertenecen la gloria y el imperio por los siglos de los siglos. Amén».

10. El individuo que posee este don puede controlarlo.

1 Corintios 14:32 «Y los espíritus de los profetas están sujetos a los profetas».

11. Es necesario reconocer estas reglas como mandamiento del Señor.

1 Corintios 14:37 «Si alguno se cree profeta, o espiritual, reconozca que lo que os escribo son mandamientos del Señor».

En resumen, el «hablar en lenguas» es un asunto privado, que concierne a la auto-edificación, 1 Corintios 14:1-4. La glosolalia es la práctica devocional del creyente en los momentos más íntimos de su comunicación con Dios bajo el impulso del Espíritu Santo. Esta experiencia «devocional» puede también ser puesta en práctica a nivel colectivo, en reuniones de la iglesia junto a los demás creyentes, preferiblemente, dicen algunos, cuando no estén presentes personas no creyentes o no informadas, pues para ellos sería locura y no entenderían nada, 1 Corintios 14:23.

El hablar en «lenguas» solo edifica en las reuniones públicas cuando se interpretan; quien adora debe orar por la interpretación, y si ella no llega, guardar silencio y edificarse a sí mismo, a menos que se sepa que está presente alguien que tiene del don de interpretación, 1 Corintios 14:5,28.

El Espíritu se manifiesta solo para edificar; por lo tanto, dondequiera que Él esté verdaderamente presente, todo debe estar en orden y nadie sentirá vergüenza o se perturbará, 1 Corintios 14:26,40. «Los espíritus de los profetas están sujetos a los profetas», dice 1 Corintios 14:32. Por lo tanto, toda persona que de verdad sea llena del Espíritu es capaz de ejercer el dominio propio; de ahí que la confusión pueda y deba ser evitada de manera que prevalezcan la decencia y la unidad, 1 Corintios 14:40.

El fundamento de todos los dones es el amor. El amor, no la experiencia de un don, es lo que califica a aquellos que ejercitan los dones espirituales. De esa forma, en la administración de la autoridad espiritual en la congregación local, la Palabra exige que juzguemos, 1 Corintios 14:29, a fin de confirmar que aquellos que tengan los dones sigan «el amor» y procuren «los dones espirituales», 1 Corintios 13:1-13; 14:1.

El autor y dispensador de los dones es el Espíritu Santo, que los reparte según Su voluntad. Por lo tanto, ningún don debe convertirse en posesión exclusiva de un creyente para su edificación personal y vanagloria. Al contrario, los dones son dispensados a la Iglesia para ser ejercitados por ella en la mutua edificación de los creyentes, 1 Corintios 12:1-11, y como un medio para extender su ministerio.

La práctica del don de lenguas debe limitarse a una secuencia de dos o tres manifestaciones a lo sumo, 1 Corintios 14:27. Aunque muchos sostienen que esta es una norma muy rígida, otros la consideran una guía para mantener el equilibrio en el culto de adoración. En la práctica, el Espíritu Santo raramente se mueve más allá de estos límites; sin embargo, en ocasiones, por razones y necesidades especiales, puede que se produzca más de una secuencia de dos o tres manifestaciones apropiadamente espaciadas en un culto dado. La pauta principal es la siguiente: «Pero hágase todo decentemente y con orden», 1 Corintios 14:40.

¿Cuál es la finalidad y el propósito del hablar en lenguas?

Un punto clave de controversia en la Iglesia es la comprensión de cuándo es que «las profecías se acabarán, y cesarán las lenguas, y la ciencia acabará», 1 Corintios 13:8. «Acabarán» es traducción del mismo verbo griego «**katargeo**», que es «cesarán» y traduce un verbo intercambiable «**pauomal**» que se usa para fines retóricos. En 1 Corintios 2:6 Pablo usa «**katargeo**» para describir a «los príncipes de este siglo, que perecen».

En 1 Corintios 6:13 «**katargeo**» describe la destrucción que Dios llevará a cabo tanto del vientre como de las viandas y en 1 Corintios 15:24-26 el mismo término describe el momento en que Dios «haya suprimido todo dominio, toda autoridad y potencia». ¿Ocurrió alguna de estas cosas cuando murieron los apóstoles o se canonizó la Biblia? Obviamente QUE NO. ¿No parecería, entonces, que Pablo fue coherente y que la cesación a que se refiere 1 Corintios 13:8 ocurre al final de esta era, la consumación del Reino? En otras palabras, las lenguas (más aún, todos los dones en cuanto tales) habrán de cesar, pero no antes de que su propósito y su evidente necesidad para el ministerio se hayan cumplido. Esto no ocurrirá hasta que Cristo vuelva nuevamente a buscar a su Iglesia. Consecuentemente, el creyente sensible a las enseñanzas de la Escritura reconoce que los dones espirituales todavía son para ahora, incluyendo el hablar en lenguas y tal cristiano será sabio al atender a las siguientes recomendaciones del Nuevo Testamento sobre estos dones, en este caso, el don del hablar en lenguas que estamos hablando. Por lo tanto la finalidad y el propósito de hablar en lenguas es:

1. Es un don espiritual único.

Hablar en lenguas bajo la inspiración del Espíritu Santo es el único don espiritual que se identifica con la Iglesia de Jesucristo. De los otros dones, milagros y manifestaciones espirituales hay evidencias en tiempos del Antiguo Testamento, antes del día de Pentecostés. Este nuevo fenómeno se manifestó originalmente en la Iglesia, se identificó de forma única con la Iglesia y fue ordenado por Dios para la Iglesia.

1 Corintios 12:28 «Y a unos puso Dios en la iglesia, primeramente apóstoles, luego profetas, lo tercero maestros, luego los que hacen milagros, después los que sanan, los que ayudan, los que administran, los que tienen don de lenguas».

2. Es el cumplimiento profético en las Escrituras. Hablar en lenguas representa el cumplimiento de profecías de Isaías y Jesús.

PROFETIZADO POR ISAÍAS EN: Isaías 28:11 «Porque en lengua de tartamudos, y en extraña lengua hablará a este pueblo».

CUMPLIDO EN: 1 Corintios 14:21 «En la ley está escrito: En otras lenguas y con otros labios hablaré a este pueblo; y ni aun así me oirán, dice el Señor».

PROFETIZADO POR CRISTO EN: Marcos 16:17 «Y estas señales seguirán a los que creen: En mi nombre echarán fuera demonios; hablarán nuevas lenguas».

CUMPLIDO EN: Hechos 2:4 «Y fueron todos llenos del Espíritu Santo, y comenzaron a hablar en otras lenguas, según el Espíritu les daba que hablasen».

CUMPLIDO EN: Hechos 10:46 «Porque los oían que hablaban en lenguas, y que magnificaban a Dios».

CUMPLIDO EN: Hechos 19:6 «Y habiéndoles impuesto Pablo las manos, vino sobre ellos el Espíritu Santo; y hablaban en lenguas, y profetizaban».

Y CUMPLIDO EN: (Ver 1 Corintios 14:1-40).

3. Es una prueba de la victoria de Cristo.

Hablar en lenguas es una prueba de la resurrección y glorificación de Jesucristo.

Juan 16:7 «Pero yo os digo la verdad: Os conviene que yo me vaya; porque si no me fuera, el Consolador no vendría a vosotros; mas si me fuere, os lo enviaré».

Hechos 2:26 «Por lo cual mi corazón se alegró, y se gozó mi lengua, y aun mi carne descansará en esperanza».

4. Es la evidencia física.

Hablar en lenguas es una evidencia del bautismo en o con el Espíritu Santo.

Hechos 2:4 «Y fueron todos llenos del Espíritu Santo, y comenzaron a hablar en otras lenguas, según el Espíritu les daba que hablasen».

(Ver Hechos 10:45,46 y 19:6).

5. Es una de las maneras que el Espíritu Santo ora por nosotros.

Hablar en lenguas es uno de los medios a través del cual el Espíritu Santo intercede por nosotros en la oración.

Romanos 8:26 «Y de igual manera el Espíritu nos ayuda en nuestra debilidad; pues qué hemos de pedir como conviene, no lo sabemos, pero el Espíritu mismo intercede por nosotros con gemidos indecibles».

1 Corintios 14:14 «Porque si yo oro en lengua desconocida, mi espíritu ora, pero mi entendimiento queda sin fruto».

Efesios 6:18 «Orando en todo tiempo con toda oración y súplica en el Espíritu, y velando en ello con toda perseverancia y súplica por todos los santos».

6. Es un descanso y refrigerio.

La aplicación que hizo Pablo de la profecía de Isaías indica que hablar en lenguas también sirve de «descanso» o «refrigerio».

Isaías 28:11,12 «Porque en lengua de tartamudos, y en extraña lengua hablará a este pueblo, a los cuales él dijo: Este es el reposo; dad reposo al cansado; y este es el refrigerio...». (Ver 1 Corintios 14:21).

7. La Palabra de Dios es confirmada con señales al ser predicada.

Las lenguas se manifiestan tras la predicación de la Palabra de Dios y la confirman.

Marcos 16:17,18,20 «Y estas señales seguirán a los que creen: En mi nombre echarán fuera demonios; hablarán nuevas lenguas; tomarán en las manos serpientes, y si bebieren cosa mortífera, no les hará daño; sobre los enfermos pondrán sus manos, y sanarán. Y ellos, saliendo, predicaron en todas partes, ayudándoles el Señor y confirmando la palabra con las señales que la seguían. Amén».

1 Corintios 14:22 «Así que, las lenguas son por señal, no a los creyentes, sino a los incrédulos; pero la profecía, no a los incrédulos, sino a los creyentes».

LA GRAN BENDICIÓN DE HABLAR EN LENGUAS

Todo creyente bautizado en el Espíritu Santo sabe, conoce y disfruta de las bendiciones espirituales que es el hablar en lenguas conforme fue prometido en las Escrituras. Desde la profecía del Antiguo Testamento y aún el mismo Cristo hizo claro a sus discípulos la gran necesidad que era ser bautizado en el Espíritu y que éstos obtendrían la señal y la evidencia del hablar en lenguas. Es un hecho bíblico que nadie puede negar o ignorar. Por lo tanto las bendiciones del hablar en lenguas a todos nosotros son muchas y entre ellas están:

1. **Es tan importante la bendición del don de hablar en lenguas que Pablo dedicó el capítulo entero de 1 Corintios 14 al hablar de este tema.**
   Lea 1 Corintios 14:1-40

2. **En la lista de dones espirituales de Pablo en 1 Corintios 12, el hablar en lenguas es mencionado juntamente con los otros dones.**
   1 Corintios 12:28-30 «Y a unos puso Dios en la iglesia, primeramente apóstoles, luego profetas, lo tercero maestros, luego los que hacen milagros, después los que sanan, los que ayudan, los que administran, los que tienen don de lenguas. ¿Son todos apóstoles? ¿Son todos profetas? ¿Todos maestros? ¿Hacen todos milagros? ¿Tienen todos dones de sanidad? ¿Hablan todos lenguas? ¿Interpretan todos?».

3. **Es una puerta abierta a las profundidades del Espíritu de Dios.**
   1 Corintios 2:13 «Lo cual también hablamos, no con palabras enseñadas por sabiduría humana, sino con las que enseña el Espíritu, acomodando lo espiritual a lo espiritual».

4. Tendremos revelación por medio del Espíritu.

Juan 16:13 «Pero cuando venga el Espíritu de verdad, él os guiará a toda la verdad; porque no hablará por su propia cuenta, sino que hablará todo lo que oyere, y os hará saber las cosas que habrán de venir».

5. Nuestra vida de oración será enriquecida.

Judas 20 «Pero vosotros, amados, edificándoos sobre vuestra santísima fe, orando en el Espíritu Santo».

6. Nos traerá una revelación aun mas profunda de Cristo.

Juan 16:14 «El me glorificará; porque tomará de lo mío, y os lo hará saber».

7. Tendremos más confianza.

Romanos 8:16 «El Espíritu mismo da testimonio a nuestro espíritu, de que somos hijos de Dios».

8. Sabemos que tenemos el amor de Dios.

Romanos 5:5 «Y la esperanza no avergüenza; porque el amor de Dios ha sido derramado en nuestros corazones por el Espíritu Santo que nos fue dado».

9. Tendremos un gozo aun mayor.

Romanos 14:17 «Porque el reino de Dios no es comida ni bebida, sino justicia, paz y gozo en el Espíritu Santo».

10. Haremos más efectiva nuestra vida devocional.

1 Corintios 14:18 «Doy gracias a Dios que hablo en lenguas más que todos vosotros».

11. Personalmente tendremos una edificación espiritual más profunda.

1 Corintios 14:4 «El que habla en lengua extraña, a sí mismo se edifica; pero el que profetiza, edifica a la iglesia».

12. Colectivamente también la iglesia es edificada espiritualmente.

1 Corintios 14:5 «Así que, quisiera que todos vosotros hablaseis en lenguas, pero más que profetizaseis; porque mayor es el que profetiza

que el que habla en lenguas, a no ser que las interprete para que la iglesia reciba edificación».

13. Tendremos un mejor discernimiento para las cosas espirituales.

1 Corintios 14:15 «¿Qué, pues? Oraré con el espíritu, pero oraré también con el entendimiento; cantaré con el espíritu, pero cantaré también con el entendimiento».

14. Es una fuente de alegría y regocijo a nosotros.

Efesios 5:18,19 «No os embriaguéis con vino, en lo cual hay disolución; antes bien sed llenos del Espíritu, hablando entre vosotros con salmos, con himnos y cánticos espirituales, cantando y alabando al Señor en vuestros corazones».

15. Tendremos una comunión más profunda para con Dios.

1 Corintios 14:2 «Porque el que habla en lenguas no habla a los hombres, sino a Dios; pues nadie le entiende, aunque por el Espíritu habla misterios».

16. Podremos ejercitar los otros dones espirituales.

1 Corintios 14:6 «Ahora pues, hermanos, si yo voy a vosotros hablando en lenguas, ¿qué os aprovechará, si no os hablare con revelación, o con ciencia, o con profecía, o con doctrina?».

17. Tenemos que tener la interpretación y saber lo que se habla.

1 Corintios 14:9 «Así también vosotros, si por la lengua no diereis palabra bien comprensible, ¿cómo se entenderá lo que decís? Porque hablaréis al aire».

18. Daremos valor a las palabras que decimos.

1 Corintios 14:11 «Pero si yo ignoro el valor de las palabras, seré como extranjero para el que habla, y el que habla será como extranjero para mí».

19. Usaremos los dones también para la edificación de la iglesia.

1 Corintios 14:12 «Así también vosotros; pues que anheláis dones espirituales, procurad abundar en ellos para edificación de la iglesia».

20. Tendremos sabiduría al tener nuestro entendimiento con fruto.

1 Corintios 14:14,15 «Porque si yo oro en lengua desconocida, mi espíritu ora, pero mi entendimiento queda sin fruto. ¿Qué, pues? Oraré con el espíritu, pero oraré también con el entendimiento; cantaré con el espíritu, pero cantaré también con el entendimiento».

21. Seremos de bendición a los demás al tener entendimiento.

1 Corintios 14:19 «Pero en la iglesia prefiero hablar cinco palabras con mi entendimiento, para enseñar también a otros, que diez mil palabras en lengua desconocida».

22. Al actuar de esta manera tendremos madurez espiritual.

1 Corintios 14:20 «Hermanos, no seáis niños en el modo de pensar, sino sed niños en la malicia, pero maduros en el modo de pensar».

23. Seremos de señal a los no convertidos.

1 Corintios 14:22 «Así que, las lenguas son por señal, no a los creyentes, sino a los incrédulos; pero la profecía, no a los incrédulos, sino a los creyentes».

24. Al oír la interpretación de las lenguas por medio de la profecía, los incrédulos se convertirán, se humillarán, adorarán a Dios y darán testimonio.

1 Corintios 14:24,25 «Pero si todos profetizan, y entra algún incrédulo o indocto, por todos es convencido, por todos es juzgado; lo oculto de su corazón se hace manifiesto; y así, postrándose sobre el rostro, adorará a Dios, declarando que verdaderamente Dios está entre vosotros».

Acabamos de leer la gran bendición de aquellos que poseemos este don del hablar en lenguas. Pero hay aquellos no pentecostales y críticos que están en contra de esta actividad del cual groseramente mal interpretan la enseñanza acerca de los dones espirituales y su regulación bíblica. Al decir ellos que este extraño fenómeno del hablar en lenguas fue solamente privilegio de la Iglesia primitiva, estas personas dan gran énfasis en 1 Corintios 14 al decir que la profecía es superior al hablar en lenguas y que cualquiera que hable en lenguas no se está dirigiendo al hombre sino solamente a Dios.

¿Está diciendo Pablo en 1 Corintios 14:3-5 que la profecía en sí misma es más importante que las lenguas? La Escritura dice: «Pero el que profetiza habla a los hombres para edificación, exhortación y consolación. El que habla en lengua extraña, a sí mismo se edifica; pero el que profetiza, edifica a la iglesia. Así que, quisiera que todos vosotros hablaseis en lenguas, pero más que profetizaseis; porque mayor es el que profetiza que el que habla en lenguas, a no ser que las interprete para que la iglesia reciba edificación».

Pero éstos «teólogos» que nos critican IGNORAN la última parte del VERSÍCULO 5 que dice que es mayor el que profetiza que el que habla en lenguas, «A NO SER QUE LAS INTERPRETE...». En otras palabras, las lenguas CON INTERPRETACIÓN ES IGUAL A LA PROFECÍA. Aun que Pablo al concluir el capítulo de 1 Corintios 14 instruye al creyente que profetice, él deja en claro que HABLAR EN LENGUAS es igualmente deseable, pues exhorta a los corintios en el versículo 39 que: «Así que, hermanos, procurad profetizar, y no impidáis el hablar lenguas». Por lo tanto, el hablar en lenguas es tan importante y valioso como las profecías. Porque ciertamente el texto indica que «la preferencia paulina de la profecía por encima de las lenguas en las actividades colectivas se apoya en su comparación entre el VALOR de ambas, en el caso de que las lenguas sean interpretadas. Por lo tanto, lenguas sin interpretación solo sirven a la edificación personal. La profecía y las lenguas acompañadas de interpretación sirven a toda la congregación, ya que todos entienden.

A la luz de esto, podremos decir a aquellos que nos critican, las mismas palabras de Pablo en relación a la madurez de los no pentecostales en 1 Corintios 14:20 cuando escribe: «No seáis niños en el modo de pensar». Porque muchos son aquellos que menosprecian y dan excusas en cuanto el hablar en lenguas por varias razones: Lo ven solamente como una experiencia que fue únicamente para la Iglesia primitiva; creen que el hablar en lenguas es hereje o diabólico; piensan que el hablar en lenguas es el menor de los dones; algunos creen que no es necesario el hablar en lenguas; y muchos otros consideran el hablar en lenguas como puro emocionalismo e inmadurez.

Pero yo digo a los creyentes que busquen el bautismo en el Espíritu Santo con la evidencia física del hablar en lenguas extrañas; que busquen la presencia y el poder de Dios en sus vidas y tendrán bendiciones profundas y una gran comunión con Dios que solamente sabemos aquellos que lo tenemos, porque no se puede hablar, criticar u opinar de algo espiritual que no se haya vivido, presenciado o experimentado de algo tan distinto y único como esto. Porque nosotros los pentecostales no enseñamos solamente que la única evidencia del bautismo en el Espíritu Santo es el hablar en lenguas; ni siquiera esta evidencia para muchos ministros pentecostales es la más importante. Simplemente creemos que esta es la evidencia física, o sea, la primera, cuando alguien es bautizado con el Espíritu de acuerdo a lo que ya hemos visto en las Escrituras en el libro de los Hechos. La señal más segura es aquella de que estamos viviendo bajo el poder del Espíritu Santo que nos trae el señorío de Cristo en nuestra vida diariamente al vivir una vida de santidad, integridad y recta en todos los sentidos, de acuerdo a Juan 16:13-15 que dice: «Pero cuando venga el Espíritu de verdad, él os guiará a toda la verdad; porque no hablará por su propia cuenta, sino que hablará todo lo que oyere, y os hará saber las cosas que habrán de venir. El me glorificará; porque tomará de lo mío, y os lo hará saber. Todo lo que tiene el Padre es mío; por eso dije que tomará de lo mío, y os lo hará saber». (Ver 1 Corintios 12:1-3).

Por lo tanto la práctica de hablar en lenguas en la adoración pública no debe ser ignorada, prohibida, rechazada o despreciada por la iglesia, pues Pablo amonesta en 1 Corintios 14:39 que: «... y no impidáis el hablar lenguas», sin embargo uno debe estar consciente de que este don, como cualquier otro, puede ser abusado con facilidad.

En la iglesia de Corinto fueron abusados los dones espirituales porque los corintios eran dados a los excesos y carecían de la dirección correcta del Espíritu en cuanto a los dones. Debido a este problema, Pablo amonestó a la iglesia a seguir tres principios básicos para corregir estos abusos y evitar el problema de prácticas destructivas entre los hermanos: (1) **Reconocer** la diversidad de dones espirituales que Dios ha puesto en la Iglesia. Muchos ministros pentecostales dicen que el hablar en lenguas no es tan importante y en muchas veces es menos importante si nosotros comparamos con los otros dones que necesitan estar operando en la Iglesia. (Ver 1 Corintios 12). (2) **Entender** que la ley del amor es suprema en la Iglesia. Sin amor, el desarrollo de los dones espirituales y su efectividad no serán fructíferos. El Espíritu Santo nos hará vivir una vida llena de amor por los hermanos, por su obra e Iglesia, por la familia, por la nación y por los demás, pues esta es la señal más segura de la presencia del Espíritu Santo en nuestras vidas. (Ver 1 Corintios 13). (3) **Establecer** la prioridad de la edificación congregacional sobre la edificación personal. Cuando ponemos en práctica estos principios bíblicos y espirituales siempre habrá en nuestras iglesias un orden divino e un clima de bendición, paz y de crecimiento y madurez espiritual.

RESUMEN EN CUANTO AL DON DE LENGUAS

El capítulo de 1 Corintios 14 empieza y funda los dones del Espíritu sobre los firmes cimientos del amor, pues 1 Corintios 14:1 dice: «Seguid el amor; y procurad los dones espirituales...». El uso público de las «lenguas» también exige observar una serie de normas como la clave para mantener el orden en nuestras comunidades y en los cultos de adoración. Tras aceptar que ha habido quienes han abusado de este don y se han vanagloriado abusivamente de él, debemos reconocer que éste puede convertirse en parte vital y valiosa del culto cuando se le emplea correctamente para la edificación del cuerpo de Cristo, como ya vimos en 1 Corintios 14:12,13. Sin embargo, el creyente sincero y lleno del Espíritu no se ocupará solamente de este don, porque ve en él solo uno de los muchos dones dados para que la Iglesia alcance la «plenitud». De ahí que no participe en el culto o se reúna con otros exclusivamente con el propósito de hablar en lenguas. Tal intención sería una señal de inmadurez, vanidad e idolatría. Por el contrario, los creyentes sinceros se reúnen para adorar a Dios y prepararse para toda buena obra por medio de la enseñanza de su Palabra, como en 2 Timoteo 3:16,17 que cita: «Toda la Escritura es inspirada por Dios, y útil para enseñar, para redargüir, para corregir, para instruir en justicia, a fin de que el hombre de Dios sea perfecto, enteramente preparado para toda buena obra».

Ni el amor, ni los dones vienen automáticamente, ni pueden considerarse algo relacionado con la pasividad o la indiferencia. Los creyentes deben procurar también el don de profecía, en comparación con el hablar públicamente en lenguas, (ver los versículos 2 al 5). Las lenguas son especialmente para la edificación privada y personal cuando no hay interpretación y dependen de la compañía del don de profecía para ser ejercitadas en público. Se permite las lenguas, preferiblemente con interpretación para la congregación, pero también se da énfasis en la profecía, (ver versículo 39).

La afirmación de Pablo establece claramente que el propósito primario de las lenguas, como don del Espíritu, es la devoción privada. Es un mandato divino y no humano que sean interpretadas para que los oyentes puedan entender, (ver versículo 5). Las lenguas deben servir para la oración y la alabanza personal dirigidas a Dios, versículos 14 y 17. De ahí que puedan asumir una forma de expresión estrictamente espiritual, ya que su destinatario no es el ser humano. El terreno donde operan no es la mente, sino el espíritu (ver versículos 14 y 15). Son un recurso suministrado por el Espíritu Santo para que podamos comunicarnos directamente, de manera no conceptual, con Dios, que es Espíritu. Por ello son tan importantes y constantemente aludidas por Pablo, (ver versículo 18).

El uso de lenguas constituye un medio de edificación privada. Esta práctica no denota egoísmo alguno, sino fortaleza espiritual. La profecía, sin embargo, edifica, alienta y conforta a otros en la Iglesia. La preferencia paulina de la profecía por encima de las lenguas en las actividades colectivas se apoya en su comparación entre el valor de ambas, en el caso de que las lenguas sean interpretadas.

Por lo tanto, lenguas sin interpretación solo sirven a la edificación personal. La profecía y las lenguas acompañadas de interpretación sirven a toda la congregación, ya que todos entienden. Esta explicación permite confirmar la práctica y distinguir entre el uso de las dos modalidades distintas en que se pueden manifestar las lenguas: en privado o en público, en la devoción personal o en las actividades colectivas. Se prefiere la profecía a las lenguas en el ámbito público, donde se busca que los presentes comprendan claramente lo que se dice. En una reunión de la iglesia las lenguas deben, pues, ser interpretadas. La persona que habla en lenguas públicamente parece que tiene la responsabilidad de interpretarlas, pero en 1 Corintios 12:10 habla de dos dones diferentes: A otro, el hacer milagros; a otro, profecía; a otro, discernimiento de espíritus; a otro, diversos géneros de lenguas; y a otro, interpretación de lenguas».

Pablo revela el lugar que ocupan las lenguas en su propia vida de oración. Orar en lenguas es orar en el espíritu de uno mismo en lugar del intelecto; lo mismo sucede con los cánticos de alabanza. Para Pablo, orar y cantar, tanto en lenguas como en el lenguaje cotidiano, formaba parte integral y regular de la oración y la alabanza. No se sugiere nada que tenga que ver con manifestaciones de histeria, emocionalismo o ningún tipo de anormalidad. La edificación de otros constituye siempre el requisito indispensable para el uso público de las lenguas. Al mismo tiempo, el versículo 17 indica que no se pretende censurar el hablar en lenguas. No está claro si en las actividades colectivas el cantar, alabar u orar en lenguas habría sido aceptado o denegado por Pablo. Lo que sí está claro es que ningún individuo o grupo de individuos debe hacer estas cosas contradiciendo al líder, el espíritu del grupo como un todo, o los propósitos de la reunión. Existen diferencias en torno a la aceptación de «cantar en lenguas» en las actividades colectivas de los creyentes.

Algunos críticos al movimiento pentecostal son partidarios de excluir completamente el ejercicio colectivo de este don, mientras otros consideran que no se viola el «orden» si se ofrece una explicación y se mantiene una conducta discreta, libre de fanatismo. Pablo no despreciaba las lenguas como un don menor, sino daba gracias a Dios por la forma plena como este don le edificaba en su propia vida devocional, pues él mismo dijo en el versículo 5... «Así que, quisiera que todos vosotros hablaseis en lenguas...». En un aspecto, el uso de Pablo de Isaías 28:11,12 llama la atención sobre cómo las ásperas y desconocidas lenguas de los extranjeros invasores constituían una señal del juicio divino sobre Israel en los días del profeta; una advertencia que los judíos despreciaron y rechazaron completamente. Quizás notaba cómo las lenguas en la iglesia de Corinto parecían estar causando el mismo efecto de endurecer a los creyentes presentes, quienes podrían preguntarse si no estaban todos locos, una reacción parecida a lo que sucedió en el Pentecostés, pues Hechos 2:13 dice: «Mas otros, burlándose, decían: Están llenos de mosto».

La profecía, sin embargo, es una señal que anuncia a los creyentes que Dios está en medio de ellos, y hace que los incrédulos busquen arrepentirse. Desde un segundo punto de vista, puede que Pablo haya tenido un doble propósito en mente, porque este pasaje de Isaías también se refiere a otro aspecto del posible valor de las «lenguas» en que las gentes reciban un «descanso», algo que los refresque. El ejercicio privado de las lenguas, en el versículo 4 indudablemente incluiría eso.

Cada uno de nosotros tiene dones diferentes, pues de acuerdo a 1 Corintios 14:26 Pablo afirma: «¿Qué hay, pues, hermanos? Cuando os reunís, cada uno de vosotros tiene salmo, tiene doctrina, tiene lengua, tiene revelación, tiene interpretación. Hágase todo para edificación». Entonces las cosas del Espíritu están dirigidas a todos los miembros del cuerpo de Cristo, no a la elite de unos pocos. Este versículo menciona todos los elementos de un servicio de adoración en esta era que estamos viviendo. En la reunión de un grupo, el ejercicio de las lenguas y su respectiva interpretación, desde luego, debe limitarse a la participación de dos o tres, a lo sumo dijo el Apóstol. Si bien es cierto que hay algunos para quienes éste es un número rígido, otros lo consideran como una guía flexible para mantener el equilibrio del servicio o el culto. Con la intención de preservar el balance e impedir la confusión en el servicio de adoración, Pablo regula el ejercicio de la profecía. Los demás presentes, especialmente aquellos que poseen el don de profecía, deben juzgar sobre su autenticidad. El juicio abarca el examen de su contenido, su correspondencia con la Palabra de Dios, y su relevancia para los allí reunidos. Pablo jamás prohibió a las mujeres a manifestar dones espirituales en el culto, pues él mismo escribió en 1 Corintios 11:5 que dice: «Pero toda mujer que ora o profetiza...». Él sabía y conocía la profecía de Joel cumplida en Hechos 2:18 que afirma que las mujeres también recibirían este don: «Y de cierto sobre mis siervos y sobre mis siervas en aquellos días derramaré de mi Espíritu, y profetizarán». Y dice claramente las Escrituras que las cuatro hijas de Felipe el evangelista profetizaban, como está escrito en Hechos 21:8,9 que habla: «Al otro día, saliendo Pablo y los que con él estábamos, fuimos a Cesarea; y entrando en casa de Felipe el evangelista, que era uno de los siete, posamos con él. Este tenía cuatro hijas doncellas que profetizaban». Si estas muchachas profetizaban es porque habían sido bautizadas en el Espíritu y habían recibido el don de profecía y lenguas para la interpretación. Por lo tanto el Apóstol jamás prohibió la actuación y participación de la mujer en el ministerio, en lugar de ello, lo que él prohíbe es la discusión desordenada que puede perturbar el servicio. Quizás sea más útil notar que la palabra griega utilizada aquí para «mujer» también puede ser traducida como «esposa». Así, el mandato de Pablo se opondría a algo impropio en cualquier época; que una esposa trate de imponer doctrinas o enseñanzas autoritarias, colocando al marido en una situación embarazosa en público. Aquellos que se oponen al ministerio de la mujer en la Iglesia o de un llamado en general y niegan que ellas pueden poseer los dones espirituales y ser usadas por Dios, éstos están completamente fuera de orden y NO CONOCEN las Escrituras, pues yo he conocido a centenas de centenas de mujeres de Dios alrededor del mundo que ministran la Palabra con destreza y aún algunas mejor que muchos hombres. Sin ir más lejos, Damaris mi amada y querida esposa, es una gran predicadora, con una sabiduría, discernimiento y autoridad que desconozco en muchos predicadores, y ella ha ministrado conmigo alrededor del mundo con una eficacia, profundidad y poder en la Palabra que daría envidia a muchos de éstos críticos en contra del ministerio de la mujer que carecen de conocimiento teológico y espiritual en cuanto a este tema.

Pablo, al concluir el capítulo 14 de primera de Corintios deja claro que aquellos que son dotados y maduros espiritualmente recibirían sus instrucciones como un mandato apostólico, y que aquellos que las rechacen serían responsables de las consecuencias derivadas de su ignorancia, señalando que el conocimiento acerca de los dones espirituales es muy necesario para usarlos con sabiduría y evitar el abuso. Sus orientaciones recibidas del Señor para la Iglesia ofrecen de base y salvaguarda y protección para asegurar que todo se hiciera con respeto, discernimiento y orden en los servicios regulares de las iglesias de Cristo, en cuanto a los dones espirituales, en particular, el don de lenguas.

Es mi oración y deseo que este primer volumen de este libro, *Espíritu Santo necesito conocerte más*, haya sido de bendición a su vida. En el segundo volumen estaremos hablando **del Sello** del Espíritu Santo, **del Poder** del Espíritu Santo, **de la Unción** del Espíritu Santo, **de la Llenura y la Plenitud** del Espíritu Santo, **del Fruto** del Espíritu Santo y por último **de los Dones** del Espíritu Santo, que son divididos entre los dones del Padre, los dones del Hijo y los dones del Espíritu.

Que Dios lo bendiga,
Rev. Josué Yrion

ACERCA DEL AUTOR

El Rev. Josué Yrion es un escritor y evangelista internacional que a su edad ha logrado un reconocimiento destacable. Ha predicado a millones de personas en 72 países en todos los continentes del mundo en la unción del Espíritu Santo. Esto ha resultado en la salvación de multitudes para Cristo. En 1985 estuvo en la Unión Soviética y regresó a predicar en Rusia en 1993 en una base militar soviética en Moscú, adonde su ministerio llevó 16 mil Biblias. Ha recibido muchos honores incluyendo la medalla del Congreso chileno y una Placa del gobierno de Chile como Hijo y Visita Ilustre de Viña del Mar. Fue el primer ministro latinoamericano en predicar en una cruzada en Madras (Chennai), India, donde 70 mil personas fueron testigos del poder de Dios a través de milagros y prodigios. Es maestro activo y acreditado de misiología del curso «Perspectivas», de la División Latinoamericana de la Universidad William Carey y del Centro Mundial de Misiones en California. El es presidente del Instituto Teológico Josué Yrion en Manipur, India, donde muchos están siendo entrenados para alcanzar los países aun no evangelizados del Asia. Al momento su ministerio está sosteniendo financieramente a 31 misioneros alrededor del mundo y su organización cuenta con un escritorio en cada continente. Su ministerio esta entre las 825 organizaciones misioneras reconocidas por el Libro de Consulta de Misiones (Mission Handbook) del Centro Billy Graham, EMIS (Servicio de Información de Evangelismo y Misiones) editado por la Universidad Wheaton. Es autor de los libros: «El poder de la Palabra de Dios», «Heme aquí, Señor, envíame a mi», «La crisis en la familia de hoy», «La fe que mueve la mano de Dios», «El secreto de la oración eficaz», «La vida espiritual victoriosa» y este, «Espíritu Santo necesito conocerte mas». Actualmente su programa televisivo por la Cadena Hispana Almavisión, llamado: «Alcanzando las naciones con J.Y.», es transmitido a todo los Estados Unidos, Hawai, Alaska, Puerto Rico, República Dominicana, las islas del Caribe, a 23 países del mundo de habla hispana. (www.almavision.com). El es ministro ordenado del Concilio General de las Asambleas de Dios en los Estados Unidos y Fundador y presidente de Josué Yrion Evangelismo y Misiones Mundiales, Inc. Reside con su esposa Damaris y sus hijos Kathryn y Joshua Yrion en Los Ángeles, California, EE.UU.

Si usted desea recibir un catálogo con los títulos de nuestros libros, DVD's, Videos y CD's disponibles en inglés, español y portugués, u otra información de nuestras cruzadas evangelísticas alrededor del mundo, búsquenos en nuestra página en la Internet: www.josueyrion.org o escriba a la siguiente dirección:

JOSUE YRION EVANGELISMO Y MISIONES
MUNDIALES, INC.

P.O.Box 876018
Los Angeles, CA.90087-1118 U.S.A.
Tel.(562)928-8892 Fax.(562)947-2268
www.josueyrion.org
josueyrion@josueyrion.org
josueyrion@msn.com